Rio Reiser

König von Deutschland

Erinnerungen an Ton Steine Scherben und mehr

Erzählt von ihm selbst
und Hannes Eyber

Kiepenheuer & Witsch

2. Auflage 1998

Umschlaggestaltung Rudolf Linn, Köln
Umschlagfoto Kleinsorg & Appelbaum, Düsseldorf
Gesamtherstellung Clausen & Bosse, Leck
ISBN 3-462-02589-9

Über das Buch

»Macht kaputt, was euch kaputtmacht«, sang er 1970; mit seinem Hit »König von Deutschland« wurde er 1987 schlagartig auch einem breiten Publikum bekannt: Rio Reiser – der Sänger und Texter der Polit- und Kultrockband *Ton Steine Scherben* hat Rockgeschichte geschrieben. Wie keine andere deutsche Band drückten *Ton Steine Scherben* das Lebensgefühl ihrer Generation aus, sie galten als gefürchtetste Gruppe der Republik. Doch Rio Reiser war zugleich ein charismatischer Einzelgänger, ein Sänger, der wie kein anderer »in der Lage war, innerhalb von Sekunden eine intime Beziehung, geradezu eine Liebesbeziehung, mit jedem einzelnen seiner Zuhörer aufzubauen« (Blixa Bargeld, *Spiegel*).

In seinen Erinnerungen erzählt Rio Reiser aus sehr persönlichem Blickwinkel von den politischen Kämpfen der letzten Jahrzehnte, vom gesellschaftlichen Muff der 50er Jahre und von befreiender Durchlüftung, von Jazzkellern und Radio Luxemburg, von der Entdeckung des Orgasmus und vom Schwarzen Afghan, von umherschweifenden Haschrebellen, Rudi Dutschke, Kreuzberg und den Abrißbirnen, von der RAF, der Schwulenbewegung u. v. m.

Entstanden ist ein wildes Buch über wilde Jahre, ohne die die Popkultur der 90er Jahre nicht denkbar wäre.

Die Autoren

Rio Reiser, geboren 1950 in Berlin, komponierte 1967 die erste Rockoper der Welt. Mitgründer von »Hoffman's Comic Theater«, 1970 Mitgründer von »Ton Steine Scherben«. 1977 Bundesfilmpreis für die Titelrolle im Kinofilm »Johnny West«. Ab 1986 musikalische Solokarriere.

Rio Reiser starb im August 1996 im Alter von nur 46 Jahren.

Letzte CD-Veröffentlichungen: »Himmel & Hölle« (1995); mit »Ton Steine Scherben«: »live II« (1996)

Hannes Eyber, geboren 1944, lebt in Frankfurt a. M. Rundfunk- und Drehbuchautor, Songtexter und Produzent von »Ton Steine Scherben«.

KiWi 437

»Denn jeder Stiefel / Der mit Gedröhn dahergeht / Und jeder Mantel / Durch Blut geschleift / Wird verbrannt / Und vom Feuer verzehrt« (Wie in den Tagen Midians, Jesaja 9,4 u. 5 auf TSS IV – »Die Schwarze« – 1981)

Voriges Jahr wurde ich vor die Frage gestellt, ob ich nicht eine Autobiographie schreiben wolle. Ich verbrachte eine schlaflose Nacht mit Überlegungen, wessen Autobiographie ich schreiben soll. Ich entschied mich für meine eigene. Ja, ich wollte meine Lebensgeschichte erzählen. Aber ich brauchte einen Co-Autoren. Das sollte Lars Lobenstein sein, ein ehemaliger Schauspieler aus Frankfurt am Main, dessen Familie, wie die meine, aus der Mark Brandenburg stammte. Leider lehnte er ab. Er war selbst gerade mit der Autobiographie eines deutschen Rocksängers beschäftigt. In letzter Minute – ich hatte es kaum noch zu hoffen gewagt – gelang es mir, Hannes Eyber zu gewinnen. Auch er hatte meinen Lebensweg und den der »Scherben« lange Zeit mitverfolgt. Ich machte seine Adresse in Italien ausfindig. Dahin hatte er sich zurückgezogen, um in einem kleinen Ort namens Cavriglia archäologische Forschungen zu betreiben. Er glaubte, dort die sagenhafte zwölfte Stadt der Etrusker zu finden. Wir setzten uns also hin, um die Lebensgeschichte des Rio Reiser zu schreiben. Aus den fünf neuen Bundesländern erscholl es »Vierzsch Johre hamse uns betrogen«. Dem wollten wir ein »Uns auch« entgegenstellen.

Fresenhagen, im Januar 1994

EINLASS

An meinen Geburtstag kann ich mich noch ganz genau erinnern. Es war ein kalter, klarer Wintertag gewesen. Die Venus funkelte über dem Funkturm, war aber schon unterwegs, der Sonne hinterher. Der Mond, der seit ein paar Tagen dünner wurde, ließ sich noch nicht blicken. Über die Brückenallee hasteten die Leute vom S-Bahnhof Bellevue durch die Kälte in Richtung Spree. Die meisten Häuser auf der anderen Uferseite waren unzerstört.

Im Haus Brückenallee Nr. 17, erster Stock, herrschte große Aufregung. Tante Lolo hantierte in der Küche herum, nervös eine amerikanische Zigarette nach der anderen rauchend. Jetzt brühte sie Bohnenkaffee. Oma Braun schmierte Schmalzstullen fürs Wohnzimmer, wo Peter und Gert miteinander telefonierten. Das Feldtelefon hatte Onkel Robert ihnen aus dem Krieg mitgebracht. Er selbst saß schmunzelnd in dem Sessel neben der großen Tür zum Nachbarzimmer, sog an einer Zigarre und trank sein Schultheiss. Abwechselnd schickte er einen der Jungen in die Küche, frisches Bier holen, dafür gab's einen Schluck ab. Im Radio spielte der »Rundfunk Im Amerikanischen Sektor« Bully Buhlans »Es wird ja alles wieder gut«. Onkel Robert lauschte mit einem Ohr den Klängen aus dem Rundfunkapparat und mit dem anderen achtete er auf das, was sich im Nebenzimmer tat, jederzeit bereit, Peter in

die Dunkelkammer zu schicken, um Bescheid zu sagen. Dort wartete mein Vater. Er vergrößerte Fotos, die er von Trümmergrundstücken und Ruinen gemacht hatte. Das war zu der Zeit sein Broterwerb.
Dann ging alles sehr schnell, und ich war da. Zwar fünfundzwanzig Tage zu spät, aber ich war da!
Die Hebamme öffnete die Flügeltüren und erlaubte den Wartenden, mich zu begutachten. Von den vielen Kommentaren sind mir nur drei in Erinnerung geblieben: »Ah, da isser ja!«, »Das ist gut, wir müssen auch mehr Männer sein!« und »Hat der aber große Fensterchen!«.
Das erste Licht der Welt, das ich erblickte, kam von einer Osram vierzig Watt Birne. Das zweite kam von dem Osram Blitzlicht meines Vaters. Ich habe nicht geschrien. Ich war ein gutes Kind.

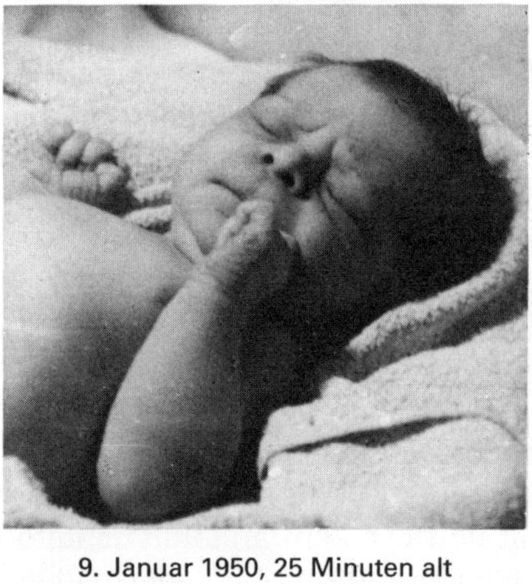

9. Januar 1950, 25 Minuten alt

EINS

Vom Stamme der Siemensianer – Das versunkene tausendjährige Reich im Wald – Das nackte Klangtier – Cola, Kaugummi und Kartoffelsalat – Mein Bruder hat Komplexe, deiner nich! – Sigurd wurde beschlagnahmt – Ist ›Mädchen‹ ein Schimpfwort? – Aber mindestens Dirigent! – Ein Goggomobil verwandelt sich – Von Jazzkellern und anderen Brutstätten – Die Polizei ist immer dabei – Radio Luxemburg hilft – Wer keine Griffe kaufen kann, muß hören – Schanghait in Offenbach – Liverpool am Main – Eine Welturaufführung wird geplant – Zwei Idioten geben sich die Hand

1959

1

Zwischen Salzburg und Rosenheim, in der Nähe des Chiemsees, befand sich bis 1945 das größte und schönst gelegene Giftgaslager Europas. Nach dem Krieg wurde es von Siemens übernommen und Traunreut getauft. In den dazugehörigen Kasernen wohnten wir. Kilometerlange Häuserblocks mit Spitzgiebeln. Das versunkene Dritte Reich mitten im Wald. Dort bin ich aufgewachsen.
Mein Vater war Siemensianer. Er hatte bei Siemens in Berlin Werkzeugmacher gelernt, wurde gefördert, ging auf die Abendschule und machte seinen Ingenieur. Bei Kriegsende entließ Siemens einen Großteil der Belegschaft. Mit dem Koreaboom Anfang der 50er Jahre wurde mein Vater wieder eingestellt und in Traunreut als Verpackungsingenieur eingesetzt.
Zu jener Zeit wohnten in Traunreut nur Berliner, außerdem ein paar Schlesier und Sudeten. Wer die Siedlung verließ, um beim Bauern Milch zu holen, mußte sich bayerisch verständigen. Mein erster zusammenhängender Satz soll »a Milli möcht i hom« gewesen sein.
Wir hatten ein Motorrad mit Beiwagen. Jedes schöne Wochenende ging's raus. Mein Vater fuhr; hinter ihm saß Peter, der älteste, zehn Jahre alt, im Beiwagen Gert, 8 Jahre, meine Mutter und ich. Wir machten Aus-

flüge an den Chiemsee, nach Österreich, das lag ja um die Ecke, zu Mozart nach Salzburg, ins Salzkammergut oder in die Alpen.

Eigentlich war ich ein Einzelgänger. Deshalb sorgte meine Mutter dafür, daß ich mit den Nachbarskindern spiele. Mit denen konnte ich aber nichts anfangen. Also wurde ich in den Kindergarten geschickt, gezogen, gezerrt. »Was hast du denn, die ist doch so nett, die Tante Müller, was hast du denn gegen die ...?« – »Der muß doch mal unter Kinder, der Junge ...!« In Zweierreihen aufstellen, spazierengehen, Hand in Hand durch die Landschaft latschen, jeden Tag Mittagsschlaf (immer zur selben Zeit) und andere unverständliche Unternehmungen. Das mochte ich nicht. Irgendwann haben meine Eltern nachgegeben und mich wieder rausgeholt, weil ich so gemeckert und gequengelt hab.
Zu Hause habe ich mich nie gelangweilt. Nie. Ich saß nicht rum und fragte, was machen wir jetzt oder wo bleiben meine Freunde. Ich hab gemalt, rumgesponnen, mir Sachen ausgedacht und die gespielt. Knöpfe konnten für mich alles mögliche sein: Autos, Tiere, Soldaten. Und der alte Holzbaukasten. Mit dem hab ich am meisten gemacht. Häuser gebaut, Türme gebaut, einen Klotz rausgezogen und alles wieder einstürzen lassen. Viel gebaut habe ich, auch gerne draußen gegraben. Das konnte ich allein. Mit Partnern war's immer schwierig, weil man sich nicht einigen konnte, was *was* ist. Der Teppich im Zimmer war für mich immer Land, was nicht Teppich war, war Fluß oder Meer. Deswegen gab's oft Hickhack. Die anderen wollten, daß der Teppich Wasser sein sollte, weil er grün war, aber der Teppich war doch höher, also mußte er *Land* sein.

Land ist doch auch grün. Es ist schwer, wenn man Auto fahren will, sich aber über so wichtige Dinge nicht einig wird. Wer setzt sich da durch? Keiner.

Bei uns lief das Radio den ganzen Tag und alles dudelte durcheinander. Bayerische Volksmusik, aktuelle Schlager, die wir zu Hause nachsangen, Mozart, Beethoven, Rossini, Emmerich Kálmán. Nicht alles hat uns gefallen. Aber wenn was gefiel, war's uns egal, ob es von Catharina Valente, den Fischbachauer Dirndln oder Erika Köth kam. Und einmal im Monat gab's »Die Insulaner«, das zentrale Frontstadtkabarett! Das war für alle Berliner ganz wichtig, landesweit.

Wenn das Licht aus war und wir in unserem dreistöckigen Bett lagen, erzählte Peter, in der obersten Etage, wilde Gangster- und Gruselgeschichten, oder er rezitierte. Mit Vorliebe den Marc Anton aus Shakespeares »Julius Caesar«. Den Marc Anton gab's so oft, daß ich die Leichenrede heute noch auswendig kann. Gert und ich waren ein gutes Publikum. Einmal, als die Eltern nicht da waren, kam er so in Fahrt, daß das ganze Etagenbett zu Bruch ging.
Unter Peters Leitung wurde sich auch zu jeder Gelegenheit verkleidet. Wir waren Musketiere, römische Schwertkämpfer oder Seeräuber. Unser Zimmer verwandelte sich dann in die Arena von Verona oder in das Schiff des Piraten Errol Flynn. Zu jeder Festlichkeit wurde die ganze Wohnung umgeschmückt. Das Wohnzimmer war dann Hafenbar, und Vater mußte fotografieren. Familienfotos machen!, mußte er immer wieder ermahnt werden. Ein Foto aus dieser Zeit: Ich auf dem Nachttopf, mit meinem Lieblingsbuch »Der Kampf um Afrika«. Viele Bilder, jede Menge

Schwarz-weiß-Fotos über Afrika. Das Buch hab ich heute noch.

Zum sechzigsten Geburtstag meiner Oma fuhren wir im Sommer '54 nach Berlin. Über die Zonengrenze bei Töpen-Juchhöh!! Ich war gespannt auf diese lustige Stadt: Töpen – Juchhee!! Da sah ich die kaputte Saalebrücke. Krieg. Trümmer. Töpen-Juchhöh.
Natürlich wurde oft vom Krieg erzählt. Mein Vater war aber nie Soldat gewesen, weil er von Siemens, weiß der Geier warum, u.k. eingestuft worden war. Unabkömmlich! Sonst hätte ich wahrscheinlich ganz andere Geschichten vom Krieg gehört. Er war an der Heimatfront. Luftschutzwart. Es gibt viele Fotos von den Bombenangriffen auf Berlin mitten in der Nacht.
Das Klavier im Wohnzimmer hatte Brandspuren im Lack. »Warum sieht denn das so komisch aus, Mutti?« – »Da ist eine Brandbombe ins Haus gefallen.« Fand ich spannend, eine Bombe, die einfach so durchs Haus fällt. War doch nicht schlimm, der kaputte Lack am Klavier.
Auch der Mahagonischrank im Wohnzimmer hatte Brandspuren. Der hatte allerdings nicht zu Muttis Aussteuer gehört. Er war wie der Wohnzimmertisch – »an dem schon Ernst Udet und Lindbergh gesessen haben« – und der Schminktisch meiner Mutter, wie auch die teuren Reproduktionen italienischer Meister, der Brokat, mit dem die Sessel bezogen und aus dem unsere Musketier-Kostüme waren, und all die anderen feinen, kleinen Dinge, nach dem »Zusammenbruch« aus der amerikanischen Botschaft und den angrenzenden hochherrschaftlichen Häusern mitgegangen.
Die Geschichten vom Krieg, die abends in Traunreut erzählt wurden, Berlin brennt, Sirenen heulen, Ver-

dunklung, hörten sich schauerlich an. Und nun war ich zum ersten Mal in Berlin. Trümmer. Überall Trümmer. Die Eltern meines Vaters wohnten in einer Ruine. In der Ruine der amerikanischen Botschaft in der Tiergartenstraße 6, neben der italienischen und der japanischen Botschaft. Nicht weit vom Potsdamer Platz und nur fünf Minuten vom Tauentzien.

Meine Oma hat auf diesem riesigen, verwilderten Ruinengrundstück Hühner gehalten. Das war toll. Ich durfte nachsehen, ob frische Eier da waren. Rundum lagen Trümmer, über deren bedeutendes Vorleben immer wieder berichtet wurde, während wir an ihnen vorbeispazierten. Ganz gleich wohin, in jeder Richtung nur zerstörte Häuser. Bombentrichter, Einschüsse an Häuserwänden, Ruinen.

In Berlin lebte die Familie. Tiergarten-Oma und Tiergarten-Opa, Tante Lolo und Onkel Robert, und in Neukölln Oma, die Mutter meiner Mutter, Omas Schwester Othilie, genannt Tante Tielchen, und der Bruder der beiden, Onkel Paul, von dem ich immer weggezogen wurde. Der war Kellner und Säufer bei der Mitropa. Über den wurde nur hinter vorgehaltener Hand gesprochen. »Wer?!« – »Paul!!« – »Nicht vor dem Jungen! Themawechsel!«

Neunzehnhundertfünfundfünfzig. Wirtschaftswunder. Jeder wollte vom Kuchen ein Stück ab haben. Wir auch. Das täglich Brot war nun nicht mehr die Frage, eher schon, wie es verpackt ist. Genau auf dem Gebiet war Herbert P. Möbius Fachmann. Und Zewa in Mannheim die passende Firma. Das hieß für uns, Adieu Traunreut.

Zuerst für Vater. Er trat seine neue Stelle in Mannheim an. Solange er noch keine Wohnung für die Familie

gefunden hatte, nahm er sich ein Pensionszimmer. Wenn er Zeit hatte, kam er uns an den Wochenenden besuchen. Oder auch nicht.
»Mutti, Mutti, warum weinst du denn?« – »Ach, mir is was Schreckliches passiert.« – »Was denn?« – »Mir is beim Händewaschen der Ring abgegangen.« – »Welcher Ring?« – »Na, der goldene, mein Ehering, dabei ging der doch immer kaum runter.« – »Is er weg?« – »Nee, nee.« – »Kommt Vati am Wochenende?« – »Glaub nicht ...« Warum hatte sie geweint? Der Ring war doch da. Wenn der Ring im Ausguß verschwunden wär, hätt ich's verstanden.

Es dauerte eine lange Zeit, bis endlich der Möbelwagen vor der Tür stand. Nach einem halben Tag war endlich alles verstaut und abfahrbereit. Das Klavier hatten sich die Packer bis zum Schluß aufgehoben. Sie waren schon dabei, es auseinanderzunehmen. Die Saiten lagen frei. Einen Augenblick war ich allein mit dem Klavier in der leeren Wohnung, in der jedes Geräusch wie in einer Kirche hallte. Ich hatte nur selten auf die Tasten gedrückt, und es war mir immer ein Rätsel, wie man es dazu bringen konnte, schön zu klingen. Jetzt stand es vor mir, wie ein fremdes, nacktes Tier. Ich berührte es, streichelte über seine Saiten. Da gab es einen Klang von sich, den ich noch nie gehört hatte, angenehm und geheimnisvoll. Ich streichelte es mehr, griff in seine Tasten, immer wilder, und wurde in eine andere Welt gespült. Dann kamen die Packer. Draußen war's schon dunkel. Wir stiegen in Hieronymus Hofers Möbelwagen und fuhren ab.

2

Wir zogen nach Brühl, einem kleinen Ort bei Mannheim, zwischen Oggersheim und Leimen. Mir war, als ob ein Grauschleier weggezogen wird.
Die Wohnung lag am Dorfrand, im letzten Haus einer Straße mit zehn weiteren unverputzten Neubauten, die die Besitzer sich auf ihre Spargeläcker gestellt hatten.
Von unserem Fenster konnten wir das Schwetzinger Schloß sehen. Man brauchte nur über die Bahngeleise gehn, den Bach überqueren, noch ein paar Schritte über die Äcker, und schon war man im Schloßpark.

Als wir ankamen, wurde es schon wieder dunkel. Ich wurde in einer verqualmten Kneipe, die Pension, in der mein Vater gewohnt hatte, abgestellt. Zwischen pfälzer Säufern und Schnapsnasen. Zunächst dachte ich, um Himmels willen, die lassen mich hier allein! Ich hatte Angst. Draußen war's inzwischen stockdunkel, und drinnen waren alle sternhagelblau. »Ei wie? Komm doch emmal her, Bubb!« Wie die redeten! Ich hab zum großen Teil nichts verstanden. Bis dahin hatte ich nur Berlinerisch und Bayerisch gehört. Das hier hörte sich an wie eine Zwergensprache. »Wie haisch'n Du?« Hinterm Tresen wuselte der Sohn der Wirtsleute rum, kaum älter als ich. »Drüggsch emol was inner Musiggbox, hey?« Eine Musikbox hatte ich noch nie gesehen. Irgend jemand drückte mir fünfzig Pfennig in die Hand, und ich suchte einen Buchstaben und eine Zahl aus, wie ich es vorher bei dem andern Jungen beobachtet hatte, der hier offensichtlich den Laden schmiß. Jetzt konnte ich nur noch beten, daß Anklang finden würde, was ich ausgesucht hatte. »Addio Donna Grazia«

wurde mitgesungen. Aber niemand bestaunte meine Leistung. Die hielten das wohl für selbstverständlich. Ich kam mir vor wie ein alter Haudegen. Als mein Vater mich abholen kam, erwartete er wohl ein Häufchen Elend vorzufinden, weil es viel später geworden war, als er versprochen hatte. Aber ich hätte gut und gern noch bleiben können. Es war lustig hier, und ich wollte noch nicht ins Bett.

Allgemein herrschte die Stimmung: »So – jetzt ha'm wir's geschafft«. '56 war klar: Alles wird gut.
Jeden Freitagabend brachte mein Vater für jeden von uns eine Flasche Coca-Cola mit, dazu gab's Würstchen mit Kartoffelsalat! Danach eine Tafel Schokolade.
Die Amerikaner nahmen bis dahin bei den abendlichen Gesprächen keinen großen Raum ein, die hatten Berlin bombardiert, na ja, Schwamm drüber. Aber die Russen, die gaben was her.
Meine Familie hatte das Kriegsende in der Tiergartenstraße erlebt, wo die »letzten Panzer von Berlin« stationiert gewesen waren. An deren Stelle trat dann ein russisches Panzerkommando. Mit denen sind sie offensichtlich sehr gut ausgekommen. Ein Offizier konnte besonders gut Klavier spielen. Mein Vater holte den edlen Botschafts-Cognac, den er literweise in den Heizungsschächten versteckt hatte, hervor und bekam dafür Kartoffeln. Abends wurde Kasatschok getanzt. In den Erzählungen meiner Eltern klang das wie eine Dampferfahrt auf der Wolga.
Mit dem Einzug von Coca-Cola hatten auf einmal die Amis den Fuß bei uns in der Tür. Jetzt wurde auch mal über »Quäker-Speisung«, »Care-Pakete« und »Rosinenbomber« erzählt.

In Brühl waren die Amis nicht zu übersehen. Mindestens zweimal die Woche fuhren sie durch den Ort und warfen uns Kindern aus Panzern und Jeeps Kaugummis zu. Die ersten englischen Worte, die wir lernten, waren: Haudujudu! Tschuingamm! Ammigohohm! – »Ami go home« wurde besonders gern genommen. Das riefen wir ihnen hinterher, wenn wir die Kaugummis aufgehoben hatten. Als Dankeschön, mehr davon!

Am 9. April 1956 wurde ich eingeschult. Ich war in der glücklichen Lage, die Lehrerin schon zu kennen. Fräulein Schimpf. Sie wohnte in derselben Pension, in der auch mein Vater gewohnt hatte. Eine schöne Frau, schwarze Haare. Italienisch sah sie aus. Das ideale Fotomodell. Sie ging bereits bei uns ein und aus. »Addio-Donna-kannst-mir-mal« sang meine Mutter gern, wenn sie gegangen war. Fräulein Schimpf war wohl der Grund gewesen, weswegen meiner Mutter in Traunreut der Ring vom Finger abgegangen war. Jetzt revanchierte sie sich mit einem Flirt. Der spitzbärtige Brühler Apotheker Knauss war einer ihrer glühendsten Verehrer. »Spitzbart mit Brille ist nicht des Volkes Wille!« sagte mein Vater dann gern.

Nicht weit von unserem Haus begannen die Rheinwiesen. Ich fand es schön, am Ufer zu sitzen und den Schleppkähnen nachzusehen. Wenn ich auf so einem Schiff einen Jungen seiner Mutter beim Wäsche aufhängen helfen sah, war ich neidisch.
Man brauchte nur zwei Kilometer gehen und war am Alt-Rhein. Ein Naturschutzgebiet mit Sümpfen und Wiesen, alten Flußläufen, Mücken und Schnaken. Das war mein Mississippi-Delta. In Traunreut hatte ich meist im Zimmer gesessen, nach draußen hat mich

nichts gezogen. Die Traun und die Salzach, beides reißende Flüsse, machten mir angst. In Traunreut war die Welt mit Brettern vernagelt. Auf der einen Seite das Gebirge, auf der anderen die Zonengrenze. In Brühl aber gab's den Bahndamm in die Ferne, Straßen, die nach Metz, Straßburg und Frankfurt führten, den Nekkar, der irgendwoher aus den Hügeln kam, und den Rhein, der irgendwo ins Meer mündete.

Der rote Sandstein, aus dem hier so viel gebaut war, hatte nichts Bedrohliches. Es war abzusehen, daß er irgendwann von Regen und Wind besiegt werden würde. Doch auch das zeigte keine Eile. Das Schwetzinger Schloß, sein verwilderter Rokoko-Garten mit der Moschee und dem chinesischen Tempel. Das Halbfertige, nur Angedeutete, leicht Schlampige daran gefiel mir.

Salzburg hab ich nicht so leicht und locker in Erinnerung, daran haben auch spätere Besuche nichts geändert. Barockschlösser und Barockgärten empfinde ich als bedrohlich. Monumental und unattraktiv. Auch Barockkirchen, zum Beispiel die »Wies« in Oberbayern. Sie sieht aus wie eine Torte, die ich nicht unbedingt zum Geburtstag haben möchte. Bunt, aber ungenießbar.

Die Nachkriegshoffnung »Alle Menschen werden Brüder« hatte meine Eltern damals in Berlin bewogen, in die »Christlich-Demokratische Union« einzutreten. Jetzt war der Lack ab, die Hoffnungen zerbröckelt. »Die da oben« waren die ewig Gleichen. Das Wirtschaftswunder hatte doch nicht der dicke Ludwig Erhard alleine vollbracht, sondern wir alle. Dem Dicken wurde nur angerechnet, daß er uns nicht dabei gestört hatte. Und was war denn christlich an dem Adenauer? »Adenauer-Äppelklauer«, riefen meine katholischen Mitschüler. »Was wählt ihr denn?« fragte ich mal ein Nachbarsmädchen, als wir auf der Schaukel saßen. »SPD« – »Wir wählen CDU«. Also konnten wir nicht heiraten.

Während der Ungarnkrise '56 rannte mein Bruder Peter mit einer Sammelbüchse, die er rot-weiß-grün bemalt hatte, durch die Straßen von Brühl und Mannheim, um für Ungarn zu sammeln.
Ich kann mich nicht erinnern, daß damals bei uns Bedrückung und Sorge vor einem neuen Weltkrieg geherrscht hätte. Der Optimismus nach dem Wiederaufbau im Wunderland war groß. In Brühl baute sich grade jede zweite Familie ihr Häuschen. Für Weltkriegsgedanken war da keine Zeit. Außerdem waren die Amerikaner da: James Dean, Marlon Brando, Audrey Hepburn, Grace Kelly, Eisenhower, Doris Day, Dulles, Cadbury, Elvis Presly, Billy Graham, Walt Disney, General Motors, Marilyn Monroe, Kelloggs, Libbys. Dieses Team würde uns schon nicht im Stich lassen.
»Hör zu« – das war die Zeitung, die wir abonniert hatten. Nicht nur wegen Rundfunkprogramm, Redaktions-Igel »Mecki«, Kreuzworträtsel oder »Original und Fälschung«, sondern auch wegen der wunderbaren gemalten Titelseiten von Kurt Art: Stupsnäsige, rotblonde, sommersprossige Amikinder saßen mit vom vielen Herumtollen verdreckten Jeans auf irgendwelchen Treppen, mit süßen, knuddeligen Haustieren im Arm und warteten darauf, daß die Mutter sie reinruft, den Fernseher anmacht, die Cornflakes hinstellt und die Jeans in die Waschmaschine steckt.
Ob nun Suez- oder Ungarnkrise, Aden- oder Eisenhower – Brühl hatte ein ganz anderes Problem: Wer ge-

staltet den Festzug zur 800-Jahrfeier der Gemeinde? Dafür kam nur einer in Frage: Das 17jährige Wunderkind vom Mannheimer Bach-Gymnasium, der Bühnenbildner des Kolpingtheaters, der noch dazu als schauspielerische Begabung im »Meisterboxer« aufgefallen war – mein Bruder Peter Möbius. Gert und mir blieb nur übrig, uns in Peters Ruhm zu sonnen. Allzu braun wurden wir nicht.

Gert hatte die Hürde zur Oberschule nicht geschafft, und es war bei ihm auch nichts Künstlerisches in Sicht. Er war ein Sonnenkind, jetzt wurde er zum Problemkind. Im Schlepptau von »Reader's Digest« hatte die Psychologie bei uns Einzug gehalten. So wurde Gert zur nächsten Psychologin nach Heidelberg geschickt. Drei Wochen wurde er getestet. Wir warteten alle gespannt auf das Ergebnis. Welchen Komplex würde Gert haben? Irgendeinen mußte er ja haben. Schließlich war er gefunden. Es war ein Minderwertigkeitskomplex. Ich war stolz auf Gert. Er war ein Problemkind und hatte einen Komplex. Wer hatte schon so einen Bruder?

Nur um mich hat sich mal wieder keiner gekümmert. Zwar hätte meine Familie gern gesehen, wenn ich irgendeine Figur auf den Festwagen der von Peter gestalteten 800-Jahrfeier gegeben hätte. Aber der Schauspielerei war ich abhold. Auch der Kostümierung. Sie hätten mir lieber erstmal anständige Alltagsklamotten kaufen sollen. Na klar, auch ich war stolz auf Peter.

Am meisten beeindruckte mich einer seiner Festwagen, der die Moritat eines Mädchens darstellte, das vor hundert Jahren auf den Rheinwiesen vom Blitz erschlagen worden war. Ein Kreuz steht noch heute an dieser Stelle. Seitdem hab ich Angst vor Gewittern. Auch heute noch. Vor allem vor denen, die ich selbst inszeniere.

Es gab einen Jungen in meiner Klasse, der mich interessierte, mit dem ich aber nicht befreundet war. Der fehlte auf einmal vier Wochen lang. Wo war er? Im Krankenhaus. Mit einer Blinddarmoperation. Das machte ihn noch interessanter. Der mußte nicht zur Schule gehen. Als er wieder da war, hab ich ihn ausgefragt, wie denn das geht, Blinddarmentzündung. Wo tut's denn da weh? Kurze Zeit später bekam ich Schmerzen. Immer wieder an derselben Stelle, bis wir zum Arzt gingen. Ich wußte ja, wo's weh tun muß. Also ab ins Krankenhaus nach Schwetzingen, Schule Ade! Die ersten vier Wochen haben mir sehr gut gefallen. Ich hatte selten Heimweh, aber viel Spaß, lag in einem großen Saal mit zwölf Männern und war der einzige kleine Junge.

Die Oberschwester hatte ihr Herz für mich entdeckt. Vor allem, nachdem ich sie gemalt hatte. Meine Familie hätte sich nicht vorstellen können, wie lustig und unterhaltsam ich sein konnte. Die kannten mich ja nicht, wie ich sein konnte, wenn ich nicht zu Hause war. Sie glaubten alle, ich wäre schüchtern. In gewisser Weise war ich's auch. Im Krankenhaus konnte ich mir das nicht leisten. Ich selbst hatte ja das Krankenhaus der Schule vorgezogen. Jetzt mußte ich das Beste daraus machen. Das war nicht so schwer. Da wurde gesungen und gesoffen, und ich bekam auch schon mal'n Schluck ab. Die Krankenpfleger brachten das Bier, und der Oberpfleger sang: »Ich weiß was, ich weiß was, ich weiß was euch fehlt« und schwenkte triumphierend die Flasche »Eichbaum-Bier«.

In diesem Sommer kam eines Tages ein Nachbarjunge ganz aufgeregt mit dem Fahrrad bei uns vorbeigefahren und erzählte, daß im Heidelberger Schwimmbad, wo er grad herkam, einer ertrunken war. Nämlich der

Junge, der mir das Geheimnis der Blinddarmentzündung verraten hatte. Größere hatten ihn aus Jux ins Schwimmerbecken geschubst. Er konnte nicht schwimmen und ist ertrunken. Das war meine erste Begegnung mit dem Tod. Ich hatte eigentlich gehofft, daß wir uns in den Schulferien anfreunden würden. Nun war er weg. Tot. Er wurde auf dem kleinen Friedhof, den man von unserer Veranda aus sah, beerdigt.
Den Rest des Sommers habe ich damit verbracht, zu Gott zu beten. Er sollte ihn wieder auferstehen lassen. Das wäre ja nicht das erste Mal gewesen. Aber Gott hatte in diesem Sommer keine Lust auf ein Wunder in Brühl. Enttäuschung und Zweifel stellten sich ein.
Vorher hatte ich täglich mein Abendgebet gesprochen. Meine Mutter hatte versucht, uns religiös zu erziehen. Der Kirchgang war für sie nicht wichtig, sie zog die katholischen Priester den evangelischen Pfarrern vor, weil die lustiger und trinkfester waren. Jetzt mußte ich das erste Mal persönlich mit Gott in Verbindung treten: »Zeig mal, was DU kannst!« Das Wunder kam nicht.
Wir sind wieder umgezogen, und die ganze Angelegenheit geriet in Vergessenheit. Mein Vater hatte sich erneut verbessert. Er hatte eine Stelle bei »Bosch« in Stuttgart gefunden.

3

Es dämmerte schon, als wir die Gegend um Stuttgart mit unserem Möbelwagen erreichten. Das Wetter war schön, aber alles machte auf mich einen bedrückenden Eindruck. Ich glaube, es lag vor allem an der Architektur. Alles war gerade und auf Lücke. Die Häuser sagten

stolz: »Schau mich an, aber komm bloß net rein, Du machsch nur Dreck, Kerle!«
Wir wohnten wieder mal am Ende der Welt. Talstraße 3, Schmiden hieß das Dorf. Die Hausbesitzerin Frau Bürkle wohnte parterre, um alles im Blick zu haben. Ihr Herz schlug für ihren Besitz und die Sauberkeit. Sie kam jeden Samstag in unsere Vier-Zimmer-Wohnung unterm Dach und überprüfte, ob meine Mutter geputzt hatte und die Armaturen in Bad und Küche noch wie neu aussahen. Nicht zu vergessen die Kehrwoche: »Diese Woche ist die Reihe an Sie! Kehrwoche!« Dieses Schild hing alle drei Wochen mahnend an unserer Wohnungstür und bedeutete, daß man Treppenhaus und Gehweg solange schrubben mußte, bis man wieder davon essen konnte.
Kinder durften eigentlich nirgendwo spielen. Wir haben's natürlich trotzdem gemacht, denn die Dorfbewohner mußten ja »schaffe« und konnten nicht gleichzeitig Land, Vieh, Kinder und Zugereiste ständig im Auge behalten. Aber es gab immer wieder Kinder, die bereit waren, für ein paar Silberlinge jeden zu verpetzen, der widerrechtlich Privat- oder Gemeindebesitz – und anderes gab's ja nicht – betrat.
Damals war meine Lieblingszeitung die »Rasselbande«. Da waren Fortsetzungsromane drin, Comics und Bastelanleitungen. »Wir bauen uns ein Schlagzeug«: Man nehme Waschmittelkartons, Pergamentpapier, Kochlöffel und Kokosnußhälften. Oder »Wir bauen uns ein Ruderboot«: Man nehme einen Vater, zeige ihm die Bastelanleitung und nerve ihn solange, bis er den Werkzeugkasten rausholt, um dann in jeder freien Minute, Stunde, Tagen, Wochenenden ein Ruderboot zu bauen. Das mußte dann nur noch »Der Floh« getauft werden. Besonders hat mich die Ge-

schichte von einer Kinderrepublik irgendwo in Skandinavien beeindruckt.
Die »Rasselbande« war die Fachzeitung für das normale, mittelständische, etwas freche, nicht zu faule, nicht zu fleißige, aber interessierte Kind. Einen ganzen Stapel davon hatte ich noch aufzuarbeiten. Das Erbe meiner Brüder. Klaus Gerlinger dagegen war »Stafette«-Leser. »Stafette«, die Zeitung für das überdurchschnittliche, leistungsorientierte Kind. Er schaffte es, mir die »Rasselbande« auszureden und mich als »Stafette«-Abonnenten zu werben. Er wollte die Werbeprämie kassieren. Das hat er auch ganz offen als Argument ins Feld geführt. Diese Direktheit verblüfft mich auch heute noch und läßt mich oft blöde Geschäfte eingehen.
Ich hatte auch andere Freunde. Alfred, der mir nichts verkaufen wollte und mich mit »Prinz Eisenherz« vertraut machte, und Burkhardt, der schlau war und sich auch gegen Größere verteidigen konnte. Beide sahen gut aus und verstanden es, sich im Dorfdschungel durchzusetzen. Die wußten, wo es »Akim« oder »Sigurd« zu kaufen gab, die natürlich in der Schule beschlagnahmt wurden.
Wer bereit war, die Gesetze und Tabus der Erwachsenen zu brechen, konnte in der Gegend um Schmiden sehr gut spielen. Es gab Höhlen, Bäche und sogar einen kleinen Wald. Wir hatten einen Geheimbund gegründet und mußten wichtige Unterlagen verstecken und verteidigen. Bei einer Steinschlacht bekam ich einmal einen Ziegelstein an den Kopf und rannte blutend nach Hause. Loch im Kopf. Meine Mutter war schokkiert. Sie dachte, ich wäre das Opfer gezielter Zugereistenfeindlichkeit geworden. Daß auch ich Steine geschmissen hatte, mußte sie ja nicht wissen. Sie hätte

das wahrscheinlich für reine Angeberei gehalten. Ich war doch der Sensible, der zu Hause saß, mit seinen Autos spielte, Rokoko-Frauen malte und bei Regina Peschke, dem Nachbarsmädchen, mit Puppen spielte. Im Fasching wollte ich sogar als Mädchen gehen, das wurde aber strikt abgelehnt.
»Der heult wie'n Mädchen, ziert sich wie'n Mädchen, is schüchtern wie'n Mädchen! Sei doch nicht wie'n Mädchen, du bist doch kein Mädchen!« Dieses Problem hatten Mutter, Peter und Gert mit mir. Ich verstand nicht ganz, was daran schlecht sein sollte. Mädchen konnten die schickeren Sachen anziehen, konnten spielen, womit sie wollten, sich prügeln, wann sie wollten, und auch noch heulen, wenn sie wollten. Ich wollte kein Mädchen sein, aber ich verstand mich mit ihnen ganz gut. Ich wollte gleiches Recht für alle. Keiner meiner Freunde wäre darauf gekommen, mich ein Mädchen zu nennen. Das gab's nur zu Haus.

Bei uns veränderte sich langsam und allmählich die Haltung zur Regierung. Die wurde doch nur gewählt, weil die Angst vor Experimenten noch zu groß war. Die Unzufriedenheit mit der CDU wuchs, und wir rutschten langsam nach links. Peter und Gert spielten im Stuttgarter »Altstadt-Theater« in Gorkis »Nachtasyl« mit. Auch das färbte ab. »Links« sein hieß für uns auch, anti-schwäbisch sein.
Da war in Stuttgart doch tatsächlich jemand verhaftet worden, weil er bei Rot die Königsstraße überquert hatte, als weit und breit kein Auto zu sehen war. Empörung! Genau wegen dieser manischen Pedanterie hatten unsere Vorfahren im 17. Jahrhundert das Schwabenland verlassen, um nach Ungarn oder ins Oderbruch auszuwandern.

Im Herbst '57 stellten die Berufsberater fest, Gerts kaufmännische Begabung sei größer als seine handwerkliche. Also wurde er nach Fellbach auf die Bürofachschule geschickt, um Schreibmaschine und Steno zu lernen. Er hatte aber mehr Spaß beim CVJM, begann die Bibel zu lesen, wurde überzeugter linksradikaler Christ, und er lernte Gitarrespielen: »Wildgänse rauschen durch die Nacht«, »Die Glocken stürmten vom Bernwardtsturm« und »Wenn die bunten Fahnen wehen«. Gert galt als der musikalischste von uns drei Brüdern. Er bekam Klavier- und Blockflötenunterricht, hörte damit aber ganz schnell wieder auf. Er improvisierte lieber.
Peter wurde unser Globetrotter. Er war schon in Jugoslawien gewesen und 1958 sogar in Brüssel bei der Weltausstellung. Von dort brachte er eine Platte mit ungarischer Zigeunermusik mit, Szandor Lakadosz. Für die Familie. Für mich eine Cowboy-Pistole. Der Czárdás gefiel mir sehr gut, aber auch die Knarre. Wenn ich schon nicht als Mädchen gehen durfte, wollte ich beim nächsten Kinderfasching wenigstens Cowboy sein. Und das wurde ich auch. Zusammen mit meinem Freund René, den ich beneidete, weil seine Eltern geschieden waren.

Die Sylvester-Knallerei 58/59 hatte Fidel in Cuba genutzt, um das Battista-Regime zu stürzen. Das wurde begrüßt. Auch in der Familie gab's Veränderungen. Peter, der auf die Stuttgarter Kunstakademie ging, hatte durch Vermittlung seines Professors eine Bühnenbildassistenz am Göttinger Theater bekommen. Bei Schlubach. Der »schwule Schlubach« wurde er bei uns genannt. Ich konnte mir unter schwul nix vorstellen, aber schwuler Schlubach hörte sich witzig an.

Außerdem bekam Peter ein paar Komparsenrollen in den Göttinger Filmstudios, und wir mußten uns unbedingt »Hunde wollt ihr ewig leben« im Kino und »Der Karzer«, in dem er sogar eine kleine Sprechrolle als Heidelberger Student hatte, im Fernsehen angucken. Peter war der Größte!
1958 erhöhte die Bundesbahn die Preise im Nahverkehr mit einem Schlag um fünfzig Prozent und »trieb damit diese Benutzergruppe dem Individualverkehr zu« – wir bekamen ein Goggomobil!
Ich hatte eigentlich gedacht, daß das mein Ansehen bei den Nachbarskindern steigern würde, aber das Gegenteil war der Fall. Unser Motorrad mit Beiwagen galt als was besonderes, aber ein »Goggo« war einfach lächerlich. Alle fuhren schon Ford Taunus, Opel Rekord oder mindestens Fiat oder Skoda. Drei Tage lang mußte ich unser Auto vor den Steinwürfen und dem Gelächter meiner Freunde beschützen.
Auf der Jungfernfahrt mit Vater, Mutter, Gert, mir und der Neuköllner Oma durch den gerade eröffneten längsten Tunnel Deutschands, den Stuttgarter Wagenburgtunnel, waren wir steckengeblieben. Uns war das Benzin ausgegangen, und keiner konnte den Reservehahn finden. Oma, voll mit Klosterfrau Melissengeist, lachte wie ein Droschkenkutscher über Herbert, meinen Vater, den Angeber, die Niete.

Meine Mutter arbeitete jetzt halbtags bei »Schlank-Schlank«, Abmagerungspillen und Zahnbürsten. Wenn sie Überstunden machte und ich allein zu Hause war, dirigierte ich. Besonders gern Händels »Halleluja« am offenen Fenster. Ich war ein guter Dirigent, aber die Nachbarn wußten das nicht zu schätzen.
Manchmal nahm ich auf Gerts Tonbandgerät Hörspiele

auf. Die waren entweder frei erfunden, oder ich spielte Szenen aus »Tom Sawyer« oder »Huck Finn«. Die »Erika«-Schreibmaschine meiner Mutter hatte ich mir auch geschnappt und gab in unregelmäßigen Abständen eine Zeitung raus. Den »Quetzacoatl«. Quetzacoatl war der Name des weißen Gottes, den die Azteken zurückerwartet hatten, als Cortez auftauchte. Auch das, wie vieles andere, hatte mir meine Mutter erzählt. Warum der als Namensgeber für meine Zeitung herhalten mußte, ist mir bis heute ein Rätsel. Bis dahin stand für Mutter fest, daß der Junge mal Anwalt wird. Ihrer Meinung nach war ich ein Haarspalter und Rechthaber. Natürlich hab ich gerne recht gehabt und jedes Haar gespalten, vor allem wenn's darum ging, nicht zur Schule gehen zu müssen.

Der »Quetzacoatl«, ein naseweises Blatt mit Wortspielen und Witzen über Politiker und Familienmitglieder, öffnete ihr die Augen, und sie entschied, der Junge wird Journalist. Unter Journalist konnte ich mir nichts vorstellen. Eigentlich hatte ich Feuerwehrmann oder Opernsänger werden wollen. Möglichst beides. Inzwischen hatte ich aber einen anderen Traumberuf.

Zwei Ereignisse hatten das ausgelöst und das Klangtier-Erlebnis am letzten Tag in Traunreut wieder hochgespült. Im Sommer waren die Hübners zu Besuch gekommen – auch Siemensianer, unsere Nachbarn aus Traunreut. Frau Hübner hatte mal wieder Klavier gespielt, dazu gesungen, und Gert hatte das Ganze auf Tonband aufgenommen. Als die Hübners weg waren, ließ ich mir von Gert auf dem Klavier die Geheimnisse von Dur- und Mollakkorden zeigen. Wenn ich allein war, hörte ich mir die Hübner-Tonbänder immer wieder an und versuchte vor allem zwei Lieder nachzuspielen: »Ich bin von Kopf bis Fuß auf Liebe einge-

stellt« und »Lili Marleen«. Irgendwann ging mir der Knopf auf, und ich löste das Rätsel, wie man dem Klangtier wohltemperierte Töne entlocken kann. Von da an konnte ich jedes nicht allzu komplizierte Lied nach dem Gehör spielen.
Das andere Ereignis fand an einem Sonntag statt. Ich war ein paar Tage krank gewesen, hatte Fieber, Grippe. Die Familie wollte mich am Sonntagnachmittag nicht allein lassen. Alle saßen rum, und da bat ich meine Mutter, Klavier zu spielen. Das tat sie auch. Sie spielte eine Schubertsonate. Das Kopfende meines Bettes stieß direkt an das Klavier, und – oh Wunder – als meine Mutter zu spielen aufhörte, war ich gesund. Das bestärkte mich in meinem Beschluß, Musiker zu werden. Oft hörte ich in meinem Kopf unbekannte Melodien, denen ich lauschte, als hätte ich eine Platte aufgelegt.

Vor den Osterferien 1960 war die Aufnahmeprüfung für die Oberschule. Ich sollte nach Fellbach gehen. Die Prüfung bestand ich bemerkenswert schlecht. Selbst Herr Bellermann, unser Klassenlehrer, konnte sich mein Versagen nur mit einem »Blackout« erklären. Das Wort kannte ich schon, ich kam ja jetzt aus einer Theaterfamilie. Für die Leistung, in die Oberschule gehen zu dürfen, bekam ich eine Armbanduhr. Die erste und, für fünfundzwanzig Jahre, letzte Uhr. Außerdem durfte ich Gerts Drei-Gang-Fahrrad benutzen, um nach Fellbach zu fahren.
Wenn die Volksschule das Fegefeuer war, so war die Oberschule in Fellbach die Hölle. Ein hochmoderner Bau, kein Pausenklingeln, nur ein Summen. In jedem Klassenzimmer hing ein Lautsprecher für wichtige Durchsagen. »Herr Schmelzle, bitte ins Direktorat!« Ein Schüler verpetzte den anderen. Kein Mensch aus dem

Lehrkörper war mir sympathisch. Es gab ein paar Klassenkameraden, die mir gefielen, aber die besuchten mich nie, weil sie zu Hause saßen und büffelten. Ich hatte keine Lust und ließ alles über mich ergehen. Meistens hatte ich die falschen Schulbücher dabei, und ab und zu habe ich sogar die ganze Schulmappe vergessen.
Nur der Musikunterricht war halbwegs interessant, vor allem für jemanden, der einmal Feuerwehrmann und Opernsänger hatte werden wollen. Die Musiklehrerin hatte, so erzählte man sich, ein Glasauge, ein Holzbein und eine Perücke. Opernhausbrand. Es ging das Gerücht, sie hätte im Unterricht schon mal ihre Perücke verloren, darunter wäre eine blutigrote Glatze.
Schön war auch der Turnunterricht. Bei Lehrer Grimm. Zu Beginn der Turnstunde mußten wir in Zweierreihen Aufstellung nehmen. Dann trat jedesmal ein anderer vor und meldete: »Riege Eins A und Eins B zum Turnunterricht angetreten!« – Grimm: »Rührt Euch«. Wir mußten den linken Fuß vorschieben, dann: »Riege Eins A und Eins B, links um!« Danach wurde mir meistens schlecht, und ich durfte entweder nach Hause gehen oder die nächste Stunde auf einer Bank im Schulhof verbringen.

An den Wochenenden zog's uns nach wie vor hinaus in die weite Welt. Das Goggomobil brachte uns nach Freudenstadt, ins Kloster Maulbronn, nach Tübingen, an den Bodensee und nach Dinkelsbühl zu Tante Käthe. Oder nach Steinbach, nicht weit von Straßburg, wo Tante Lissie wohnte. Die hatte einen Bauernhof und eine Unzahl Kinder. Die Lissie war so dick, daß es eine Freude war, ihr zuzuschauen, wie sie in die »Isetta« stieg. Ein wunderbares zweisitziges Ei, das die einzige Tür dort hatte, wo sich normalerweise Motorhaube, Windschutzscheibe und Lenkrad befinden. Wenn wir bei ihr zu Besuch waren, wurde meistens soviel Zwetschgenkuchen gebacken, daß alle Zimmer damit belegt waren und wir in der Küche schlafen mußten. Wir fuhren auch nach Rothenburg ob der Tauber, Nördlingen und all die anderen mittelalterlichen Orte in Franken oder Badisch-Franken. Und eines Tages fuhren wir nach Nürnberg. Meine Mutter, mein Vater und ich. Wir wollten dort Wohnungen besichtigen, denn Vater hatte mal wieder eine neue Stellung gefunden. Wir sollten also wieder umziehen und alle atmeten auf.

4

Einer von Nürnbergs größten Arbeitgebern war und ist Schickedanz, Gustav und Gretchen. Ihnen gehörte »Quelle«. Und die Vereinigten Papierwerke, Tempotaschentücher und Camelia.
Die Vereinigten Papierwerke stellten auch Verpackungen her. Da wurde mein Vater gebraucht. Er muß sich gewaltig verbessert haben. Denn jetzt hatten wir eine 5-Zimmer-Wohnung in einer Drei-Familien-Villa im besten Stadtteil von Nürnberg, Erlenstegen. Über uns wohnte eine dänische Familie und unter uns der Hauswirt. Im Garten ein Swimmingpool. Den durften wir allerdings nicht benutzen.
Vom Wohnzimmer-Balkon schaute man auf die Pegnitzwiesen. Ich hatte endlich ein eigenes Zimmer. Peter und Gert teilten sich eins. Aus meinem Fenster sah ich auf das Polizeirevier Erlenstegen, eine Villa mit großem Vorhof und Garagen für die Funkwagen. Nachts wachte ich oft auf, wenn plötzlich blaue Lichter über

die Zimmerwände tanzten. Das Martinshorn wurde in dieser vornehmen Gegend selbstverständlich nur in Ausnahmefällen angestellt.
Wir bekamen Telefon, und aus dem Goggo wurde ein VW-Käfer. Zwar gebraucht und mit geteilter Heckscheibe, aber immerhin. In die Küche kam ein EsGe-Stab, der ultimative Mixer, Markenware aus der Schweiz – mit dem arbeite ich heute noch –, und weil alles schneller wurde, auch die Hausfrau, brauchten wir natürlich auch einen Dampfkochtopf.
Unser Wohnzimmer war 30 Quadratmeter groß, durchtrennt von einem Mäuerchen, auf dem Blumen standen und irgendwann auch eine Gipsmadonna. Peter begann sein riesiges Wandgemälde. »Venezianischer Carneval«. Nur der Fernsehapparat ließ auf sich warten. Wir gehörten jetzt nicht mehr zum gemeinen Volk. »Lassie«, »Flipper« und »Das Halstuch« – so etwas brauchten wir nicht.

Ich sollte aufs Melanchthon-Gymnasium, das älteste Gymnasium Deutschlands. Hegel war hier Direktor gewesen. Das alte Schulhaus ist ein freundliches Spätbarockgebäude in der Nürnberger Altstadt. Aber das neue war ein finsterer Bau aus dem Ende des letzten Jahrhunderts, an dessen Fassade die deutschen Dichter- und Denkerköpfe klebten wie gotische Wasserspeier. Innen riesige, hallende Marmortreppen und Marmorgänge. Die Schulbänke waren aus Holz, in die Generationen von Schülern Liebesfreud und Schülersleid geritzt hatten. Das alles zu bewundern hatte ich Gelegenheit, als ich mit meiner Mutter kurz vor den Weihnachtsferien dort auftauchte, um mich anzumelden. Mein Himmel verdunkelte sich.
Damit ich auch standesgemäß gekleidet war, gingen

wir vor meinem ersten Schultag zu Brenninkmeyer, so nannten wir C&A damals. Ich durfte mir einen Wintermantel aussuchen. Ich konnte ihn mir wirklich selber aussuchen und fand auch einen, der mir gefiel: königs-blauer Kordsamt mit weißem Kunstpelz gefüttert.

Mit diesem Fummel betrat ich am 11. Januar 1961 um acht Uhr und dreißig Minuten – eine Viertelstunde zu spät, weil ich vorher noch ins Sekretariat mußte – das Klassenzimmer der 1 a des Melanchthon-Gymnasiums. Kleider machen Leute.

Ich fühlte mich so selbstsicher wie nie zuvor. Mir war alles egal. Diesen Ort hatte ich mir nicht ausgesucht, und wenn ich hier nicht ankam – na und? Ich betrat das Klassenzimmer, hob die rechte Hand und sagte: »Hallo«, es kann auch »Hi« gewesen sein. Ich weiß nicht, wie ich darauf kam. Jedenfalls war's eine Begrüßungsformel, die ich noch nie gebraucht hatte. Ich kam mir unglaublich weltmännisch vor. Alles, was ich mir in der Nacht vorher für meinen Auftritt ausgedacht hatte, warf ich damit über den Haufen, und das war richtig. Der Lehrer setzte noch einen drauf, indem er mich als »Möbius, der Neue aus Berlin«, vorstellte. Ich kam auf die erste Bank, neben Peter Fleischmann. Peter Fleischmann traf ich dreiundzwanzig Jahre später wieder. Auf dem Neuköllner Friedhof. Das war bei Tante Tielchens Beerdigung. Er war der Pfarrer.

Ich war in allen Fächern schlecht, vor allem in Latein und Mathematik. Nur in Religion war ich gut. Sehr gut. Ich hatte nämlich angefangen, die Bibel zu lesen. Gert, der radikale Christ, war derjenige in der Familie, der mich am meisten ärgerte. Er nahm mir alte Spielsachen weg, die längst in meinen Besitz übergegangen

waren, und verlangte Entschädigung, und wenn er mich auf hundertachtzig gebracht hatte, lachte er und forderte mich auf, mit ihm zu kämpfen. Dann streckte er die Arme so aus, daß ich keine Chance hatte, ihn zu erreichen und lachte sich vor Freude halbtot.
Na, sagte ich mir, das also will ein Christ sein? Da schaun wir doch mal nach, was in dem Buch steht, das er so gerne zitiert, und ich machte mich über die Bibel her. Spätestens bei der Bergpredigt ging mir ein Licht auf. Das also war es, was Jesus gewollt hatte: Liebe Deinen Nächsten – Tu wohl denen, die Dir fluchen – Ein jeder trage des anderen Last.
Aber in was für einer Welt lebte ich? Eine Welt, die von einer christlich-demokratischen Union regiert wurde, eine Welt, in der jeden Morgen ein Schulgebet gesprochen wurde, eine Welt, in der es aber »Bomben, Raketen und Tod« gab, wie Marlene Dietrich in »Die Antwort weiß ganz allein der Wind« sang. War das eine christliche Welt?
Schon in der ersten Religionsstunde am Melanchthon-Gymiasium hob ich innerlich zitternd die Hand. Es ging um's fünfte Gebot. Ich fragte, warum es in unserem christlichen Land eine Bundeswehr gibt, obwohl es in der Bibel heißt »Du sollst nicht töten«. Der Religionslehrer, ein alter CSU-Hase, freute sich wie ein Schneekönig, mir das erklären zu können. Sonst meldete sich ja niemand in seiner Stunde. Von da an bekam ich nur noch Einsen in Religion. Er erklärte und dozierte wie ein alter Jesuit. Aber ich war dennoch nicht zufrieden.
Diese erste Religionsstunde brachte mich in einen Konflikt, an dem ich lange, lange zu knabbern hatte. Würde ich das alttestamentarische Gebot »Auge um Auge, Zahn um Zahn«, das mir barbarisch und stein-

zeitlich erschien, tatsächlich einhalten, wäre ich aber einen Schritt näher an meiner Devise »Liebet Eure Feinde, tut wohl denen, die Euch fluchen«. Denn in mir selbst war die Todesstrafe noch nicht abgeschafft, und jedes Auge hätte mindestens zwei Augen gekostet, und jeder ausgeschlagene Zahn wäre mindestens mit einem ausgeschlagenen Gebiß bestraft worden.
An warmen Sommertagen lehnen wir uns gern zurück und sagen: »Liebe Deinen Nächsten wie Dich selbst!« Was aber, wenn es kalt wird, Sturm aufkommt und uns Kugeln um die Nase pfeifen? Leider war Religion kein Hauptfach. In Latein und Mathematik bekam ich Sechsen und blieb sitzen.
Anfang September '61 begann das neue Schuljahr. Ich war in die 1 B gerutscht. Die B-Klassen waren die Experimentierklassen, es waren Mädchen an Bord, neun an der Zahl. Die und der neue Klassenlehrer lockerten die Atmosphäre beträchtlich auf. Klassenlehrer Gansert war eine kleine fränkische Kugel, er saß auf dem Lehrerpult und ließ sein Hinkebein, Kinderlähmung, im Wind der humanistischen Bildung schaukeln. Gansert war der einzige Schullehrer, dem ich eine Eins geben würde. Er aß immer einen Apfel, bevor er sich eine Zigarette anzündete, und empfahl uns, genauso zu verfahren, falls wir schon mit dem Rauchen begonnen hätten oder es planten. Er selbst war unscheinbar und nahm deswegen auch die Unscheinbarsten wahr.
Ich wurde Klassensprecher, mein Stellvertreter wurde Richard Schorr, auch ein Sitzenbleiber. Richard war ein Jahr älter als ich. Zuerst waren wir uns spinnefeind. Der feingeistige Großstädter und der Rabauke aus der Nürnberger Nordstadt. Das änderte sich bald. Er bewunderte meinen Witz und Charme und ich seine offen zur Schau getragene Verachtung für Bildung, Schule

und Lehrer. Richard ließ jeden wissen: »Ich bin nicht aus freien Stücken hier, ich gehöre mindestens auf ein Piratenschiff.« Die Wiederholung der ersten Oberschulklasse war für mich die beste Schulzeit. Ich mußte keine Hausaufgaben machen und bekam doch in jeder Klassenarbeit eine Eins. Oder Zwei. Mindestens aber eine Drei.

Gert hatte angefangen zu malen. Er schwamm aber nicht in Peters Kielwasser, sondern hatte seinen eigenen Stil. Irgendwo zwischen de Chirico und Moritz von Schwind, Léger und Hieronymus Bosch. Seine Bilder waren bevölkert von Fabelwesen: geflügelte Tiere, gekrönte Schlangen, verstoßene Prinzessinnen, greise Könige. Alles in dunklem braun-blaugrün. Alles sah aus, wie vor Jahrhunderten gemalt. Fantastisches Mittelalter. Jetzt wollte er auf die Kunstakademie. Aber das verweigerten ihm die Eltern. Erstmal sollte er eine solide Grundlage haben und seine Lehre als Versicherungskaufmann bei der Hamburg-Mannheimer beenden. Dieses Mißtrauen in seine künstlerischen Fähigkeiten hat er ihnen nie verziehen.
September 1962 kam ich in die Quinta. Wir bekamen einen neuen Klassenlehrer, Oberstudienrat Zeilhofer, und einen neuen Klassenkameraden: Stefan Steingräber, der Sohn des Direktors vom Germanischen Nationalmuseum. Stefan war überdurchschnittlich gebildet, er kannte Florenz und die Uffizien wie die Taschen seiner krachledernen Bundhosen, und er konnte italienisch parlieren. Ich hatte auch einigen Kunstsachverstand vorzuweisen oder konnte zumindest so tun als ob. Wir wurden Freunde.
Die Steingräbers wohnten wie wir in Erlenstegen, hatten dort aber ein ganzes Haus und ihre Madonna war

nicht aus Gips. Samstags wurde Stefan von seinem Vati mit dem Alfa Romeo abgeholt. Der war innen nicht viel größer als unser Käfer. Aber angeblich viel schneller. Den Beweis blieb er auf der kurzen Strecke zwischen Schule und Erlenstegen allerdings schuldig.
Stefan war wesentlich fleißiger und ehrgeiziger als ich. Er hatte seine Hausaufgaben immer gemacht, stellte sich aber nicht an, wenn ich vor der ersten Schulstunde bei ihm abschreiben wollte. Das ersparte mir viel Arbeit.
Noch etwas habe ich Stefan zu verdanken. In einer der verhaßten Musikstunden war mal wieder Vorsingen dran. Einmal kam jeder an die Reihe. Das Melanchthon-Gymnasium rühmte sich, den besten Schulchor von Nürnberg zu haben. Soprane und Alt-Stimmen waren knapp, weil die meisten Schüler mit einem Bein im Stimmbruch standen, deshalb waren gute Stimmen sehr gefragt. Irgendwann mußte jeder vorsingen. »Mich brennt's in meinen Reiseschuhn« oder »Wohlauf die Luft geht frisch und rein«. Fast alle taten das betont lustlos, vor allem die Jungs. In dem Alter will doch keiner wie ein Mädchen singen. Ich hatte mein »Setzen, Sechs« längst eingesteckt und harrte entspannt der heutigen Kandidaten. Inge Rentsch! Die zeigte wenig Lust, war sowieso eher zu den Jungs zu rechnen. Dann wurde Stefan Steingräber aufgerufen. Stefan stand auf, murmelte »brenntsnmeinReiseschuhnfortmitderZeitzureisn« und wollte sich erleichtert setzen. Da aber sprach Schallock, so hieß der Meister: »Steingräber, Du bist im Chor. Mittwoch Probe!« Dem armen Schallock war also von oben bedeutet worden, daß der Sohn des ... und so weiter, selbstredend im Chor sein müsse. Stefan mochte ja in allen Fächern besser sein als ich, aber singen konnte er

nicht. In mir brannte eine Sicherung durch. Mein Gerechtigkeitssinn meldete sich. Schallock fragte, was es denn gäbe, Möbius! Ich würde gerne nochmal vorsingen! Sein Gesicht verdunkelte sich. »Na denn mal los!«
Ich haute ihm mit glockenhellem Sopran die »Reiseschuhe« um die Ohren. Danach war ich im Chor. Und hatte meine Angst verloren, vor Menschen zu singen, die nicht zur Familie gehören.

In der Vorweihnachtszeit lud mich Peter ins Kino ein. In den größten und aufwendigsten Film aller Zeiten. Ein Römer-Film, der »Quo Vadis«, »Die zehn Gebote«, »Das Gewand«, »Sinuhe, der Ägypter« und alles andere, was bis dahin auf Breitwand und in Technicolor zu sehen gewesen war, in den Schatten stellte sollte. Vor allem das Wagenrennen! Viele, die den Film schon x-mal gesehn hätten, würden sich trotzdem immer wieder nach der Pause ins Kino schleichen. Wegen dem Wagenrennen!
Ich erwartete nicht viel. Schon gar nicht von römischen Wagenrennen, sonst hätte mich wohl auch Steingräbers »Alfa Romeo« mehr beeindruckt. Rom war für mich Caesar, Pilatus und Plusquamperfekt, aber ansehen wollte ich mir den Schinken schon, vor allem weil es ja auch eine »Story of Christ« sein sollte. Peter und ich gingen also in die Nachmittagsvorstellung eines jener Kinos, die heute »Plus«, »Real« oder ganz offen »Tengelmann« heißen. Und ich war überwältigt! Mir gefiel zwar die Besetzung der Hauptrolle nicht, und auch den kitschigen Schluß fand ich überflüssig, aber sonst war das ein christlicher Agitationsfilm nach meinem Geschmack. Ich war begeistert!
Ben Hur.

Ich wünschte mir zu Weihnachten die Platte mit der Filmmusik. Für das Christkind, meine Mutter, waren Schallplattengeschäfte unbekanntes Territorium. Sie fühlte sich dort hilflos und unsicher wie ein Kaninchen auf einem Ozeandampfer. Deswegen mußte ich mit. Damals konnte man sich Schallplatten noch anhören, bevor man sich zum Kauf entschied. Ich war nicht der erste, der nach der Filmmusik von »Ben Hur« fragte, und kurz darauf lag die Platte in einer der Abhörkabinen auf dem Teller. Das waren Klänge, wie ich sie hören wollte. Miklos Rosza hieß der Mann, der das komponiert hatte. Danach war es um mich geschehen. Scheiß auf Weihnachten! Warum gibt's erst da die Geschenke! Ich will das Ding jetzt haben! Sofort haben! So oft hören, wie ich will! Jetzt, oder es knallt!
Als meine Mutter mir sagte, daß das überhaupt nicht in die Tüte käme, das hätt's ja noch nie gegeben, wo kommen wir denn da hin, und sie auch nicht auf mein Angebot einging, mir die Platte zu verkaufen und mir was anderes zu Weihnachten zu schenken, da wäre ich ihr fast an die Gurgel gegangen.

Jeden Nachmittag, wenn ich aus der Schule kam, improvisierte ich auf unserem Klavier Klänge à la Miklos Rosza. Als meinen Eltern die Beschwerden der Nachbarn zuviel wurden, erklärte ich ihnen, das werde sich erst ändern, wenn ich richtig Klavier spielen könnte, und das verlange Klavierunterricht. Das wollten sie mir nicht ausschlagen. »Vielleicht isser ja begabt, du siehst doch, wie sehr er sich für Musik interessiert.«
Also kam Elfriede Gleisner einmal die Woche eine Stunde für fünfzig Mark im Monat.
Ich lernte, in welcher Haltung man am Klavier zu sitzen

hat, in welcher Reihenfolge man die Finger bewegen muß, wenn man eine Tonleiter spielt, was eine Kadenz und eine Parallelmolltonart ist und dergleichen wichtige Dinge mehr. Ich hoffte, irgendwann etwas zu lernen, daß mich wirklich interessierte. Als das nicht geschah, knöpfte ich mir eine der staubigen Klavierpartituren meiner Mutter vor und versuchte, Lieder aus Schuberts »Winterreise« zu spielen. Bei einigen gelang mir das auch. Ob der Fingersatz stimmte, juckte mich nicht.

Neunzehndreiundsechzig wurde ich dreizehn. Daß in meinen ersten feuchten Träumen nicht Inge Rentsch auftauchte, in die ich verliebt zu sein glaubte, sondern Jungs, irritierte mich etwas.

Mutter hatte inzwischen wieder angefangen zu arbeiten. Als Lagerarbeiterin bei Quelle. Nicht ganz standesgemäß, sollte auch niemand wissen, aber es brachte Geld ins Haus. Wir lebten etwas über unsere Verhältnisse. Gert hatte seine Lehre beendet und konnte ohne wenn und aber auf die Nürnberger Kunstakademie wechseln. Jetzt war abends bei uns immer Haus der offenen Tür. Fütterer, Renate, Dini, Holde und wie die Kunstkandidaten, Jungphilosophen und Weltstudentinnen alle hießen, waren immer willkommen. Das Essen würde schon reichen. Wichtiger waren die ernsten oder auch lustigen Gespräche über Gott und die Welt, Himmel, Tod und Teufel.
Ich war wieder mal Schlüsselkind. Wenn ich von der Schule nach Hause kam, bereitete ich mir meine Lieblingsspeise, Ravioli aus der Büchse. Dazu gab's die Filmmusik aus »Ben Hur«. Ich setzte mich eine Weile

ans Klavier und improvisierte, machte mir irgendein Milchmixgetränk, manchmal mit einem Schuß »Eckes Kirsch«, wischte Staub, saugte das Wohnzimmer, holte mir dann Marzipan und las Karl May.
Im letzten Sommer hatten meine Eltern und ich den ersten richtigen Auslandsurlaub gemacht. In Kärnten. Am Millstädter See und am Faaker See. Schon nach einer Woche hatte ich nicht nur einen Sonnenbrand, sondern auch einen Sonnenstich und lag im Zelt. Ich konnte keine Sonne mehr sehen, nur noch kotzen. Das einzige was half, die Langeweile zu vertreiben, war etwas zu lesen, und da waren eben nur die beiden Bände Karl May. Die hatte ich zu Weihnachten bekommen, weil richtige Jungs sowas gelesen haben mußten. »Schatz im Silbersee« und »Sklavenkarawane«. Trotz mehrmaliger Anläufe war ich nicht über die ersten zehn Seiten hinausgekommen.
Aber jetzt langweilten mich die mehrseitigen Landschaftsbeschreibungen und Einführungen in die Welt des »Westmanns« und die Sitten »des Indianers«, die Unterschiede zwischen Apachen und Komantschen nicht mehr. Ich konnte mir nicht vorstellen, daß das alles erfunden sein sollte. Zu genau und detailliert waren die Beschreibungen:
»Wenn man von El Paso die kleine Ausfallstraße nach Süden nimmt und an der ersten Wegeskreuzung sein Pferd nach rechts in Richtung Phoenix und Tulsa lenkt, kommt man unweigerlich an Mother Thicks ›Bed an Boardingroom‹ vorbei.«
Ich war dabei, wenn die Sioux mal wieder das Kriegsbeil ausgegraben hatten oder ein schurkischer Westmann beim Planen einer neuen Untat belauscht wurde. Und wenn das Essen auf dem einflammigen Gaskocher, für den mein Vater einen Herd aus Wellpappe ge-

baut hatte, fertig war, mußte mich meine Mutter erst aus Corpus Christi, Denver/Colorado, aus Mossul oder Edirne herbeirufen.
Wir mußten alle vier Tage nach Klagenfurt fahren, um Nachschub zu holen, sonst war mit dem Jungen nix anzufangen.
Ein wiederkehrendes Thema bei Karl May ist die Religion. Nicht irgendeine bestimmte, sondern alle Religionen. Seine These war: Was sind das alles für gute Ideen! Doch was macht der Mensch daraus!
Mich beschäftigte am meisten das Christentum. Aber mit dem, was die beiden Staatskirchen daraus gemacht hatten, konnte ich nichts anfangen. Vor allem ihre Vertreter, die Priester oder Pfarrer, überzeugten mich nicht.
Eines Nachmittags, ich war grade aus der Schule gekommen, klingelte es an der Wohnungstür. Ich öffnete. Vor mir standen zwei junge Männer, ordentlich angezogen, ordentlicher Haarschnitt, und begehrten in einer wichtigen Angelegenheit für fünf Minuten mein Ohr geliehen zu bekommen. Ordentlich war auch ihr Deutsch mit einem ordentlichen Schuß Ami-Akzent. Es waren zwei »Heilige der letzten Tage«, Mormonen. Die kannte ich aus Karl May. Ich ließ sie also rein und unterhielt mich eine halbe Stunde mit ihnen. Dann zogen sie recht zufrieden ab, denn sie hatten einen offenen jungen Mann kennengelernt. Ich beschloß, mir aus dem Amerika-Haus Literatur über christliche Sekten zu besorgen. »Viele Wege führen zu Gott« war dann gleich das richtige für mich. Adventisten, Methodisten, Zeugen Jehovas, Mormonen und so weiter hatten hier Gelegenheit zur Selbstdarstellung. Auch Bertrand Russel. Dessen These lautete: Wenn es einen Gott gibt, wird der nicht so teuflisch eitel sein, sich darüber auf-

zuregen, daß ich nicht an ihn glaube. Das leuchtete mir ein. Aber noch mehr überzeugten mich die »Quäker«, die »Gesellschaft der Freunde«. Ihre konsequente Haltung gefiel mir. Keine Sakramente und kein Gottesdienst mit einer Autorität, die die Bibel auslegt. Keine Gewalt. – Die Bibel ist für die Quäker kein unter »Inspiration« geschriebenes Buch. Mit Gott kann jeder jederzeit reden.

Ich besorgte mir also Bücher über George Fox, den Gründer, und William Penn, seinen Nachfolger, der die Quäker aus der Verfolgung in England nach Nordamerika geführt hatte. Und vor allem »Unter Freunden«, eine Beschreibung über die Quäker heute.

Ich bekam heraus, daß es in Deutschland nur zwei Quäkergemeinden gab, eine in Berlin und eine in Frankfurt. Aber eigentlich wollte ich nicht in eine Kirche oder Sekte eintreten. Zuerst mal wollte ich aus der evangelischen Kirche raus.

Es war die Zeit gekommen, den Jungen in den Konfirmationsunterricht zu schicken. Eines Abends wurde das Thema besprochen. Die Familie ahnte, was da auf sie zukam, deswegen wurden mir die Vorteile aufgezählt. Vor allem die Geschenke, die ich von den Großeltern und Tanten zu erwarten hatte. Ich rechnete nach: Der Konfirmationsanzug konnte mir gestohlen bleiben, aber von der Verwandtschaft war Bares zu erwarten, mindestens 400 Mark. Ich lehnte trotzdem ab. Daraufhin wurde das Angebot verdoppelt. Das war also die Versuchung, in die der Teufel Jesus in der Wüste geführt hatte! Immerhin ein eigenes Tonbandgerät und alle Karl-May-Bände! Aber ich blieb standhaft, sagte nein und hatte einen Sachschaden von tausend Mark.

Die Bundesjugendspiele im Frühsommer '63 fanden auf dem Gelände am »Reichssportfeld« statt. Richard und Guntram, die beiden »Sportler«, machten ein paar genauso schlappe Weitsprünge wie ich, und wir verdrückten uns unauffällig. Zuerst schauten wir eine Weile an der alten Nazi-Aufmarschstraße den Ami-Hubschraubern beim Starten und Landen zu. Dann schlug Richard vor, mal eine Zigarette rauchen zu gehn. »Na klar!« Wir hatten nicht damit gerechnet, daß Richard eine ganze Schachtel HB bei sich hatte. HB konnte auch »Hitlers Beste« heißen. Wir beschlossen, unsere Zigaretten auf dem Führerstand zu rauchen, wo ich ein halbes Jahr zuvor mit meiner Mutter dem amerikanischen Wanderprediger Billy Graham gelauscht hatte: »The mathematical Formula is narrow: 1+1=2. I am very broadminded: Let's make it 5 or 6! – – – The world would be a chaos!!!« Das zitierte ich, high von Haus Bergmann, auf Hitlers Stammplatz. Und »Der deutsche Junge muß sein: zäh wie ein Wiesel, hart wie Leder und flink wie Kruppstahl!« Außerdem natürlich: »Römer, Mitbürger, Freunde, hört mich an! Begraben will ich Zeilhofer, nicht ihn preisen!« Zeilhofer war unser Klassenlehrer.

Danach trafen wir uns jeden Tag nach der Schule in den Ruinen am Laufer Tor, um zu rauchen und die geheimen Gänge der Stadt Nürnberg zu erkunden. Die ganze Altstadt ist mehrfach unterkellert. Das hatten schon die Pfeffersäcke der Freien Reichsstadt im Mittelalter veranlaßt, um ihre Gewürze und Spezereien, die reines Gold wert waren, vor Plünderungen zu schützen. Die Nazis hatten daraus Luftschutzräume gemacht. Jede Tür, an der LSR/Luftschutzraum stand oder an der das Schild hing: »Betreten streng verboten! Lebensgefahr!«, mußten wir öffnen, um das dahinterliegende Labyrinth von Gängen und Treppen, neuen Türen und neuen Treppen zu erkunden. Hinter einer dieser Türen fanden wir die Gerätschaften eines Nürnberger Karnevalvereins, hinter einer anderen, direkt daneben, guterhaltene Nazistandarten, die den Eindruck erweckten, als rechneten sie in allernächster Zeit wieder mit einem Einsatz.

In diesen Katakomben befand sich auch der Nürnberger Jazzkeller. Die Jazzkeller gehörten zu den Brutstätten der 60er-Jahre-Jugendbewegung. Die höchste Weihe hatte wohl die »Eierschale« in Berlin. Westberlin weckte durch seinen Sonderstatus – dort gab's zum Beispiel keine Wehrpflicht – die höchsten Erwartungen in bezug auf das, was da kommen sollte. Es gab aber noch einen anderen Tempel der 60er-Jahre-Jugend, von Studenten allerdings nicht wahrgenommen, der »Star-Club« in Hamburg. In Nürnbergs Jazzkeller jedenfalls traf sich alles, was Rang, Namen, eine wichtige Idee und eine richtige Weltanschauung hatte. Dort waren auch meine Brüder zu finden. Und ein gewisser Peter Erlach.

Erlach war Kommunist, genauer Trotzkist. Seine Idee war die Weltrevolution. Von der »Verwirklichung des Sozialismus in einem Lande«, wie in der Sowjetunion, hielt er nicht viel. Sein Vater war im KZ umgebracht worden. Erlach gedachte den Kampf weiterzuführen. Das war in der Bundesrepublik Anno Domini Neunzehnhundertdreiundsechzig nicht gerade einfach. Die Kommunistische Partei war seit '56 verboten. Die FDJ schon seit 1952. Bei der letzten großen FDJ-Demo am 11. Mai 52 gegen die Wiederbewaffnung der Bundesrepublik war der FDJler Philipp Müller von der Polizei erschossen worden.

Kommunisten hatten bei uns nix zu suchen. Die sollten

nach »drüben« gehn. Ganz egal, ob das da »drüben« ihren Vorstellungen von Kommunismus überhaupt entsprach. Ganz egal, ob sie da »drüben« noch eher im Knast landen würden als mancher Altnazi, dessen Know-how hüben wie drüben gebraucht wurde.

Erlach hatte es nicht leicht. Er wurde überwacht, abgehört, seine Post wurde geöffnet, und das Jugendamt versuchte, ihn »nach Erlangen« zu bringen, in die dortige psychiatrische Abteilung der Universitätsklinik. Erlach war oft bei uns, saß mit am Abendbrottisch und lächelte still in sich hinein. Manchen Tag kam ein Brief von ihm, in dem er nochmal ein paar Gedanken zu den Gesprächen vom letzten Jazzkellerabend notierte, oder manchmal auch direkte Mitteilungen an die »lieben Leser vom Verfassungsschutz«. Erlachs Briefe waren immer geöffnet und mit Öffnungsvermerk der Bundespost gestempelt.

Er, Peter, Gert und noch ein paar Gesinnungsgenossen brachten ein unregelmäßig erscheinendes Blatt heraus, die »Kommentare«. Diskussionsbeiträge, Filmkritiken und politische Kommentare. Es ging um Fellini- oder Godard-Filme, um den Algerienkrieg und neuerdings auch um den heraufziehenden Konflikt in Süd-Vietnam.

Dort war die Zeit des Dhiem, seiner Madame Nu und der buddhistischen Mönche, die sich aus Protest verbrannten. Es war die Zeit der amerikanischen Marionettenregierungen »all over the world«, des kalten Krieges, der »Aktion Schweinebucht« in Kuba mitsamt dem Versuch der CIA, Fidel Castro eine sprengstoffgefüllte Zigarre anzudrehen. In Frankreich und Algerien bastelte die OAS ihre Plastikbomben, um die Vorherrschaft in den französischen Kolonien zu behalten. Bei uns war Bundespräsident Heinrich Lübke noch das

Harmloseste. Wir hatten ganz andere Nazis in der Regierung.
Die kleine Gruppe um Erlach und meine Brüder machte '63, John F. Kennedy lebte noch, auf dem Nürnberger Hauptbahnhof die erste Vietnam-Demonstration. Spätestens danach häuften sich die Indizien, daß auch das Telefon der Familie Möbius abgehört wurde. Daß nicht nur Briefe von Erlach, sondern auch andere suspekte Post geöffnet wurde, war ohnehin klar. Schließlich kam zu uns auch die »Peking Rundschau«, »China heute« und andere subversive Magazine.
Von da an wurden meine Brüder nach ihren nächtlichen Sausen im Jazzkeller von einem unauffälligen Streifenwagen nach Hause begleitet. Eigentlich überflüssig, denn wir wohnten ja direkt neben dem Erlenstegener Polizei-Revier.
Eines Tages, als ich von der Schule nach Hause ging – es war Frühling, ich hatte keine Eile und wollte die drei Kilometer nach Hause laufen –, bemerkte ich auf Höhe der Schleiermacherstraße, daß mir ein blaues Auto im Schrittempo folgte. Ich dachte nanu! Erstmal hatte ich ein schlechtes Gewissen. Ich hatte Unterschriften gefälscht, Entschuldigungen fürs Absentenheft, das ganze Absentenheft war ein einziger Schwindel, ich hatte nicht nur Unterrichtsstunden, sondern ganze Unterrichtswochen geschwänzt und Weihnachten das gesammelte Paketgeld für die Brüder und Schwestern in der Zone veruntreut. Wir hatten uns davon einen lustigen Schuljahresschluß in der Eisdiele neben der Schule gegönnt. War das strafbar? Nein! Also ruhig Blut, ruhig Blut! Die beiden Polizisten begleiteten mich bis zur Straßenbahnhaltestelle Thumenbacher Weg. Dort stiegen sie aus und forderten Legitimation. Die hatte ich nicht dabei. Noch nicht mal eine Schüler-

monatskarte. Das Geld für die Straßenbahn sparte ich lieber, fuhr schwarz oder ging zu Fuß. Die beiden notierten meinen Namen, und ich erhielt die knappe Ermahnung, in Zukunft immer Papiere bei mir zu haben. Bis heute bin ich nie wieder ohne Ausweis vor die Tür gegangen. Vorausgesetzt ich hatte einen. In manchen Nächten, vor allem freitags, samstags und bei Vollmond, wachte ich von dem Gebrüll und Geschrei aus der Polizeiwache nebenan auf. Dann schaute ich neugierig aus dem Fenster und sah zu, was sie mit den Leuten machten, die sie aufgegriffen hatten. Sie parkten ihren Peterwagen vor einer der Garagentüren und schleiften die Delinquenten von dort die zwanzig Meter bis zum Eingang ihres Villenreviers. Wer brüllte, bekam noch eins mit der Gummiwurst drüber. Ich glaube, ich war noch nicht mal empört. Ich dachte wohl, die haben halt'n Knall. Aber hatte nicht die ganze Welt einen Knall? Stand sie nicht im Begriff, mit einem Knall den grade »eroberten« Kosmos um eine Spielwiese ärmer zu machen?

Aus »Kommentare« war mittlerweile ein Theater geworden. Das »Neue Theater Nürnberg«. Sie hatten sich in der Luitpoldstraße, dem Rotlicht-Bezirk, einen Raum gemietet, der hundert Personen faßte und noch Platz ließ für Bühne, Garderobenraum und ein Büro. Hier ging ich jetzt meistens nach der Schule hin und bekam mit, was die Großen da ausheckten. Alles, was dort gesprochen wurde, war von weltweiter Bedeutung, egal worum es ging, einen Film, ein Bild, einen Zeitungsausschnitt aus der Bild-Zeitung, der Neuen Züricher Zeitung oder dem Wachturm. Selbst der Quellekatalog war nicht sicher vor der manchmal vernichtenden Kritik – vor allem Erlachs. Das gefiel mir, denn ich glaubte, daß nichts zu klein und nichts zu unwichtig war, um es nicht genau zu untersuchen. Außer Klassenarbeiten und Hausaufgaben.

Auch '63 machten wir wieder eine Campingfahrt ins Ausland. Diesmal nach Dänemark. Noch heute beschreibt meine Mutter gern den Zustand unseres Wohnzimmers, als wir zurückkamen. Da waren inzwischen einige Künstlerparties gefeiert worden. Der Wohnzimmerschrank, der Gute, stand quer im Raum, die Anrichte war zur Bar degradiert, überall lagen Luftschlangen, leere Flaschen und Faschingsmasken herum. Was sollten also die Masken? Die Paradiesvögel selbst waren ausgeflogen. Meine Eltern schauten a bissel vergrätzt, aber damit hatte es sich. Für mich hatte das Folgen.

Eine Künstlerparty geht ja nicht ohne Musik ab, und jeder der Partygäste hatte seine Platten mitgebracht, aber erstmal liegen gelassen. Wer geht schon volltrunken mit einem Stapel Schallplatten unterm Arm nach Hause? Das war mir nur recht. Und weil die Gäste in den nächsten Tagen keine Lust hatten, die Party fortzusetzen, hatte ich genügend Zeit, mich durch den Stapel Musik zu arbeiten. Modern Jazz Quartett – Miles Davis – Play Bach – Louis Armstrong – Mr. Acker Bilk. Es waren aber auch ein paar Schoten dabei, die eigentlich nicht auf eine ordentliche Kunststudentenparty gehörten: »Sukiyaki« – »Hans Albers: Seine großen Erfolge« – Marlene Dietrich: »Bitte geh nicht fort« – »Telstar« und Elvis: »Love me tender« mit der noch viel besseren B-Seite: »Anyway you want me«. Wer hatte denn diese Heuler hier angeschleppt? – »Blalla!« war die lakonische Antwort, die ich von meinen Brüdern be-

kam. Wer oder was ist Blalla? Den Namen hörte ich nicht zum ersten Mal.
Blalla war »Meisterschüler«, trotzdem sprachen die anderen allgemein mit Respekt von ihm, denn er galt als außergewöhnlich verrückt. Das wollte was heißen, legten doch alle mehr oder weniger Wert darauf, meschugge zu sein. Gert hatte einmal ein paar Lithographien von Blalla mitgebracht. Ungewöhnliche Bilder mit Titeln wie »Zwei Hasen nehmen einen Fischpriester gefangen«.
Als er dann endlich bei uns am Abendbrottisch saß – lang, dünn, Brille, leicht lädiert –, fragte er zuerst mal meine Mutter, ob wir sein Geschrei gehört hätten, letzte Nacht, er wäre wohl mal wieder blau gewesen, hätte in einer obskuren Kneipe randaliert, und die Bullen hätten ihn in »unsere« Bullenwache abgeschleppt. Als meine Mutter erstaunt verneinte, sagte er nur: »Macht nix, wär auch bestimmt kein schöner Anblick gewesen.« Dabei sah er mich mit einem Blick an, als ob er durchschaut hätte, daß ich schon sämtliche Hurenhäuser diesseits und jenseits des Äquators hinter mir hatte.
Er brachte es fertig, an unserem kleinbürgerlichen Eßtisch die größten Obszönitäten fallen zu lassen und im selben Atemzug meine Mutter mit ausgesuchter Höflichkeit zu fragen, ob er ein kleines Tellerchen Kartoffelsalat probieren könne, weil der is bestimmt gut, ne, wenn sie den gemacht haben, sie sind ja eine ausgezeichnete Köchin, Frau Möbius!

Im November hieß es für die Familie mal wieder: Auf nach Berlin! Zur goldenen Hochzeit von Tiergarten-Oma-und-Opa! Ach war det scheen! Die ganze Familie war versammelt. Tante Gerda und Onkel Willy hatten

ihre Bärbel mitgebracht, unsere Cousine. Die Cousine von Oma und Tante Ella, Opas Schwester, waren da. Onkel Robert und Tante Lolo natürlich auch. Meine andere Oma und ihre Schwester, Tante Tielchen aus Neukölln. Nur Onkel Paul, Bruder von den beiden, glänzte durch Abwesenheit. Vielleicht hatte er sich ja schon »dood jesoffen«, wie dem »versoffnen Jenie« von seinen Schwestern immer prophezeit worden war.
Das wurde ein Fest. Ein Augenschmaus! Und das Ohr – das Ohr vor allem – durfte mitessen. Opa war ein hervorragender Gastgeber. Er hatte schließlich einen Ruf zu verlieren. Wer der Anwesenden war schon Kammerdiener bei einem preußischen Landjunker gewesen? Keiner. Na also. Alles war durchorganisiert. Höhepunkt des Abends wurde ein großes gemeinsames Liedersingen. Dafür hatte er die Texte aller großen Hits seiner Jugend hektografieren lassen. Besonders einer mußte mehrmals angestimmt werden: »Aus der Jugendzeit«, ein herzzerreißendes Lied, das selbst mir fast die Tränen in die Augen getrieben hätte. »Man müßte nochmal zwanzig sein« wurde ebenfalls mehrmals wiederholt. Peter, Bärbel, Gert und ich saßen am Katzentisch und hielten uns raus. Das war einfach nicht unser Problem.
Der musikalische Teil konnte der Neuköllner Fraktion, den Nicht-Möbiussen, nur ein müdes Lächeln entlokken. Schließlich hatte Marthas Mann, der ungarische Frisör, mein Opa, Geige gespielt, als er noch lebte. »Und Vater in der ›Neuen Welt‹ Tuba! Und Onkel Paul, er war ja ein musikalisches Genie, nur leider versoffen. Und wer hier, bitteschön, weiß denn, daß Mozart nicht Kondieter, sondern Kompunist war?« – Aber daß Marthas Vater, mein Ur-Opa, vor nicht allzulanger Zeit verstorben war, fünfundneunzig Jahre war er alt, als ihn

die Wespe auf dem Pflaumenmusbrot in den Hals stach, daß er sich nach der eisernen Hochzeit, also nach sechzig Jahren Ehe, eine Freundin genommen hatte, die Hete, daß er fünfundsechzigjährig von seinem Hausarzt wegen Magenkrebs noch ein halbes Jahr bekommen hatte, daß er gesagt hatte, »Herr Doktor, zu Ihnen komm isch nie wieda« und seinen Magenkrebs mit Äppeln und Schmalzstullen bekämpft hatte (wär er doch dabei geblieben, warum das dumme Pflaumenmusbrot) – das alles wurde erst zu später Stunde hochgeschwemmt, nachdem die Schützengräben der Familie mit Scharlachberg, Eierlikör, Eckes Kirsch, Rüttgers Club und »Herva mit Mosel« zugeschüttet waren.
Die goldene Hochzeitsfeier fand in der Feldzeugmeisterstraße statt, bei Oma und Opa. Wir schliefen in der etwas größeren Wohnung von Tante Lolo und Onkel Robert, auch in Moabit. Wilsnacker-Straße. Ziemlich bedröhnt kamen wir nach der Party dort an. Ich war geschafft, hatte einige Cognacs mit Onkel Robert und Onkel Willy leeren müssen und auch die zwei Zigarren nicht abgelehnt. Die alten Herren sollten schließlich nicht an meiner Männlichkeit zweifeln. Mein erster Gang war also aufs Klo. Aus dem Klofenster konnte man wunderbar auf den Hof vom Untersuchungsgefängnis Moabit sehen. Aber das war nicht mein Anliegen, so wenig wie in dem »Stern«, der dort auf dem Badewannenrand lag, zu schmökern. Ich tat's trotzdem. Wie immer wollte ich von hinten nach vorne durchblättern.

Ich blieb bei einem Artikel hängen. Es war ein Bericht über vier Musiker aus Liverpool, die eine »Pilzfrisur« hatten, Gitarre und Schlagzeug spielten und die in ganz England Teenager und Ordnungskräfte zum Wahnsinn trieben.

Wunderbar, dachte ich. Das isses! Ich wollte natürlich diese neue Musik hören, von den Liverpooler Jungs mit den laaangen Haaren. Wir fuhren ziemlich schnell zurück. In unserem Gepäck befand sich das uralte Grammophon von Opa, zu dessen Klängen die Herren und Damen zu später Stunde das Tanzbein geschwungen hatten. Opa wollte es nicht mehr. Er hatte eine Musiktruhe bekommen – altmodisch war er bestimmt nicht. »Aus der Jugendzeit« hörte sich von Vinyl viel besser an als von Schellack. Das Grammophon war von »Braun«. Vater hatte öfter bei Braun zu tun, nahm das Ding mit nach Frankfurt und fragte, ob sie's nicht für ihr Werksmuseum gebrauchen könnten. Die Antwort war ja, und noch kurz vor Weihnachten kam ein nagelneuer Plattenspieler. Von Braun. Stereo.
Ich setzte mich also vors Radio und versuchte es mit dem Bayerischen Rundfunk. Jo mai! Nix nicht wo man hätte glauben von können, daß des die Tienätscher zur Raserei hätte womöglich bringen können! Wenn man die Auswirkungen eines Schuhplattlers oder eines Watschentanzes in bestimmten Regionen mal außer Acht läßt. Auch beim HR, SR oder SWF ließ mich nichts aufhorchen. AFN-Nuremberg? »Stickbuddy Jamboree!«
Ich kurbelte also ganz langsam die Senderskala durch. Und plötzlich war es da! »I want to hold your hand« – Was war es? Warum wußte ich sofort, daß das die Beatles sind? Das war der Klang der Zukunft.
Irgendwelche kosmischen Frequenzen hatten sich vor langer, langer Zeit für Anfang der sechziger Jahre des 20. Jahrhunderts an der englischen Westküste verabredet. Jetzt waren sie da. Sie kamen aus Afrika und Südamerika, aus Texas, Louisianna, New York und Kali-

fornien, aus Irland und aus Indien – aus aller Herren Länder, die Seeleute und Sklaven in den Liverpooler Hafen geschwemmt hatten.
Hier traf sich die Musik der Welt.
Und wer hatte dieses kosmische Ereignis erkannt? Wer hatte die Palmzweige herausgeholt, um es zu begrüßen? Wer brach in Tränen aus vor Begeisterung? Die Liverpooler Kinder aus den Liverpooler Rattenlöchern! Sie begrüßten den neuen Stern in ihren Katakomben.
Und wer holte die Fanfare, um der Welt die frohe Botschaft zu verkünden? Wer klopfte an alle Türen, bis ihm mürrisch bei einer Plattenfirma namens Parlophon Einlaß gewährt wurde? Ein schwuler Liverpooler Jude, Inhaber eines Plattenladens. Der hatte sich auf den Weg in die Keller des Cavern-Club gemacht und die Schrift an der Wand gelesen. »Der Stein, den die Bauleute verworfen haben, ist zum Eckstein geworden.« Epstein hieß der Mann.
Und in diesem Augenblick, Anfang Dezember 1963, wußte ich, was mein nächstes Ziel war: Gitarre spielen lernen und mir Leute suchen, mit denen ich Musik machen konnte.

Im Zimmer meiner Brüder stand die alte CVJM-Klampfe rum, meist lehnte sie an Gerts Staffelei und diente der Boheme-Atmosphäre. Sie stand also rum und wurde nicht benutzt. »Wildgänse rauschen durch die Nacht« hätte nicht in das Künstleratelier gepaßt, und George Brassens oder Yves Montand konnte sie nicht spielen. Die schnappte ich mir also. Ihr Besitzer war ja sowieso meist außer Haus. Ich fand auch eine Grifftabelle.
Wer einmal seinen ersten A-Dur-Akkord auf einer verzogenen Wanderklampfe mit verrosteten Stahlsaiten

versucht hat, wird die wilde Leidenschaft verstehen, die mich ergriffen hatte. Ich schaffte es innerhalb von sechs Wochen, nicht nur den A-Dur, sondern auch den E-,D-,G-,C-Dur- und sogar den F-Dur(!)-Akkord zu spielen. Letzteren allerdings noch nicht Barré – ich erkläre hier *nicht,* was ein Barré-Griff ist, ich habe drei Monate gebraucht, um einen zu lernen – dazu kamen noch die Moll-Akkorde und, und, und ... Das alles befähigte mich noch nicht mal, einen einzigen Beatles-Song nachzuspielen! Um auch nur einen dieser leichten, lokkeren Lennon-McCartney-Songs spielen zu können, muß man nicht weniger als *alle* einschlägigen Griffe beherrschen. Warum? Darum! Es blieb mir nichts anderes übrig, als die Akkorde rauszuhören. In keinem Nürnberger Musikgeschäft, das Wert auf diese Bezeichnung legte, gab es Noten oder »Griffe« der Beatles zu kaufen. Diese Art Musik wurde noch nicht mal als Unterhaltungsmusik akzeptiert. Schlimm, schlimm. Aber sehr gut. Für mich. Ich mußte mein Gehör schulen und schickte es in die Beatles-Schule. Dahin mußte ich es noch nicht mal schleifen. Die Beatles und später viele andere Kollegen waren sehr leicht erträgliche Lehrer. Ihr Unterricht hatte den Vorteil, daß die Schüler kommen und gehen konnten, wann sie wollten.

Neunzehnhundertdreiundsechzig. Papst Johannes XXIII., *der* Papst des zwanzigsten Jahrhunderts, der das zweite Konzil einberufen und die katholische Kirche aus dem Mief des Faschistenfreundes Pius XII. geholt hatte, war gestorben.

Neunzehnhundertdreiundsechzig. Wir haben jetzt einen Fernseh-Apparat. Die vietnamesischen Mönche

brennen jetzt in unserem Wohnzimmer und die Weißen in Selma/Alabama schütten jetzt vor unseren Augen Salzsäure in den Swimmingpool, in dem ein Schwarzer schwimmt. Der erste Kennedy wird erschossen. Angeblich von einem Kommunisten. Aber wir hatten das Gefühl, eine widerliche Lüge aufgetischt zu bekommen.
Für mich endete das Jahr mit einem Krippenspiel, das ich im Stil von Miklos Rosza komponiert hatte, das Klassenlehrer Heissner mit uns inszenierte und das mir einen Freifahrtschein beim Schuldirektor einbrachte. Wer weiß, vielleicht würde ich ja eines Tages in die Reihen berühmter Melanchthonianer aufgenommen werden. Wie Hegel, Hugo Distler, die Enzensbergers oder Michael Holm.

Zu Weihnachten hatte mir Peter einen kleinen Japaner geschenkt. Ein Transistorradio aus rotem und weißem Plastik. Von Woolworth, wie er ausdrücklich sagte. Wenn Woolworth auch als Billigladen verschrien war, so wußte man doch, daß es dort immer wieder exotische Dinge aus der Neuen Welt und dem Fernen Osten gab. Das Erstaunliche an diesem Gerät war seine Größe: Es war nicht größer als eine Zigarettenschachtel. Außerdem war noch ein Stöpsel mit Kabel dabei, der Ohrhörer. Dieser kleine Japs gab mir noch einen Grund mehr, nicht zu warten, bis meine Mutter mich um halb sieben weckte, sondern schon um sechs auf Sendung zu sein, wenn AFN, der amerikanische Soldatensender, mit dem Programm begann: kurze Hymne, kurze Nachrichten und dann die neuesten Hits aus den amerikanischen Hitparaden, die Anfang '64 noch von den Beach Boys regiert waren. Erst als die Beatles im Februar in der »Ed-Sullivan-Show« auftraten und mehr

als siebzig Prozent Einschaltquote hatten, war der Erdrutsch da. Kurz darauf verloren die USA ihr Popmusik-Export-Monopol und mußten zum ersten Mal mehr Musik importieren, als sie exportieren konnten.
Der River Mersey hatte seine Schleusen geöffnet und überschwemmte mit einem gewaltigen Donnerrauschen alle Sender dieser Welt: Gary and the Peacemakers, The Animals, Mersey Beats, Cilla Black, Hermans Hermits, The Tremoloes, The Hollies. Kurz darauf folgten aus allen Gegenden Großbritanniens The Fortunes, Wayne Fontana and the Mindbenders, Manfred Mann, Dave Clark Five, Yardbirds, Dusty Springfield, Petula Clark.
Die Kids aus den englischen Slums halfen der englischen Wirtschaft über den Berg. Obwohl der ein oder andere Lord seinen Rolls-Royce verkaufte, weil er nicht in der gleichen Karosse wie diese langhaarigen Brüllaffen kutschiert werden wollte, führte kein Weg daran vorbei, daß die Queen zumindest der Vorhut dieses Exportschlagers, den Beatles, einen Orden verpassen mußte.
Dennoch gab es bis Mitte des Jahres bei »Radio Bestle«, dem ersten Plattenladen am Platze, immer noch keine einzige Beatles-Platte zu kaufen. Auch der Bayerische Rundfunk brauchte seine Zeit. Aber ich hatte Geduld. So wie ich mich heute jeden morgen durch's Fernsehprogrammheft kämpfe, um zu schauen, ob es etwas Ansehenswertes gibt, arbeitete ich mich damals – allerdings mit viel mehr Neugier und Eifer – durch das Rundfunkprogramm. Irgendwann mußte ja auch »Plattenkramer Werner Götze« die Zeichen der Zeit erkennen. Ich wußte, der Tag würde kommen, an dem zumindest ein Beatlessong in der »Hitparade des Bayerischen Rundfunks« auftauchen würde.

Weil ich mir jede Musiksendung anhörte, in der Hoffnung, die neue Welle auch in einem deutschen Sender zu hören, kam ich in den Genuß, das Ende oder den Anfang vom Ende des »deutschen Schlagers« mitzubekommen. Gus Bachus mit »Bohnen in die Ohr'n« neben »Sag mir wo die Blumen sind«, dem letzten erfolgreichen Text von Max Colpet, oder »Wir wollen niemals auseinandergeh'n«, dem letzten Hit von Michael Jary, dem Top-Komponisten der UFA. Die Schlagersänger der Stunde waren die erfolgreichen deutschen Sportler Hans-Jürgen Bäumler, Marika Kilius, Martin Lauer, Manfred Schnelldorfer, Peter Müller und »Radi« Radenkovic. Und der Wilde Westen wurde besungen: Pierre Briece als Winnetou besang »Ribanna« und Ronny »Oh my Darling Caroline«.
Wir im Wilden Westen waren wieder wer. Jetzt wurde die Forderung, endlich einen Schlußstrich zu ziehen, aber lauter. »Vergangen, vergessen, vorüber« sang Freddy. In immer mehr Familien wurden die Eltern von ihren Kindern befragt, was sie denn gewußt hätten, das sie nun vergessen wollten. Infolge dieses Großversuchs »Kollektive Verdrängung« flogen auch an unsrem Abendbrottisch die Fetzen.

Peter war es, der als erster Zugang zu den »Trivial-Mythen der Gegenwart« fand, denen ich nun fröhnte, allerdings nicht über die Beatles, sondern über die Beach Boys. Die hatten zu der Zeit den Hit »I get around«. Das gefiel ihm, das war Kunst. Wenn's auch Pop-Kunst war. Unüberhörbar kam hier Kunst von Können – vierstimmig singen nämlich. Auf der Kunst-Akademie gab es drei Meinungen: »Kunst kommt von Können«, »Kunst kommt von künden« (Blalla) oder »Kunst kommt von kunst mer mal zehn Mark lain?«.

Das »Neue Theater Nürnberg« war dafür berühmt, diese drei Ansichten unter einen Hut zu bringen.
Am dreizehnten Mai war die Silberhochzeit von Tante Lolo und Onkel Robert gewesen. Ich kam mit einem Stapel Beatles-Singles aus Berlin zurück. »Can't buy me love«, »Love me do«, »I want to hold your hand.« Wie gesagt, die gab's bei »Radio Bestle« in der Königsstraße noch nicht, sollte sich aber bald ändern. Jetzt brach auch im Melanchthon-Gymnasium das Beatles-Fieber aus. Dort war bestimmt nicht die Speerspitze der Liverpoolbewegung zu finden. Es kam zu ersten Partys in der Erlenstegenstraße – nachmittags selbstverständlich – mit den Fortschrittlichen der 3B. Da wurden Milchmixgetränke mit einem Schuß Eckes Kirsch ausprobiert und zu allem, was sich auf dem neuen Stereo-Plattenspieler drehte, Twist getanzt.
Im »Pegnitzbad« wurde über Sex und Mädchen gequatscht und darüber, was in der aktuellen Musik gut und was verwerflich sei. Alles was deutschsprachig war, bekam eine Sechs – vor allem der Erzfeind Roy Black. Elvis bekam ein Fragezeichen, wie vieles aus Amerika, England fast immer »Gut« bis »Sehr gut«. Wir waren die Trendsetzer der Klasse.
Als das neue Schuljahr begann, wurde das Klassenzimmer erstmal mit Beatles-Fotos aus der »Musikparade«, dem Vorläufer von »ME-Sounds«, tapeziert. Die wurden nach dem ersten Wochenende vom Hausmeister entfernt, aber auf Druck der Klasse und mit Unterstützung des neuen Klassenlehrers, Herrn Müsli, wieder rausgerückt und angebracht. Ein Sieg über den deutschen Hausmeister. Unter Müsli durfte ich auch mein erstes und letztes Referat halten. Im Deutschunterricht. Das Thema lautete »Die Beatmusik – Her-

kunft und Einflüsse«. Darin schaffte ich es mühelos, einen Bogen von der bayerischen Volksmusik über die Country- und Westernmusik zum »Mersey-Sound« zu schlagen. Das war gar nicht so weit hergeholt, wenn man sich die Geschichte der »Bluejeans« anschaut. Jeans trug ich natürlich auch bei meinem Vortrag und meine Haare waren auch gewachsen. Darüber kam es zu Auseinandersetzungen mit Mutter. »Nicht über den Kragen« war ihre Maxime. Irgendwann holte sie den kleinen Kasten raus, in dem alles lag, was vom Friseurladen ihres Vaters übriggeblieben war, zwei Haarschneidemaschinen (nicht elektrisch), eine Effilierschere zum Ausdünnen, ein Rasiermesser und ein Lederband zum Schärfen desselben. Damit wollte sie mir ans Haar. Das führte zu einem ähnlichen Skandal wie anderthalb Jahre zuvor der Streit um die »Ben-Hur«-Platte. Diesmal war ich meiner Mutter schon über den Kopf gewachsen, und sie mußte passen.

Blalla und Erlach waren sich nähergekommen. Blalla hatte ihn Early getauft. Es gab jetzt eine starke Fraktion innerhalb des »Neuen Theaters«, die Theater in der herkömmlichen Form als elitär und langweilig ablehnte, egal ob im Kostüm oder mit Rollkragenpulli. Auf der Suche nach neuen Mythen brachte Blalla Donald und Dagobert Duck, Superman, Perry Rhodan und die Fantastischen Vier ins Spiel. Erlach entdeckte in den Heiligenlegenden der Katholen die Helden der Arbeiterklasse. Peter wurde bei der Commedia dell'arte fündig, der Urmutter des Kasperl-Theaters. Gert kam aus einem Deko-Geschäft mit Faschingsmasken und der Idee wieder, damit aktuelle Zeitungsmeldungen nachzuspielen. Das meiste wurde an unserem Abendbrottisch ausgeheckt, denn im

»Neuen Theater« in der Luitpoldstraße war Schmalhans Küchenmeister.
Immer häufiger nahm jetzt auch ein bärtiger Franke am Möbiusschen Abendmahl teil, Dietmar Roberg aus Memmelsdorf bei Bamberg. Bamberg ist eine kleine, feine, altfränkische Stadt, die das Fränkische auf die Spitze treibt. Eine der Keimzellen des realexistierenden Bambergerismus war das dortige Jesuiten-Gymnasium. Von da kam Dietmar der Bärtige, des klassischen Gitarrenspiels mächtig und vor allem auch der deutschen Sprache. Dietmar war nicht gern, wo Schmalhans Küchenmeister war, also auch nicht gern in der Mensa der Akademie. In dem Häuflein Menschen, das allabendlich bei uns zu Tische saß, erkannte er den Irrsinn und sah seine Chance.
Wir befanden uns im Bayernland. CSU-regiert. Nicht die freie Reichsstadt Nürnberg, die war evangelisch und SPD, aber die Landbevölkerung, die als der harte Kern der Reaktion erkannt war, die galt es zu erobern. Mit einem Wandertheater, zurück zu den Ursprüngen abendländischer Theatertradition: Eine Theatertruppe zieht über Land, auf Gedeih und Verderb abhängig vom Wohlwollen des Publikums. In diesem Falle den bayerischen und fränkischen Bauern. Schee mues es sey unt kristlich.

Die Legenden des heiligen Florian und der heiligen Katharina – beide waren für ihren Pazifismus und ihren Glauben vom römischen Kaiser hingerichtet worden – wurden ausgegraben. Peter und Erlach machten sich daran, diese beiden Legenden zu dramatisieren. Das dritte Stück sollte »Doktor, Tod und Teufel« von Graf Pocci sein, eine deutsche Harlekinade, die mit dem Sieg des guten Armen und dem Untergang des bösen Reichen endet.

Alle Stücke sollten mit Masken gespielt werden, und dafür wurden Masken entwickelt –, Stereotypen –, die jederzeit für jedes Stück verwendbar waren: der reiche Mann, der arme Mann, die gute Schöne, die böse Schöne, der Kasper, der Teufel, der Engel und so weiter. Peter baute die Masken und schrieb den »Heiligen Florian«. Gert, Dietmar und Blalla waren für die Konstruktion von Bühne und Theaterwagen zuständig und für das Bühnenbild und die Requisiten. Erlach schrieb »Das Marthyrium der heiligen Katharina«. Zuvor machte er seitenlange Versuche mit der deutschen Sprache, der er auf die Spur kommen wollte. Er suchte nach neuen Worten und einer neuen Grammatik, um die Sprache zu vereinfachen. Das brachte ihn in Verzug. Als Peter mit dem »Heiligen Florian« schon fertig und dazu übergegangen war, an den Masken zu arbeiten, saß Erlach immer noch und feilte am »Martyrium der heiligen Katharina«. Er war auch noch nicht fertig mit seinem Werk, als die Proben zu »Doktor, Tod und Teufel« anliefen. Da war's schon März, und die Truppe hatte sich bereits auf einen Bauernhof in Metzlesberg bei Ellwangen zum Proben zurückgezogen.
Die »Truppe«? Holde Wössner, Karl Korte, Blalla Hallman, Peter Möbius, Gert Möbius und Dietmar Roberg, genannt: Xantilope Morta, Carol Carol, Jonas Tark, Radamez Salzmann, Giacomo Reiser und Ignaz Semmel. Diese Namen standen auf dem von einem Traktor gezogenen Wagen, der Bühne, Kostüme, Masken und Requisiten transportierte. Ich wurde als Hauskomponist bestellt und hatte mir auch einen Künstlernamen ausgedacht. David Volksmund.
Denn als ich mit Richard Schorr im Dezember endlich »A hard days night« im Kino gesehen hatte, war für mich endgültig klar, was ich werden wollte, Musiker

und Komponist. Richard kam oft mit seinem Freund Georg vorbei, der auch Gitarre spielen und sehr gut singen konnte. Wir spielten Beatles-Songs nach und schafften es sogar, »If I fell« dreistimmig nachzusingen, ohne Grifftabelle, ohne Noten, eine der kompliziertesten Beatles-Nummern. Aber Richard wurde von seinen Eltern mit dem neuen Jahr nach Scheyern ins Internat geschickt. Mein erster Traum von einer Band zerbrach.

Inzwischen hatten auch meine Brüder Gefallen an der neuen Musik gefunden, und ich bediente den Kompositionsauftrag zur allseitigen Zufriedenheit. Drei Genres waren dafür zu berücksichtigen: Die bayerische Volksmusik für den »Hl. Florian«, Couplets à la Raimund und Nestroy bei »Doktor, Tod und Teufel« und auf Wunsch von Erlach Variationen über »Beatles for sale«, unter spezieller Berücksichtigung von »Evry little thing« für die »Hl. Katharina«.

Die Schule ging mir nur noch auf den Keks. Nix Neues. Ich erfand eine Krankheit. Ich hustete und hustete, bis es niemand mehr hören konnte, auch der Hausarzt nicht. Er schrieb mich krank, krank und noch mal krank. Ich brauchte nicht mehr zur Schule und konnte mich voll meiner Berufung widmen.

Wir wohnten jetzt schon vier Jahre in Nürnberg. Zeit für meinen Vater, die Stellung zu wechseln. Sein Vorgesetzter, der ihn schon von Bosch zu Schickedanz mitgenommen hatte, brauchte ihn jetzt als reisenden Verpackungsvertreter bei Stabernack in Lauterbach. Da suchte er sich eine Pension und für uns eine Wohnung irgendwo im Hessischen. Das Ende des Melanchthon-Gymnasiums war also für mich in Sicht. Während die Vorbereitungen für das TEATER – so schrieben wir

es – in vollem Gange waren, schrieb ich Songs und malte.
Zwei neue Gesichter tauchten auf, Norman und Rita Stiegelmayer. Ein Kunststudent aus San Franzisko und seine Schweizer Frau. Beide waren Buddhisten, und beide waren von dem TEATER-Projekt begeistert. Rita schneiderte die Kostüme. Das machte sie unvergleichlich schnell und gut, während sie »Peter, Paul and Mary« hörte. Norman kam hin und wieder vorbei, um nach dem Rechten zu sehen und am Abendessen teilzunehmen. Manchmal kam er auch in mein Zimmer, um meine Buntstiftzeichnungen zu begutachten. Ein Bild gefiel ihm besonders gut: Über einem Urwaldstrand, auf dem ein Sofa stand, schwebte ein Auge als Fesselballon. Darüber hatte ich »It's off the hook« geschrieben.
Warum »It's off the hook«? – An einem Wochenende, als Richard auf Internatsurlaub in Nürnberg war und mich besuchte, war auch sein Freund Georg mitgekommen. Der hatte eine Single mitgebracht. Eine schauerliche, kackbraune Hülle mit den schlampig ausgeschnittenen Köpfen der Künstler garniert, Titel: »The Rolling Stones: It's all over now/Tell me«. Von den Rolling Stones hatte ich schon gehört und kleinere Artikel gelesen. »Womöglich noch härter als die Beatles, auf jeden Fall die längsten Haare von allen!« Na ja, härter als die Beatles, längere Haare, das war ja kein Problem. Rolling Stones, die waren bestimmt auch nur wieder eine der vielen englischen Bands, die alle als die »Besten und Nettesten« oder »Gemeinsten und Dreckigsten« verkauft wurden. Georg empfahl mir, die B-Seite zuerst aufzulegen. Was ich dann hörte, haute mich um! Das zweite Mal seit den Beatles! Für mich klang das, als ob jemand Elizabeth I., die glatzköpfige Begründe-

rin des englischen Empires, aus dem Schlamm der Themse auf den Piccadilly Circus schleifen würde, nur um seiner Geliebten zu sagen: »Schau her, das alles tu ich für Dich, weil ich Dich liebe! Kommst Du jetzt zurück zu mir?« Was würde sie sagen, die Geliebte? »Du hast'n Knall!« Das war's, was mir gefiel! »Krank!« sagte Blalla.
Von da an wartete ich darauf, daß im AFN, oder wo auch immer, Stones-Songs gespielt werden würden. Eines Tages wurde ich belohnt, als ich grade das Urwald-Strand-Sofa-Fessel-Ballon-Augen-Bild malte. Ich schrieb den Titel des Songs, den ich grade hörte, oben in das Bild. »It's off the hook«. Das gefiel Norman Stiegelmayer. Am nächsten Tag schenkte er mir eines seiner Bilder, »Wem es in der Küche zu heiß wird, der verlasse sie«, 20×20 cm.

Mir wurde es jedenfalls in der Küche zu heiß, und ich verließ sie. Der Ordnung halber mußte ich aber noch mal für einen Tag hingehen – in die unsägliche Schule. Ein wahrer Alptraum. Jeder, der die Schule verlassen hat, wird ihn kennen. Man träumt, wieder in seiner Schulklasse zu sitzen und etwas beantworten zu müssen, von dem man überhaupt keine Ahnung hat. Das war mein letzter Schultag.
Einen Alptraum erlebte auch Erlach. Er wurde entmündigt. Sein Vormund veranlaßte die Einweisung in die Psychiatrie Erlangen. Es gelang ihm aber, von dort abzuhauen. Er flüchtete auf Gerts Tip hin nach Cervo in Ligurien. Dort kam er bei Don Battista unter, dem Priester des Ortes. Als er irgendwann wieder zurückkam, war die Familie Möbius schon nicht mehr in Nürnberg. Das letzte, was ich von ihm gehört habe, war, daß er in Nürnberg zusammen mit Ulli Enzensberger und ande-

ren den Versuch unternommen hatte, eine Kommune zu gründen. Das Wort Kommune geisterte schon seit geraumer Zeit bei uns herum. Gert erklärte mir, daß das die Form des Zusammenlebens der Ur-Christen gewesen wäre. Aha. Alles teilen.
Die »Teater«-Macher probten auf dem Land. Sie lebten zusammen, arbeiteten zusammen und hatten vor, falls jemals Geld in die Kasse kam, das auch zu teilen. Vorerst war aber Ebbe, und es konnten nur die Geld- und Lebensmittelspenden von Freunden, Eltern, Bekannten und Mäzenen geteilt werden. Wir, Vater, Mutter und ich, fuhren jedes Wochenende nach Metzlesberg, um die Teater-Kommune mit Nahrungsmitteln zu versorgen. Als der Sommer ins Land zog, machten sie sich mit Traktor und Theaterkarren auf den Weg durch die Dörfer und Kleinstädte von Franken und Bayern.
In Nürnberg packten meine Eltern und ich Hab und Gut in Umzugskisten. Vater hatte eine Wohnung gefunden.

5

Niederroden im Rodgau war ein mittelgroßes Dorf zwischen Dudenhofen und Oberroden, im Dreieck zwischen Offenbach/Frankfurt, Aschaffenburg und Darmstadt. Ich sage, es war, weil es heute in der Großgemeinde Rodgau aufgegangen ist und im Shell-Atlas nur noch mit Mühe als Ortsteil zu erkennen. Auch Niederroden hatte grade seine 800-Jahrfeier hinter sich. Irgend jemand muß sich um 1150 die Mühe gemacht haben, alle Gemeinden im Rhein-Main-Neckar-Gebiet zu beurkunden.
Der Rodgau hat einen sandigen Boden und eignet sich, wie die Gegend um Berlin, Brühl und Nürnberg, beson-

ders zum Spargelanbau. Den hatten die Niederröder Bauern sich auch auf die Fahnen geschrieben. Spargelanbau. Nördlich der Bahnlinie Offenbach – Dieburg. Frankfurt platzte aus den Nähten. Deutschlands neues Tor zur Welt. Der Geldumschlagplatz West-Europas. Es mußte Wohnraum geschaffen werden für viele Menschen aus aller Welt. 1964 kauften findige Bauherrn, die die Zeichen der Zeit erkannt hatten, den Bäuerlein ihre Spargeläcker ab, um darauf Siedlungen zu errichten.

In einer dieser Siedlungen hatte mein Vater ein Reihenhaus als neues Domizil für die Familie ausgesucht. Die Straßennamen in Niederroden sollten an die deutsche Einheit gemahnen: Dresdener Straße, Leipziger Ring und so weiter. Unser Häuschen stand in der Erfurter Straße 17.

Es war ein schöner Tag, als meine Eltern und ich die Autobahnabfahrt Weiskirchen in Richtung Niederroden nahmen. Sommer. Als wir durch die ersten Ortschaften fuhren, fühlte ich mich gleich zu Hause. Der Himmel, die Farben, die Art, wie die Häuser gebaut waren – manche hatten Wandbilder an den Hausmauern –, alles erinnerte mich an Brühl. Alles machte auch diesen leicht schlampigen Eindruck. Neu-Niederroden war noch im Bau, und die Atmosphäre dort hatte etwas von einem Campingplatz. Jedes Haus hatte eine Veranda und einen handtuchschmalen Garten. Hier hatte man das Leben der Nachbarn links und rechts und mindestens vier Haustüren der nächsten Reihenhauszeile im Blick. Und aus dem Küchenfenster konnte man das Treiben und Grillen auf mindestens vier Veranden begutachten. Mir gefiel's hier sehr gut. Alles war eng zusammen. Alle mußten miteinander auskommen, denn nach einem Jahr war es noch keiner Familie ge-

lungen, eine Hecke zu ziehen, die hoch genug war, um vor neugierigen Blicken zu schützen. Alle Häuser waren gleich. Manche waren gleicher. Da gab's einen ausgebauten Dachboden. Und mehr Geld. Oder mehr Kinder. Meistens beides. Die wenigsten Neu-Niederröder beherrschten das Hessische. Wer Hessisch sprach, war entweder in der Offenbacher Lederwarenindustrie beschäftigt oder aus dem Dorf. Die Neubürger hatten meistens irgendwas mit dem Frankfurter Flughafen zu tun. Sie kamen aus Nordamerika, Südafrika, Skandinavien oder irgendeinem anderen europäischen Land.
Ich bekam ein Zimmer, zum Garten raus. 16 Quadratmeter. Doppelt so groß wie mein Zimmer in Nürnberg. Grüne Rauhfasertapete. Lindgrün. Alles roch nach Farbe, alles war frisch, noch unbewohnt, modern. Ich bekam ein neues Bett, das von Gert, eine modisch nüchterne Couch mit blau-schwarz-kariertem Bezug. Ich bekam auch Gerts Schreibtisch – Echtholzfurnier, Kirsche – ein Stück aus der Botschaft –, seine Stühle, sein Braunradio und den Braun-Plattenspieler, Elfenbein, seinen selbstbemalten kleinen Schrank und sein modisches Hängeregal, Teakholz. Das Haus hatte einen großen Hobbyraum, hervorragend geeignet für Parties oder als Bandproberaum. In den kam das Klavier und das Schlagzeug, das mir Gert noch in Nürnberg auf einer Versteigerung erstanden hatte. Außerdem mein altes Schrankbett.
Meine Eltern feierten sanglos, klanglos ihren 25. Hochzeitstag mit einer Dampferfahrt auf dem Rhein. Auf dem Weg dahin kaufte ich mir in Wiesbaden die neue Stones-Single, »Satisfaction«. Gefiel mir nicht so gut wie »Last time«, die Single davor. Da sieht man mal, wie's kommen kann. Ausgerechnet das Ding wurde zu ihrem größten Heuler und entwickelte sich zum größ-

ten Quälgeist für sie selbst. Denn wer geht schon aus einem Stones-Konzert ohne »Satisfaction« gehört zu haben? Noch nicht mal ich! Wie oft sie diesen Drei-Ton-Riff wohl in ihrem Leben gespielt haben?

Der Sommer näherte sich dem Ende. Damit tauchte die Frage auf, in welche Schule schicken wir den Jungen denn nun? »Gar keine Schule!« sagte ich frei heraus. »Das schlag Dir mal gleich aus dem Kopf«, sagte Mutter. »Du machst das Abitur!« Mir war klar, daß das gar nicht in die Tüte kam. War nur die Frage, wie ich das durchsetzen könnte.
Mutter und Vater schleppten mich zu Beginn der neuen Spielzeit von Schule zu Schule. In Babenhausen hätte ich mindestens drei Jahre Englisch und ein Jahr Französisch nachholen müssen. In Seligenstadt waren meine Haare zu lang. Der Direx in Dieburg war auch meinen Eltern zu reaktionär. Aschaffenburg war zu weit. In Frankfurt war's wie in Babenhausen, in Offenbach wie in Seligenstadt. Meine Eltern waren verzweifelt. Nirgendwo war Latein und Altgriechisch im Angebot, außer in Aschaffenburg, das gehörte ja zum Freistaat. Aber da hätte ich vier Stunden am Tag die hessischen und bayerischen Verkehrsmittel in Anspruch nehmen müssen, und das wollte mir nun wirklich keiner zumuten. Ich war nicht verzweifelt. Ich dankte dem Herrn. Offensichtlich hatte ER die Lehrpläne für das Land Hessen gemacht. »Vielleicht will er ja auf die Musikhochschule geh'n ...«, überlegte meine Mutter. »Jaja« sagte ich, »aber ich glaub nich, dasse mich da nehm'.«
Am nächsten Tag fuhr mein Vater mit mir nach Frankfurt zur Musikhochschule. Was'n Horror! In den Gängen kamen uns die Menschen auf Zehenspitzen entge-

gen. Die Frauen hatten einen Dutt und selbstgehäkelte Kleider. Alle den Musen ergeben. Durch die Türen hörte man Tenöre knödeln und Soprane jodeln. »Anstreicher«, dachte ich, »das muß ein schöner Beruf sein.« Ich kam auf eine Idee. Auf der Rückfahrt sah ich mir das Anmeldeformular an. Mindestens drei Jahre Klavierunterricht sollte man schon hinter sich haben, um diese heiligen Hallen betreten zu dürfen. Ich sagte also meinem Vater so nebenbei, daß das alles doch ganz schön schwierig wäre und daß ich eigentlich lieber eine Lehre machen würde. »Was für 'ne Lehre denn«, brummte er. »Zum Bleistift eine Fotografenlehre!« Zack! Das hatte gesessen. Ich hätte natürlich auch Ingenieur sagen können, aber wir wolln's ja nicht übertreiben.
Mutter war leicht pikiert. Sie verstand ihre Kinder nicht mehr. Der eine will auf die Kunstakademie gehn und unbedingt die Lehre abbrechen, der andere will nicht auf die Musikhochschule, aber eine Lehre anfangen.
Was Eltern manchmal nicht wissen: Nicht alle Kinder sind gleich. Oft wollen sie gar nicht, daß Eltern nur ihr Bestes wollen. Außerdem ist die Nürnberger Kunstakademie nicht die Frankfurter Musikhochschule, sonst hätten Peter und Gert es dort nicht lange ausgehalten. Aber so eng sahen meine Eltern das alles nicht mehr. Peter und Gert waren noch nicht vor die Hunde gegangen. Sie hatten nur den Silberhochzeitstag vergessen.

Mutter tigerte mit mir los, nach Offenbach, zum Berufsberater. Der hörte sich alles geduldig an. Daß ich auf dem Gymnasium war, aber es in Hessen keine Schule für mich gäbe, daß ich eigentlich musisch hochbegabt sei, aber keine Chance hätte, auf der Musikhochschule angenommen zu werden, »und da hat mein Sohn sich jetzt überlegt, daß er gerne 'ne Fotografenlehre machen möchte, denn das ist ja sein Hobby. Sein Vater war ja auch mal Fotograf.« Bis dahin hatte der Berufsberater sich alles geduldig angehört und lächelnd und wissend mit dem Kopf genickt, als habe er das Buch meines fünfzehnjährigen Lebens längst gelesen. Aber nun stutzte er. »Warum willer denn die Schule abbrechen, mit fuffzehn isser doch noch viel zu jung für die Lehre! Warum dann ausgerechnet Fotograf? 's gibt doch noch soviel andere schöne Berufe.« Die zählte er auf, und ich schüttelte den Kopf. Frisör, Dekoratör, Elektrikör ... Wär das nix? Hätte nur noch gefehlt, daß er fragt, ob ich's nicht erstmal auf 'ner Kunstakademie versuchen wolle. Resigniert stöhnte er irgendwann auf, notierte eine Adresse auf seinem dafür vorgesehenen Block, riß die Seite ab und reichte sie meiner Mutti, wie ein Arzt, der grade ein Rezept für Mandrax, Vesparax und eine Großpackung 10er Valium ausgestellt hat. Dann scheuchte er uns aus seinem Tempel.

»Foto-Zimmer« war direkt gegenüber dem Bahnhof Offenbach-Bieber. Hier konnte man Paßfotos machen lassen, wenn man nicht allzu eitel war. Es war von Vorteil für den Kunden, sich öfter am Bieberer Bahnhof aufzuhalten, um hin und wieder bei »Foto-Zimmer« nachzufragen, wie's denn mit der Bestellung aussähe und ob das Negativ diesmal zuerst im Entwickler und nicht im Fixierbad gelandet sei.
Der Laden gehörte Egon und Edith Zimmer, einem schlesischen Ehepaar, daß sein Glück in »den Staaten« gesucht hatte und jetzt hoffte, es in Offenbach-Bieber zu finden. Edith hatte den Meister in Fotografie, Egon einen Kamelhaarmantel und ein schlecht sitzendes Parfum. Edith Zimmer, die uns eigentlich hätte ausbil-

den müssen, dirigierte fünf Häuser weiter das vollautomatisierte Großlabor, wo täglich tausende Filme von Amateuren, die einen Neckermann-Film verknipst hatten, in die Maschinen gespannt wurden und irgendwo vergrößert wieder rauskamen. Das war das Geschäft, von dem der Laden brummte. Edith Zimmer, die Chefin, kurze Haare, Brille an einer Goldkette, feinstes Wollkostüm. Die Direktrice der sechziger Jahre.
Das andere Geschäft war der Neckermann-Katalog. Für den wurden Möbel, Küchengeräte, Spielzeug, Gartenwerkzeuge, Campinggeschirr und anderes für die Herbst/Winter oder Frühjahr/Sommer-Ausgabe fotografiert. Für diesen Großauftrag wurden junge Menschen wie ich angeheuert. Schanghait, hätte ein Seemann gesagt. Ein Fotografenlehrling im ersten Lehrjahr kostete damals 40 Mark im Monat, den konnte man problemlos nach sechs Wochen Probezeit wieder entlassen. Deswegen hatte der Berufsberater auch so gestöhnt. Er wußte, ich sollte Kanonen- oder Katalogfutter werden und rechnete damit, mich sechs Wochen später wieder zu sehen und sich die Beschwerden meiner Eltern anhören zu müssen. Doch nichts dergleichen geschah. Denn mir machte die Arbeit Spaß, weil ich nicht wie jeder Lehrling in einer normalen Ausbildung erstmal die Werkstatt kehren und dann für die Gesellen zum Frühstück »'n Tütchen Haumichblau, haha!« holen mußte. Ich kam gleich an die Maschinen, an den Farbvergrößerer, ins Farblabor. Alles wurde mir kurz und knapp erklärt. Was in der Eile vergessen worden war, mußte ich nachfragen oder nach dem Prinzip »Trial and Error« rauskriegen.
Es war eine lustige Sause. Die Katz war aus dem Haus und machte Mäuse, und wir konnten soviel Blödsinn machen, wie wir wollten. Der Stellvertreter der

Chefin war ein Geselle, der grade seine Prüfung bestanden hatte. Ein Kölner. Sein Lieblingswitz war: »Tach, Frau Fisch, ich wollte Ihre Tochter zum Angeln abholen!« – »Aber, junger Mann, ich heiße doch Vogel!« – »Isch wollt ja nit gleisch mitter Tür ins Haus fallen, he.«
Er hatte die Oberaufsicht im Atelier und mußte darauf achten, daß Kunden, die viel Geld brachten, auch gut und pünktlich bedient wurden. An den Paßfotokunden durfte jeder sein Späßken haben. »Entschuldigen Sie, gnädige Frau, aber wir fanden, daß Sie auf dem Foto nicht vorteilhaft aussehen, vielleicht nehmen Sie nochmal Platz?« – »Selbstverständlich sind Ihre Paßfotos längst fertig, aber wir können sie im Augenblick nicht finden. Sie wissen ja, wir haben diese Dunkelkammern hier, und da wird grade jetzt ein sehr wichtiger Auftrag fertiggestellt, könn' Sie sich vorstellen, was los is, wenn da Licht rankommt? Wenn Sie Montag früh noch mal ... oder besser Freitagabend?«
In der Dunkelkammer ging's heiß her. Oft, wenn wir Farbkontakte von besonderen Kunden machten, haben wir gleich ein paar Vergrößerungen für uns mitgemacht und die Pornos später in der Berufsschulklasse rumgezeigt. Weil's so lustig war, haben wir sogar bis neun oder zehn da gehangen und unbezahlte Überstunden gemacht, was eigentlich verboten war.
Mein Arbeitstag begann mit zwei Toastbroten, dick mit Butter und Pflaumenmus bestrichen und zwei Tassen Instant-Tee, Nestea, aber die doppelte Dosis, Mutti! Das war die Grundlage, mit der ich die anderthalb Kilometer zum Bahnhof schaffte. Im Zug wurde erstmal 'ne Zigarette geraucht. Meine Einstiegsdroge war Players »Virginia«, ohne Filter, mit das Härteste, was es legal gab. In Bieber bewaffnete ich mich noch mit zwei Fami-

lienflaschen Coca-Cola. Dann ab in die Dunkelkammer! Eines Tages kam es in der Firma zum Eklat. Ich war grade dabei, zwei wichtige Abzüge durch die Hochglanzprese zu schicken, da hörte ich, wie die Tür aufging und roch Egon Zimmer. »Oh!« sagte er und rieb sich die Hände, »It's chilly outside!« Dann schaute er mir über die Schultern. »Sind sie fertig? Ich muß die gleich zum Kunden bringen.« – Ja, die waren fertig. Ziemlich fertig. Irgend jemand hatte die Hochglanzpresse auf »Mattglanz« umgestellt. Skandal! Die Fotos noch mal naßmachen und durchjagen kostete mindestens zehn Minuten. »Time is Money, Mister! Was denkt ihr euch eigentlich, what the Darkrooms are for? Ich habe Euch jungen Menschen immer und immer wieder gesagt, ihr sollt das Werkzeug so hinterlassen, wie ihr's vorgefunden habt!« Ich sagte, daß ich die Scheiß-Maschine nicht umgestellt hätte, sondern höchstwahrscheinlich seine Frau, die ich noch zehn Minuten vorher rein- und raushuschen gesehen hatte. Er rief im Labor an und zitierte Edith rüber. Edith kam und gab das Verbrechen unverblümt zu. Egon ging mit ihr in die Dunkelkammer, ließ aber die Tür offen.
»Edith knie nieder!!!« – »Aber Egon ...« – »Edith, knie nieder, hab ich gesagt!!!« Als Edith offensichtlich niedergekniet war: »Sag ich schweere! – Sag ich schweeere!!!« – »Ich schwöre ...« – »Ich schweere, immer meinen Arbeitsplatz so zu hinterlassen, wie ich ihn vorgefunden habe!« – »Ich schwöre, immer meinen Arbeitsplatz so zu hinterlassen, wie ich ihn vorgefunden habe.«
So waren die Männer damals. Hart! Aber gerecht.

Meine Erziehung zum vollwertigen Schmutz-und-Schund-Soldaten wurde, als das TEATER in Nieder-

roden Winterquartier genommen hatte, Blalla überlassen. Peter bekam einen Job am Jugendhaus Bonames und Gert im Bezirk Industriehof. Blalla und Dietmar schliefen bei uns im Hobbykeller. Ihr Geld verdienten sie als Hilfsarbeiter auf dem Niederröder Bau. Blalla kam nach der Arbeit rauf in mein Zimmer. Mit Zeichenpapier und Wachskreiden setzte er sich an den Schreibtisch und begann zu malen. Bilder von schrillen Weibern, die sich in ihrem Luxus-Apartment auf Wega II irrsinnig langweilen, weil Harry wieder mit seinem Schrott-Raumschiff durch die Milchstraßen düst. »Harry, hast Du mir einen Wobbel mitgebracht?« hieß eins davon. Oder apokalyptische Bilder mit Hula tanzenden hawaianischen Mädchen, wie sie sich selbst Elvis Presley nicht schrecklicher hätte ausmalen können. Nebenbei erteilte er mir Unterricht. Sätze wie »Viel Scheiß, viel Preis« prägten sich mir ein. Sein neuer Künstlername war Lars Vegas, sein Deckname als Professor für Schmutz und Schund Pest A. Lozzi.
Ich war für die Musik zuständig, weil ich wußte, wann von AFN zu Radio Luxemburg gewechselt werden mußte. Zum aktuellen Geschehen auf dem Musikmarkt gab's von Blalla drei Bewertungen: Die Beatles waren »Schon gut«, die Beach Boys »Klasse«, die Stones manchmal »Krank«, manchmal sogar »Echt krank« oder »Wirklich krank«. Frauen waren »Echt stark«. Zwischendurch mußte ich zur Erholung Hans Albers auflegen. Der war außer Konkurrenz und jenseits aller Bewertungen. Marlene Dietrich auch. Nachdem er festgestellt hatte, daß ich einen ersten Reifegrad erreicht hatte, bekam ich von ihm, quasi im Rahmen einer intergalaktischen Jugendweihe, den Namen »de Galaxis« verpaßt. Vorname Rio. Rio de Galaxis. Den Vornamen habe ich beibehalten.

Meine Lehrbücher waren Comics, speziell Donald-Duck-Sonderhefte und die Fantastischen Vier, SF-Romane, speziell Isaac Asimov, Ray Bradbury und Clark Darlton, und Horror-Romane, speziell Robert Bloch, Ambrose Bierce und Edgar Allan Poe. Mündlicher Unterricht wurde erteilt in »wie bleibe/werde ich schweinisch und trotzdem gesellschaftsfähig« und »wie bleibe/werde ich klasse und trotzdem erfolgreich«.

Gert erzählte mir, daß es im Jugendhaus Industriehof jede Menge Bands gäbe und auch jede Menge Leute, die Gitarre oder Schlagzeug spielten und jemanden suchten, der singen kann. Industriehof, ganz im Westen von Frankfurt, war eine Gegend der langen Messer. Arbeiter und Arbeitslose aus aller Herren Länder. Eines Abends machte ich mich nach der Arbeit auf den Weg dahin. Das hieß, Zug fahren bis Frankfurt-Hauptbahnhof und Straßenbahn bis in den Teil der Stadt, von dem ich nur Dunkelstes munkeln gehört hatte. An Frankfurt bewunderte ich die Amischlitten, die Hochhäuser, die Banken, die Menschenmassen, die im größten Verkehr bei Rot über die Straßen hasteten, oder die kleinen Geschäfte in der Bahnhofsgegend, in denen man amerikanische, englische und indische Songbooks und Auslandsplatten kaufen konnte, die's sonst nirgendwo gab, und die Gammler an der Hauptwache.
Die Reise, von Offenbach-Bieber nach Frankfurt-Industriehof war für mich ein neuer Schritt hinaus in die Welt. Es war November, kalt und finster. Rocker, Penner, Säufer, Kleinkriminelle, Nutten, Stricher. Aber ich wollte ja Liverpool und bitte – hier war's. Zumindest die Taschenbuchausgabe. Es war ein Freitagabend, als ich dort erwachte. Freitagabend war Tanz-

abend. Der Tanz, der dort getanzt wurde, nannte sich »La Bamba«. Warum, bleibt ein Geheimnis. Er hatte nichts mit dem gleichnamigen Song zu tun und wurde zu allem getanzt, was nicht »Blues« genannt werden konnte. Mädchen und Jungs standen sich in Reihen gegenüber und hüpften ekstatisch von einem Bein aufs andere. Das erinnerte ans Mexikanische Nationalballett.

Es spielte auch eine Band. »The Ravens.« Lokalmatadore. Ich weiß nicht, wie's geschah, ob ich selbst so mutig war oder ob Gert das eingebrockt hatte, jedenfalls stand ich plötzlich auf der Bühne und sang »als Gast« zwei oder drei Stones-Songs. Begeisterung bei Band und Publikum. »Der singt ja wie Mick Jagger, hier!« Ich hatte also bei diesen Kunden erstmal einen Stein im Brett. Und – alte Vorstadtregel: Wer gut singt, braucht nicht zu befürchten, eins auf die Nuß zu kriegen. Ein Junge, blonde Locken, Himmelfahrtsnase, etwas jünger als ich, enge, enge Hosen mit weitem, weitem Schlag, stand plötzlich vor mir und sprach all so: »Hier! Isch bin der Roschee! Isch spiel Gittarr! Mir habbe ne Bäänd hier, die ›Surfriders‹, haste net Lust bei uns zum singe? Weil, ehrlisch, Du singst ja noch viel besse als der Fürst von de Räävens, hier!« Am nächsten Freitag mußten Egon und Edith Zimmer ohne meine Überstunden auskommen. Ich wollte pünktlich um halb sieben an der Straßenbahnhaltestelle Industriehof sein. Roger holte mich ab. »Weje dene Rokkee.« Er zeigte mir seinen Schlagring, und im Zweifelsfall hätten seine Brüder auch 'ne Knarre. Am liebsten hätte ich ihn sofort in eine der zahlreich vorhandenen dunklen Ecken gezogen und geküßt. Ein Engel, der mich vor der Hölle beschützen wollte. Dank DIR Herr, für den Industriehof!

Roger war Franzose und sprach Hessisch. Wir probten dreimal und traten zwei Wochen später beim großen Bandwettbewerb im Bürgerhaus Ginnheim auf. Da spielten wir »I'm alright« von den Stones und belegten den vorletzten Platz. Roger kam danach an den Wochenenden zu uns und schlief bei mir im Zimmer. Ich weiß noch, wie meine Mutter eines Sonntagmorgens empört an der Tür rüttelte, weil ich abgeschlossen hatte. Als Roger abends nach Hause gefahren war – er machte eine Elektrikerlehre –, sagte sie zu mir: »Der Roger sieht zwar aus wie ein Engel, ist aber zu doof für dich.« Mütter!!! Tja. Bis heute verwechselt sie gerne Intelligenz mit Bildung und gute Manieren mit Geschmack. Blalla jedenfalls befand Roger als »in Ordnung«. Zu Sylvester zogen Roger, Dietmar und ich gitarrenbewaffnet durch die Reihenhausreihen und durchs Dorf. Wir sangen abwechselnd Stones, Beatles und Songs von mir – vor allem die aus dem Mysterientheater. Mit »Es brennt, oh heil'ger Florian« ließ sich auch in der letzten Kneipe noch ein Schnäpschen ziehen.

Dietmar verschwand am Jahresanfang von der Bildfläche. Er hatte seinen Führerschein gemacht. Es zog ihn zurück in die Heimat. Blalla blieb. Er hatte mich schon ein paar mal gefragt, ob ich nicht die Kanaken-Familie bemerkt hätte, die in dem großen Haus, in der Dresdener Straße neben dem Edeka-Markt wohnte. Blalla arbeitete dort mit seinem kleinen Bulldozer auf einer Baustelle direkt gegenüber. Die vier Frauen da wären höllisch scharf auf ihn, würden ihm immer aus dem Küchenfenster zuwinken und den ganzen Tag die Songs aus ihrem voll aufgedrehten Küchenradio mitsingen.

Am Samstag, den 15. Januar 1966 um 14 Uhr 30 klingelte es an unsrer Reihenhaustür. Da stand ein Typ, der mir schon am Niederröder Bahnhof aufgefallen war. Er kam immer zu spät und sah gut aus, hatte schwarze Locken und ein Harpo-Marx-Gesicht. Jetzt stand er vor mir und sprach all so: »Isch bin der Ralph. Der Schwarze, der bei Eusch wohnt, hier, der beim Bau, der hat mir gesacht, Du wärst Sänge. Isch hab ne Band, hier, die »Beatkinks«, und wir such'n 'n Sänge!« Mit dem »Schwarzen« war Blalla gemeint. Der hatte an diesem Samstagmorgen seinen Bagger nicht aus dem winterlichen Schlamm gekriegt, und da war ihm dieser junge Mensch, der beim Edeka-Markt leere Kartons verbrannte, um sein Taschengeld aufzubessern, zu Hilfe gekommen. Er war aus der Familie der »Vier heißen Kanaken-Weiber«, drei waren seine Schwestern, die vierte war seine Mutter. Blalla und er kamen ins Gespräch. Ein Wort gab das andere, und jetzt war er hier.
Ich bat ihn in mein Gemach, um Näheres zu erfahren. Er hieß Ralph, war fünf Tage jünger als ich und sein Vater Anzeigenleiter bei der »Verpackungs-Rundschau«. Er sprach Hessisch und war Franzose. Er suchte einen Sänger für seine Band. Ich aber war auch noch Gitarrist. – Aha! – Was ich denn so spielen könnte? Vielleicht »Play with fire«? Ich griff zur Klampfe und spielte ihm »Play with fire«. Da legte sich seine Stirn in Falten. Denn er hatte zwei Probleme: nicht die Band suchte einen Sänger, sondern er. Noch sang Udo. Mit dem er aber nicht zufrieden war. Und es gab bereits zwei Gitarristen, Bubi und Joe. Hier war mehr als Udo, Bubi und Joe. Was tun? Die Band wurde zusammengetrommelt. Sie schafften ihre Verstärker und Instrumente in unsren Hobbykeller, und wir probten. Am Abend hatte

er das Problem so gelöst: Udo war gefeuert, und es gab drei Gitarristen. Bernd Mäffert spielte Baß, mehr schlecht als recht, aber er war mit Ralph – wollen wir ihn gleich Lanrue nennen –, war also mit Lanrue Ministrant gewesen. Sie hatten gemeinsam vom Niederröder Kirchturm geschissen. Der Mann war erstmal so gut wie unkündbar.
Es war Karnevalszeit, und die beiden Ex-Ministranten hatten den Herrn Pfarrer dazu rumgekriegt, die »Beatkinks« als Band für die katholische Jugendkarnevalsfeier im Schwesternhaus zu engagieren. Es standen also Geld und Berühmtheit vor der Tür. Wir probten, wann immer es ging und traten auf. Es war ein Erfolg. Das Volk wollte mehr hören, aber wir hatten schon alles gespielt. Also noch mal von vorne. Nur zog Lanrue Mäffert, dem Unkündbaren, bei dieser Runde den Netzstecker raus, weil er einfach nicht mehr anzuhören war und ihn beim Schlagzeugspielen irritierte. Das beflügelte Mäffert aber noch mehr, und gegen Ende sprang er mit seinem Baß sogar auf einen Stuhl, um das Publikum zur Raserei zu treiben. Unplugged. Wir versoffen die hundert Mark Gage. Whisky. Ballantines. On the rocks, bitte. Wir wußten noch nicht, daß man in Schottland für so eine Bestellung drei Jahre Einzelhaft bekommt. On the rocks.
Sputnik, ein Freund von Bubi, hatte uns gesehen. Er war im Besitz eines Führerscheins und wollte unser Manager werden. Na wunderbar! Für die Karnevalszeit waren wir mit Auftritten eingedeckt. Unseren größten Erfolg hatten wir auf einer Frankfurter Studentenfete in Sachsenhausen. Wir mußten Zugabe um Zugabe geben, immer und immer wieder zwei Songs: »Wolly Bully« von Sam the Sham and the Pharaoes, und »Iko-Iko« von den Dixie Cups mit dem wunderbaren Re-

frain: »Iko-Iko! – Iko-Iko undae! Jaggomo-fimo-ai-neimae, jaggomo-finaimae!!!« Das wollten die Studenten wieder und wieder hören, sonst hätt's eine Revolte gegeben.

Eine stille Revolte gab's bei mir. Am Samstag nach Aschermittwoch holte ich meine Sachen aus dem Frühstücksraum bei »Foto-Zimmer«, trat vor Egon und Edith, erklärte ihnen, daß ich eigentlich Musiker werden wolle und bat sie, mir zu kündigen. Sie zeigten sich einsichtig. Ich ging nach Hause und behauptete, die Zimmers hätten mir grade gekündigt. Meine Eltern fanden das zwar unmöglich, fügten sich aber. Wieder die Frage, was macht der Junge denn nu?

Ich meldete mich am Offenbacher Konservatorium an. Ein kleines, altes Haus, wie eine Puppenstube aus einem vergangenen Jahrhundert, mitten in der Stadt, aber nicht von dieser Welt. Herr Döbert war ein freundlicher älterer Herr mit silberner Künstlermähne und immer etwas Rouge auf den Wangen. Bei ihm gab's Harmonielehre. Bei Herrn Alt gab's Cello-Unterricht. Cello hatte ich mir ausgesucht, weil es ein schönes Instrument ist – optisch und akkustisch – und bei »Yesterday« die schönsten Linien spielte. Danke, George Martin. Danke auch meinem Cellolehrer, den es nicht störte, daß ich fast alles nur nach Gehör spielte. Ihn störte nur manchmal, daß er zum Unterricht erschienen war, ich aber nicht.

Peter hatte im Frühjahr eine Stippvisite in Berlin gemacht und festgestellt, daß die Zeit für sie dort noch nicht reif war.

Das Mysterien-und-Wander-TEATER hatte in den Hügeln und Tälern bei den Bauern und Handwerkern zwi-

schen Ellwangen und Regensburg sein Ziel erreicht. Sie durften sogar, vor dem Portal der Basilika, in dem oberbayerischen Wallfahrtsort Altötting ihre Bühne aufbauen. Die Nonnen hatten die größten »Florian«-Hits inbrünstig mitgesungen. Nur ein alter Pater merkte, daß seine Schäfchen von maskierten Ketzern hinters Licht geführt wurden: »Was Ihr da machts, is ja oam Ochs'n an Hut aufsetz'n!« Für ihn waren seine Schäfchen Ochsen. Die einzige Großstadt, in der sie gespielt hatten, war München gewesen. Auf der Leopoldstraße wurden ihre Klingelbeutel prall gefüllt. Das bedeutete aber noch keine seriöse Theaterkritik oder gar eine Erwähnung in dem Fachblatt »Theater heute«. Ohne diese Weihe fehlten aber die wichtigen Papiere, um in Berlin für die Bretter der Welt zugelassen zu werden. Die Fantastischen Vier faßten also einen teuflischen Plan: Rückzug nach Nürnberg.
Als sie im Mai das gastliche Hessen im alten VW-Käfer der Familie Möbius, den sie inzwischen über und über mit Science-Fiction-Comics bemalt hatten, verließen, trugen sie ihre schwarzen Ellwanger Filzhüte. Das waren Designerstücke, von denen es auf dem ganzen Planeten nur sechs gab. Ein Ellwanger Hutmacher hatte die nach ihren Vorstellungen gefertigt. Radamez Saltzmann (Peter) und Giacomo Reiser (Gert) hatten dazu Westen an, die unsere Mutter nach ihren Entwürfen bestickt hatte. Lars Vegas (Blalla W. Hallmann) trug dazu einen einfachen schwarzen Zimmermannsanzug. Apropos Reiser: Gert hatte den Roman »Anton Reiser« von Karl Philipp Moritz gelesen und war davon sehr beeindruckt. Als ich dann 1978 für meine Titelrolle in dem Film »Johnny West« einen Künstlernamen suchte, kam ich darauf zurück (siehe Rio Reiser: In Winnetous Garagen, S. 86–107).

In unserer Band veränderte sich einiges. Bernd Mäffert stieg aus. Wir nahmen die Sache für seinen Geschmack zu ernst, wir meckerten, wenn er sich verspielte. Auch Joe ging, er hatte nicht genug Zeit.
An einem Wochenende wollten wir uns die »Spiders« ansehen. Eine Jügesheimer Konkurrenzband. Wir waren auf Talentsuche. Wir brauchten einen Bassisten. Aber ich war krank. Bubi und Lanrue kamen am Abend begeistert aus Jügesheim zurück. Lanrue war der Meinung, der Gitarrist wäre ein ganz toller Typ. Wie ich ein Buddy-Holly-Fan, und auch ein Fan von Johnny Käs. Gemeint war Johnny Cash.
Lanrue, der kein Wort Englisch sprach, außer »hau du ju du mit die Gummischuh«, machte es sich mit englischen Namen immer sehr bequem. Wilson Picket hieß für ihn Willy Pickel, und Keith Richards war Kies Richard. Nur die Kinks, seine Lieblingsband, blieben davon verschont.
Mike, der »Spider«-Gitarrist, hieß Michael und Müller. Von meinem Fenster aus hatte ich die Haustür der Müllers im Blick. Er sah aus wie ein Oberschüler, obwohl er keiner war, rauchte »Muratti Privat«, hatte immer einen langen schwarzen Schal um und ein ironisches Lächeln auf den Lippen. Er kannte sich in allen Winkeln der Popmusik aus. Auch die Hits der fünfziger Jahre hatte er auf seinem Tonbandgerät. Aufnahmen von Cliff Richard, den Shadows, Buddy Holly, Elvis, Eddi Cochran, den Ventures bis hin zu Dean Martin und Frank Sinatra. Alles aus dem Radio und alles piekfein aufgenommen. Wenn irgendwo ein Rauschen war oder der Moderator nur eine Silbe in die Ausblende sprach, mußte alles gelöscht werden, ganz gleich, um was für eine Rarität es sich dabei handelte. Trotz dieser Pedanterie war er Stones-Fan und las Henry Miller. Er

wollte bei uns mitmachen und wurde aufgenommen. Bubi mußte auf Baß umschulen. Der Name Beatkinks wurde zu den Akten gelegt, und wir tauften uns »de Galaxis«. Wir probten jetzt so oft wie's ging und gingen danach zur »Siska«, ein paar Süßgespritzte trinken. »Siska« war die Dorfkneipe, in der sich alles versammelte. Nach und nach wurden wir bei der Niederröder Jugend bekannt, und wir lernten die Niederröder Jugend kennen. Sippi, Hatz, Scybilla, Rolf und vor allem die Plages. Die Plages waren vier Geschwister: Tom, Borby, Biggi und Tutti. Mit Tutti freundete ich mich sehr schnell an. Ich wollte der König von Niederroden werden, und sie sollte die Königin sein.

Die Plages kamen aus New York. Ihr Vater, Wastl genannt, hatte dort bei der Gema gearbeitet und war nach seiner Pensionierung nach Deutschland zurückgekommen. Wastl war achtzig. Die Mutter hatte vor einem Jahr, nach einer Fehldiagnose des Niederröder Hausarztes Heiduck, das Zeitliche gesegnet. Mit vierzig Jahren. Wastl war in seinem ersten Leben Chefdolmetscher an der Japanischen Botschaft in Berlin gewesen. In der Japanischen Botschaft – direkt neben der Amerikanischen Botschaft – befand sich im Krieg auch der Luftschutzbunker meiner Familie. Dort hatten sie Reis bekommen, als Peter und Gert die Ruhr hatten. Also hatten Wastl Plage und meine Eltern gemeinsame Bekannte. Das brachte mir bei Wastl einen Sechshundert-Mark-Kredit für die Anzahlung eines Selmer-Gitarrenverstärkers und einer Supreme-Gesangsanlage.

Im Hobbykeller der Erfurter Straße 17 sammelte sich die Niederröder Jugend, spielte Gitarre, pokerte, sang, trank, diskutierte und knutschte. Tutti half mir beim Raushören von englischen Texten und korrigierte meine. Ich schrieb jeden Tag einen Song. Der ein oder

andere kam auch in unser Bühnenprogramm. Abends kam Lanrue. Meistens war er nur kurz zu Hause gewesen. Er legte sich bei mir noch ein Stündchen aufs Ohr, dann wurde geprobt oder ein neues Programm besprochen.
Lanrue und ich übten immer wieder unser spezielles Psychospiel. Er hatte Zigaretten, »Ernte 23«. Ich hatte Zigaretten, »Lucky Strike«. Er rauchte lieber von meinen. Das war billiger. Waren die »Lucky« alle und ich fragte ihn nach einer »Ernte«, sagte er: »Kauf dir selber welche, dann weißte, wie die Preise sind.« Das brachte mich auf die Palme und ihn auf den grünen Zweig.

Anfang Juni kam ein Anruf aus Nürnberg. Ich wurde dort gebraucht. Das TEATER – die fantastischen Vier – wollten drei Einakter aufführen. Ich fuhr hin. Ich war ja der Hauskomponist. Die Vier wohnten in einer Ladenwohnung, nähe Plärrer, in der Schreyerstraße. Zwei Zimmer. Beide waren von der Scheuerleiste bis zur Decke bemalt. Selbst die Zimmerdecken waren bemalt. Jeder der vier war an diesem Kunstwerk beteiligt. Ihre vier Stile zusammen ergaben eine Art galaktisches Barock. Hier wurde eine Dauer-Arbeits-Party gefeiert. Während im Hintergrund ständig die Beach Boys »Pet Sounds« oder Johnny Cash »Orange Blossom Special« zum besten gaben, saßen sie zwischen leeren und halbvollen Martini- und Portweinflaschen und schnitzten und malten an Requisiten.
Die drei Einakter, die für die Aufführung ausgesucht waren, hießen »Rückkehr nach Terra«, »Gibt es Geister und Phantome?« und »Die wunderliche Gasterey«. »Rückkehr nach Terra« spielte in der Pilotenkanzel eines Raumschiffs, das sich auf die Erde zubewegt. Der

Kapitän des Raumschiffs ist Adolf Hitler. »Gibt es Geister und Phantome« war eine Art Jahrmarkts-Show, in der alle möglichen PSI-Phänomene vorgeführt wurden. Das Filetstück aber war »Die wunderliche Gasterey« nach einem düsteren Grimm-Märchen, das Dietmar Robert alias Ignaz Semmel zu einem Stück umgearbeitet hatte. Es handelte von dem Mordkomplott einer Blutwurst gegen eine Leberwurst. Die Blutwurst, dargestellt vom Autor selbst, hatte zwei düstere Arien: »Jetzt woll'n wir ihn zerhacken« und »Das Wasser kocht«. Es fiel reichlich dramatische Musik an, auch bei den anderen beiden Stücken. Kostüme und Masken konnten größtenteils aus dem TEATER-Fundus übernommen werden. Dietmar baute sich auch noch einen übergroßen dreistöckigen Hut. Außerdem brauchte er ein »langes, langes Messer, das blinkte, als wäre es frisch gewetzt«. An diesem Messer liebevoll zu schnitzen und zu polieren, war eine seiner Hauptbeschäftigungen. Der »Ich-weiß-nicht-wer's-gewesen-ist«, dargestellt von Blalla, bekam ein Kostüm und eine Maske, über und über mit Glühbirnchen besetzt, die von Taschenlampenbatterien gespeist waren. Der »Affe mit der großen Wunde« wurde durch einen Esel ersetzt, der lateinische Lehrsätze von sich gab: »Plenus venter non studet libenter«. Aus »Besen und Schippe« wurden zwei Hähne, die Gehilfen der Blutwurst. Die beiden sollten auch Gitarre spielen. Für die Hähne schlug ich Richard Schorr und Georg Brütting vor. Die beiden hatten Lust, sie ahnten ja nicht, daß sie am Ende des Stücks von Dietmar – Sohn der beiden Speerwurf-Olympiasieger von 1936 – mit dem langen, langen Messer, an dem er schon so liebevoll schnitzte, durchbohrt werden sollten. So wollte es der Autor und Hauptdarsteller.

Geprobt werden konnte nur nachts, nach der letzten Vorstellung des »Neuen Theater Nürnberg«. Bei »Rückkehr nach Terra« und »Gibt es Geister und Phantome« gab es keine Probleme. Nur bei der »Wunderlichen Gasterey«, dem Lieblingskind, hatten wir noch nicht die richtige Lösung. Eines Nachts behauptete Blalla, Würste würden nicht Hochdeutsch sprechen und erst recht nicht das merkwürdige Barock-Deutsch, das Dietmar ihnen in den Mund gelegt hatte. Aber wie sprechen Würste? – »Kannakkisch!«
Aber was ist Kannakkisch? Wir zerbrachen uns die Köpfe, schon ziemlich trunken eines billigen süßlichen Weines namens Lambrusco. Nach drei Stunden hatten wir's geschafft. Das Stück war übersetzt. Die Blutwurst sagte jetzt nicht mehr: »Bon Matin, Bruder, ist eine kleine Visite gefällig?« sondern »Bomati Budda, is gefälli i kli visit?«, »Oder stör ich?« – »Odde story?«, »Ich geh schon wieder, ich geh schon wieder!« – »Igoschowodda, Igoschowodda!« – Und so weiter. Nur Latein blieb Latein. Nach einer Woche war die Musik fertig, entweder auf Tonband aufgenommen oder mit Richard und Georg eingeprobt, und ich verließ die Gasterey bei den fantastischen Vier. Mein Geld war alle.
In Niederroden erzählte ich begeistert von Nürnberg und schlug Lanrue, Mike und Bubi vor, mich zur Premiere zu begleiten. Doch eine Woche vor der Abfahrt tauchte Lanrue nicht zu den Proben auf. Als ich bei ihm zu Hause nachfragte, sagte mir Elfie, seine kleine Schwester, daß ihr Bruder im Bett läge. Doktor Heiduck wäre schon dagewesen und hätte ihn wegen Grippe krank geschrieben. Mir war nicht ganz wohl. Doktor Heiduck. Drei Tage später hatte Lanrue Blinddarmdurchbruch und mußte ins Krankenhaus. Wir fuhren trotzdem nach Nürnberg.

Die Premiere der drei Stücke war einer der beeindruckendsten Theaterabende, die ich erlebt habe. Das Publikum war entgeistert. Dergleichen war in Nürnberg noch nie gesehen worden. Wunderlich-Galaktisches-Kabuki-Theater-Ballett.
Es war ein schöner Sommer. „Summer in the City" kam raus und „Wild Thing". Wir schauten uns „Help" im Kino an und fanden's öde. Im »Big Apple« sahen wir eine Gruppe namens »Jonah and the Whales« und fanden sie klasse. Sie sollten sich später umtaufen. »Ihre Kinder« war die erste Band, die eine Rockplatte mit deutschen Texten rausbrachte. Mit Jonah war übrigens Jonas Porst gemeint. Photo Porst hat sich also auch um die deutsche Rockmusik verdient gemacht.

In Niederroden tauchte zu unseren nachmittäglichen Kellerpartys ein neuer Typ auf. »Typ« war jetzt das angesagte Wort. Ihm eilte der Ruf voraus, schwul zu sein. Wie er das geschafft hat, ist ganz einfach zu erklären. Wenn der Gesprächsstoff auszugehen drohte, wurde jeder Junge, der nicht anwesend war, schlichtweg für schwul erklärt. Ich hatte mich für die Fälle meiner eigenen Abwesenheit abgesichert und mich einfach selbst für schwul erklärt. Ein schönes Spiel und ein wunderbarer Zeitvertreib. Alle sagten, du spinnst! – Du bist doch mit Tutti zusammen! Dann wandte ich mich zu Tutti, mit der ich in der Tat öfter mal rumknutschte, und rief sie als Zeugin an. Sie kam mir immer sofort zu Hilfe. »Ja, wißt ihr das denn nicht? Warum glaubt ihr denn Rio nicht? Das ist doch bekannt, daß der in Lanrue verknallt ist. Da müßt ihr mal 'n bißchen genauer hinsehen! He's a fairy« – »Na bitte!« said I, »Tutti muß es doch wissen! Wir wollen zwar heiraten, aber deswe-

gen kann ich doch trotzdem schwul sein!« Die inquisitorischen Fragen nach Beweisen, mit wem ich's denn schon so getrieben hätte und vor allem wie, tat ich mit »das ist ja wohl meine Privatsache, ihr müßt ja nicht alles wissen« ab.
Der Typ war also auch schwul, wie alle anderen Niederröder Jungs. Er war ein Jahr jünger als ich, hatte braune Augen und braune Haare, braune Cordhosen, sein Vater war Kartoffelhändler, und er hieß Harald. Auch er hatte eine Freundin. Ulla. Nun wurde bei unseren Kellerpartys mit Sippi Gassen, Rolf Sebastian, Tutti, Borby und Biggie Plage nicht nur Quatsch gemacht und geknutscht, sondern ich sah es auch als meine Aufgabe an, das Gitarrenspiel der Jungs etwas aufzumöbeln. Harald kam mit seiner zwölfsaitigen Eko-Gitarre. Ich zeigte ihm dies und das. Nach einer Weile meinte er, daß er sich bei dem Krach der anderen Knallköpfe nicht richtig konzentrieren könnte, ob ich ihm »Play with fire« nicht auf meinem Zimmer zeigen wollte. Ulla wollte mit. Durfte aber nicht.
Oben in meinem Zimmer bemerkte ich, daß er mich die ganze Zeit anschaute; wenn ich dann hochsah, schaute er nicht weg. – Hm! – Irgendwann war's um mich geschehen. Ich war verliebt. Was tun? Harald bekam immer öfter Gitarrenunterricht in meinem Zimmer. Er brachte Portwein mit – jeden Tag leerten wir eine Flasche –, und er stieg von »HB« auf »Lucky Strike« um. Im Gegensatz zu Lanrue legte er seine immer offen auf den Tisch – nur für mich. Er hatte immer noch ein Päckchen in seiner Hosentasche, das er mir da ließ, wenn er nach Hause mußte. Die Besuche der anderen, auch Tuttis, wurden immer spärlicher und blieben schließlich ganz aus. Harald trennte sich von

Ulla. Wir schrieben zusammen Songs und nahmen sie auf meinem Grundig-Tonbandgerät auf.
Lanrue kam aus dem Krankenhaus. Er war tatsächlich dem Totengräber von der Schippe gesprungen. Wir konnten wieder jeden Tag proben und machten musikalisch einen großen Sprung nach vorn, spielten all die Sachen, die im Rodgau sonst keine Band spielte: Lovin' Spoonful, Troggs, Kinks, Stones und The Who. Das alles recht gut und mit Ekstase. Lanrue war ein sehr guter Schlagzeuger. Es machte einfach Spaß, mit ihm zu spielen. Er hatte den PSI-Faktor, traf auf Anhieb den richtigen Ton. Wem der Name Keith Moon was sagt, der weiß, was ich meine. Er spielte nicht nur Schlagzeug, er machte Musik. Wir hatten viele Auftritte im Rodgau, die uns allerdings nicht das große Geld brachten, weil die Säle meist nur halb voll waren. Es half auch nix, wenn die Mädchen vor der Bühne hysterisch kreischten, was natürlich von Tutti organisiert war. Wir erreichten nur die wenigen Progressiven mit Parka und Schal, und das reichte nicht, um Berufsmusiker zu werden.
Eines Tages kam's zum Eklat zwischen Lanrue und mir. Es ging wieder mal um Zigaretten, ich sollte mir wieder mal selber welche kaufen, um die Preise kennenzulernen. Da zeigte ich ihm kurzerhand die Tür. Knall, krach, aus. De Galaxis, good bye.

Auch beim TEATER in Nürnberg war es – knall, krach, aus – zu einem unerwarteten Ende gekommen. Die Fantastischen Vier waren nur noch zu dritt. Als alle Vorbereitungen getroffen waren und Dietmars erstes abendfüllendes Stück »Jingle Bell« geprobt werden sollte, setzte sich Peter nach Berlin ab. Die Gründe dafür sind unbekannt.

Im Oktober kam es in Niederroden zu einem Gipfelgespräch zwischen den Gebrüdern Möbius. Peter und Gert erklärten mir die Lage. Nun sei es Zeit. Die Zeichen stünden auf Sturm. Wenn wir's nicht tun, macht's ein anderer. Eine Beat-Oper muß her. Jetzt. Die erste Beat-Oper der Welt. Welturaufführung in Berlin. Wo genau, wird noch mitgeteilt.
Was war geschehen? Peter hatte nach seinem Abgang aus Nürnberg sofort am Berliner Forum-Theater ein Engagement als Bühnenbildner bekommen. Er hatte viele Leute kennengelernt und gleich gemerkt, daß uns in Berlin alle Türen offenstehen. Es sei nun an uns, die Schwelle zu übertreten.
Beat-Oper. Gut. Aber wie und was?
Gert sollte nach Berlin gehen, um George Moores, der grade seinen Film »Kuckucksjahre« mit Rolf Zacher und Hubert von Meyerink drehen wollte, anzubaggern und weitere Wege zu ebnen. Peter sollte in Niederroden bleiben und das Libretto schreiben.
Gesagt, getan. Gert ging nach Berlin und wurde Ausstatter bei George Moores. Peter belegte Vaters Zimmer und Mutters Erika-Schreibmaschine. Alle zwei Tage spuckte er einen neuen Song aus, den ich – wenn Harald gegangen war – vertonte. Tag und Nacht klapperte die Schreibmaschine. Peter schrieb und schrieb und schrieb und schrieb ...
... Wie jeder weiß, wird aus der Seele, sobald sie den Körper verlassen hat, ein Planet in der Psycho-Dimension. Geschmack, Geruch, Gehör, Gefühl, Gesicht, Erinnerungen und Sehnsüchte, Liebe, Sex und Leidenschaft nehmen dort eigene Gestalt an – ein Psycho-Science-fiction der abgedrehtesten Kategorie.
Die Songs, die ich für die Beat-Oper komponierte, waren stark beeinflußt von der neuen Stones-Platte

»Between the Buttons«, die auch für Peter ein steter Inspirationsquell war. Wenn er beim Schreiben nicht mehr weiterwußte, mußte ich ihm »Backstreet Girl«, »Connection« oder »Something happened to me yesterday« auflegen. Dann ging er mit neuem Elan an die »Erika« und brachte mit ihrer Hilfe immer neue Figuren, die auf immer neuen Pfaden durch das Werk geisterten, zu Papier. Schließlich war er am Ende des Labyrinths angelangt, und ich hatte vierzig Songs vertont. Gemeinsam verließen wir den implodierenden Psycho-Planeten mit seinen dreißig handlungstragenden Bewohnern... Schweren Herzens nimmt Robby Abschied von »Merlins Auge« und besteigt mit Chichi den Transmitter. Zastro sing: »Umsprung Zack Peng – Umwurf Zack Peng – Wir knicken die Macht – Der faule Zauber wird niedergemacht – Zack Peng – Keine Faxen – Das Unterste wird nach Oben gekehrt – Ein neuer Reiter – Ein neues Pferd.«
Peter packte das umfangreiche Manuskript in seine Aktentasche und nahm den nächsten Zug nach Berlin.

Weihnachten brachte mir Sandy-Shaw-Platten mit den Warnungen »Girl don't come« und »Always something there to remind me«. Aber ich las nicht die Schrift an der Wand. Harald war mit seinen Eltern in Ski-Urlaub gefahren. Er hatte eine Karte geschickt, daß es ihm gut geht, daß er sich freuen würde, mich wiederzusehen, und daß er ein paar tolle Fotos von sich, nur mit einer Badehose bekleidet, mitbringen würde, damit ich sehen könnte, wie braun er sei. Zu meinem Geburtstag war er wieder da. Braungebrannt. Wir verzogen uns aufs Zimmer und machten die Portweinflasche nieder. Er zündete eine Kerze an, wir setzten uns aufs Bett und sagten nix. Lange Zeit. Und machten nix. Langer Rede

kurzer Sinn: Ich war zu blöd! Er war zu blöd! Die nächsten Tage kam er nicht. Als er kam, brachte er Sippi mit. Als ich ihn um eine Zigarette bat, sagte er, ich solle mir mal selber welche kaufen, dann wüßte ich, wie die Preise sind.
Zwei Idioten gaben sich die Hand. Auf Wiedersehen.

Ich weiß nicht, wie Lanrue und ich es schafften, eine Friedens-Zigarette zu rauchen. Von meinen »Lucky Strike«! Dann spielte De Galaxis wieder.
Lanrue hatte zwei neue Vorbilder, Jimi Hendrix und Eric Clapton. Etwas merkwürdig für einen Schlagzeuger. Hendrix und Clapton hatten die Gitarren zu Stimmen werden lassen.
Lauter als je ein Laut / als je ein Schrei / den je ein Mensch in aller Zeit von hier ins All gesendet // Sie schüttelten die Körper / schaukelten himmelwärts / in Höhen / die nie zuvor von Menschen je gehört / schwebten in Klängen / die unvorstellbar waren noch am Tag zuvor // Die Kraft des Stroms wurde zur Macht / aus der sich Wellentäler / zu Wellenbergen formten / die sich an unbekannten Ufern und fremden Stränden brachen / und neugeborn ein neues Ende suchten.

ZWEI

Drei Brüder fühlen sich verfolgt – Strahlheinz Kacke – Schüsse in der Krummen Straße – Oooohhhh Yeaaaahhhh!!! – Wohnung mit Flügel und Orgel mit Motor – Hoffmanns Tropfen und Hoffmanns Teater – Kiek ma, det is doch der Dutschke! – Unken und Edelsteine im Audimax – Grüner Tee und Räucherstäbchen – Die Oranienburg – Prinzip Moritat – Granatsplitter im Aquarium – Don't call us, wir ham keen Telefon – Schweine für die Werbung – Blattsalat, eine schöne Geldquelle – Ein Bus will nicht nach Hause – Endstation Roseneck – Der schwarze Ballsaal – Wenn die Bühne brennt

1969

1

»Ralph! Ra-a-lph! Komma! Peter is am Telefon!« – »Was is los?« – »Du sollst ma kommen! *Peter ist am Telefon!!!«* – »Peter ißt am Telefon? Laß ihn doch essen, wo er will!« gab ich zurück, war aber nullkommanix eine Treppe tiefer. Die Mitteilung war kurz. Es wäre alles klar – mein Kommen von Nöten –, die Leute wollten jetzt die Musik hören.
Vater buchte seinem jüngsten Sohn einen Flug mit British Airways vom Flughafen Frankfurt/Main nach Berlin-Tempelhof. Vorher mußte ich mich noch vom alten Alt verabschieden, meinem Cello-Lehrer. Als ich ihm sagte, worum es sich handelte, war er ganz glücklich und drückte mir die Daumen. Seine.
Am 23. März 1967 um 17 Uhr saß ich in der Turboprop nach Berlin. Mein erster Flug war schön, und ich glaubte eher an eine leuchtende Zukunft für Turbinen-Propeller-Flugzeuge als Massentransportmittel als an die Aufführung einer Beat-Oper der Gebrüder Möbius in Berlin. Ich haßte Berlin.

In Tempelhof holte mich Eddie Wengoborski, der Bühnenmeister vom Forum-Theater, mit seinem Fiat-Topolino ab. Eddie, ein freundlicher Hamburger Seehund mit Schnautzer, schwärmte gleich, wie toll er unser

Projekt fände und die Begeisterung, mit der Peter und Gert an die Sache gehen würden. Er brachte mich zur »Wasek«. Das war die Wohngemeinschaft, wo Peter und Gert ein Zimmer hatten. Wofür die ganze Abkürzung stand, weiß ich nicht mehr. Das K stand jedenfalls für Kaiserdamm. In der riesigen Alt-Berliner-Wohnung wohnten außer ihnen fünf Studenten. Es gab eine genaue Putz- und Abwasch-Reglementierung, die in der Küche aushing. Im Kühlschrank war jedes Fach mit dem Namen eines der Bewohner gekennzeichnet. Das Leben der Wohngemeinschaft spielte sich hauptsächlich in der Diele ab. Gekocht und gegessen wurde in Schichten. Meine langen Haare erregten Anstoß bei den Studenten. Einer monierte, sie würden seine »latente Homosexualität« wecken. Na denn, Grüß Gott, Herr Freud. Wenn das die Linken waren, mußte ich mir wohl ein anderes Plätzchen für mein Selbstverständnis suchen. »Die Linken hier, die stinken mir«, ließ ich eines Abends fallen und erntete große Heiterkeit. Noch waren Schüler, Lehrlinge und Jungarbeiter wie ich keine würdigen Agitationsobjekte.

Gebr. Möbius standen unter Volldampf. Wenn wir mit unserer Idee einen Blumentopf gewinnen wollten, mußten wir aufpassen, daß sie uns niemand klaute, um sie vor uns – in London, Paris, New York oder Sidney – auf die Bühne zu bringen. Wir mußten schnell sein und auf der Hut vor jedermann! Wofür bauten die in Sidney das große Opernhaus?? Ray Abel, der englische Kostümbildner vom Forum-Theater, war der nicht ein Agent der britischen Pop-Industrie??? Spione lauerten in jeder Theaterkantine, in jedem Vorzimmer möglicher Mäzene! Berlin war Agentenstadt!! – Wien? Der »Dritte Mann«? In Berlin war jeder zweite ein

Spion!!! Die Angst, vielleicht zu spät zu kommen, saß uns im Nacken. Komme, was da wolle, stelle, wer immer, sich in unsern Weg – die Sache mußte durchgezogen werden.
Das große Fragezeichen war: Wer finanziert dieses Werk? Alle waren begeistert, aber niemand wollte mit den Mäusen rüberkommen. Außer Dr. Klaus Hoser, dem Direktor des Forum-Theaters. Der hatte aber kein Geld. Kein Geld ist übertrieben, denn er spielte hundertmal die Woche die »Publikumsbeschimpfung« von Peter Handke, den letzten Schrei der Theatersaison 66/67. Peter Handke war das junge langhaarige Enfant terrible, das Schreckgespenst, daß den Theaterkritikern wohlige Schauer unter die Anzüge jagte. In der »Publikumsbeschimpfung« wurde nicht etwa Peter Handke von seinem Publikum beschimpft, nein, Peter Handke ließ vier Darsteller das Publikum beschimpfen. In Hexametern! Wunderbar! In seinen »Anweisungen für Schauspieler« forderte Peter Handke sie auf, sich »Tell me« von den Rolling Stones anzuhören, bevor sie die Bühne betraten. Das sollte Folgen haben. Der erste Teil der Fortsetzung waren wir, die Gebr. Möbius.
Zwar hatte Hoser nicht genug Geld, unser Projekt zu finanzieren, aber einen guten Ruf und ein wenig Kapital, das er bereit war einzusetzen, um unser Management zu übernehmen. Gert, der seine Kaufmannslehre nicht umsonst gemacht hatte, handelte mit Hoser folgenden Vertrag aus: Die Gebr. Möbius erhalten das Recht, den Namen FORUM-THEATER zu benutzen. Dr. Klaus Hoser ist mit 3 Prozent an allen Einnahmen des Erfolgsmusicals beteiligt. Weltweit. Interstellar. Dieser Vertrag wurde trotz Einspruchs von Hosers Rechtsberater Otto Schily unterzeichnet. Jetzt konnten wir einkaufen, ohne zu zahlen. Die Rechnung ging ans Forum.

Drafi Deutscher hatte in einem alten Ballsaal am Kottbusser Damm gegenüber vom Zickenplatz eine Discothek eröffnet. Die bot er uns als Aufführungsort an, wenn wir bereit wären, ihm die Hauptrolle zu geben. Doch daraus wurde nix. Denn drei »Kinder sahen Drafi nackt am Fenster seiner Wohnung« und erzählten ihren Eltern davon. Diese Schlagzeile beendete seine Karriere, und er war weg vom Fenster. Der Ballsaal am Zickenplatz fiel damit aus. Um die Ecke, am Herrmannplatz, in der »Neuen Welt«, wo unser Ur-Opa Tuba gespielt hatte, sahen wir auch eine Spielmöglichkeit. Wir wollten nicht nach Charlottenburg, wo das Großbürgertum hauste. Wir wollten nach Kreuzberg oder Neukölln, wo sich Arbeiter und Kleinbürger wie wir ihr Nest gebaut hatten. Gert und ich fuhren also in die »Neue Welt«, wo Sandy Shaw auftrat. Barfuß. Die Akustik war katastrophal. Für Musik und Sprechtheater absolut untauglich. Ich ließ mir ein Autogramm geben – auf meinen golddurchwirkten Schicken-Sie-die-Rechnung-ans-Forum-Theater-Schlips –, und damit war die »Neue Welt« erledigt.
Leider war keine Lebensmittelhandlung – noch nicht mal »Bolle« oder »Meyer« – bereit, für das Forum-Theater auf Rechnung zu liefern. Wir brauchten Bares. Peter spielte einen Pfarrer in »Kuckucksjahre«, Gert machte die Ausstattung, und ich half ihm dabei. Ich ging mit schwerer Ausstatter-Geldbörse ins »Kaufhaus des Westens« und erstand in der Porzellan-Abteilung das teuerste und beste weiße Service, um in der Wasek jedes Teil mit der Vietcong-Flagge zu bemalen. Ein andres Mal kaufte ich im selben Konsum-Institut fünfzig Gartenzwerge. Als die Verkäuferin einen aussortieren wollte, der leicht beschädigt war, sagte ich großzügig: »Ach lassen Sie den mal ruhig dabei, der von Meyerink erschießt die ja doch alle!«

Wir suchten weiter nach einer geeigneten Spielstätte. Was blieb noch in dieser amputierten Stadt? Die Deutsche Oper war ganz auszuschließen, Schiller- und Schloßpark-Theater war'n zu fein, dem Renaissance-Theater waren wir nicht seriös genug, und alle andern Bühnen war'n zu klein. Die großen, alten Bühnen waren im Osten und damit unerreichbar. In seiner Verzweiflung griff Dr. Klaus Hoser – wie einst der Offenbacher Berufsberater – in die unterste Schublade.
An jeder U-Bahn-Station, an jeder Litfaßsäule klebte der Spielplan der Berliner Bühnen. Alle Bühnen annoncierten da ihr Programm. Von der »Deutschen Oper« bis zu den »Vaganten«. Nur das »Theater des Westens« nicht. Diese Musical- und Operettenbühne war einst ein renommiertes Haus. Hier war die Ur-Aufführung der deutschen Fassung von »My fair Lady« mit Karin Hübner und Paul Hubschmidt ein bundesweit beachtetes Ereignis gewesen, Paul Lincke, Emmerich Kálmán hatten »Frau Luna« und die »Czárdászfürstin« hier zum ersten Mal gezeigt. Diesen Tempel leichter Musen hatte sich ein westfälischer Hufschmied unter den Nagel gerissen, der sich für eine der großen Operettenstimmen hielt und ein paar Leichen im Keller liegen hatte. So hörte ich's in den Theatern, Garderoben und Kantinen. Des Übeltäters Name sei Karl-Heinz Stracke.
»Au Backe!« sagte Hoser, »Strahlheinz Kacke!«
Karl-Heinz empfing uns, hörte sich alles geduldig bis zu Ende an und dachte nach. Oder er tat so. Natürlich hatte er schon von den fabelhaften Möbius-Brüdern gehört und ihrem Vorhaben, den Rest der Welt auszustechen und Berlin zum Musical-Ereignis des Jahres, des auslaufenden Jahrzehnts zu verhelfen. Er nannte uns erstmal seine Devise: »Ihr Kinderlein kommet,

bei Geld werd ich sinnlich!« Dann teilte er uns mit, daß wir seinen Palast sofort haben könnten. Sofort hieße allerdings nach Ende der Spielzeit, nach dem 10. Juni. Da fingen in West-Berlin die Schulferien an. Mit den Technikern und Bühnenarbeitern müßten wir selber reden. Die würden natürlich eine angemessene Entschädigung verlangen. Er selbst wolle nur die Miete. Am Tag darauf rief er uns an, er hätte sich das ganze anders überlegt, er würde seine Einwilligung nur geben, wenn wir ihm drei Stars garantieren könnten. Wir fragten ihn, ob er eine Vorstellung davon hätte, wer in dieser Branche ein Star sei. Er winkte ab und sagte, daß er sich sachkundig machen werde.
Es ergab sich, daß Spencer Davis in seiner Studienzeit bei der Schwiegermutter meiner Patentante Dorli Untermieter gewesen war. Spencer Davis war zwar nicht der Sänger der »Spencer Davis Group«, das mußte jedoch keiner wissen. Wie es der Zufall wollte, war Hoser, um Verständnis für die Beatmusik bemüht, soweit gegangen, sich ein paar Platten zu besorgen. Darunter war auch »I'm a man« von der »Spencer Davis Group«. Das kam doch dem Geschmack des alten Jazzers sehr entgegen. Nun hatten wir auch noch die Patentanten-Schwiegermutter-Connection. Hoser düste nach London, sprach mit Spencer, war sehr angetan von ihm und seinen Deutschkenntnissen und kam mit der Gewißheit, einen Stern zu haben, strahlend nach Berlin zurück. Doch Spencer Davis beschlichen Zweifel. Vielleicht zu Recht. Er konnte Deutsch, doch er war kein Schauspieler. Nach ihm hieß die Band, doch er war nicht der Sänger. Das war Stevie Winwood. Er sagte ab. Nun ließ Ray Abel seine Beziehungen spielen. In London, seiner Heimatstadt, setzte er die Hebel in Bewegung und schaffte Verbindungen. Zu Ringo Starr.

Der – sorry – drehte einen Film. Zu Ray Davis, zu Pete Townsend. Die beiden – sorry – schrieben jeder selbst an einer Oper. So! Da hatten wir's! Jetzt waren sie uns also auf den Fersen! Nur ruhig Blut, ruhig Blut. Die neue Lieblingsplatte unseres Managers war »Winds of Change« von Eric Burdon & The Animals. Vor allem, weil im Titelsong der Satz »Charlie Parker cried« vorkam. Also ab in die nächste Maschine nach London. Er kam mit der Gewißheit, einen Stern zu haben, strahlend nach Berlin zurück. Burdon war begeistert! – ? – Von ihm! ... und dem ganzen Projekt. Doch Doktor Hoser hatte seine Rechnung ohne das englische Management gemacht. Drei Tage später kam ein Bote der Deutschen Bundespost mit einem Telegramm: »Burdon not able«. Burdon sollte nicht nach Berlin, sondern nach Monterey. Pop-Festival. So stand's geschrieben.
Wir nahmen's 'n bißchen kleiner: Roy Black? Wollte, durfte aber nicht. »Herr Black ist kein Rock 'n' Roll-Sänger!« Mir fiel Marion ein. Marion Litterscheid, heute Marion März. »Er ist wieder da« war ein großer Hit gewesen. Ratz-Patz! Marion sagte zu und bekam die Rolle »Merlins Auge«. Peter Horten, der später das E seines Künstlernamens an den gleichnamigen Kaufhauskönig zurückgab und durch ein O ersetzte, wurde unser aztekischer Rachegott Zastro. Hans Hass jr., dessen Talent es war, der schnucklige Sohn eines berühmten Tiefseetaucherehepaares zu sein, war frei und auch bereit, den blutjungen, bildhübschen Psycho-Astronauten Robby zu spielen und zu singen.
»Na und?« sagte Strahlheinz, »wo ist der Star? Der Stern? Mein Ihr-Kinderlein-kommet-Komet?« »Ha!«, sagten wir eines Tages zu Herodes Stracke, »wir haben ihn und jetzt halt's Maul«.
Wir sagten das natürlich nicht so grob, aber eine ge-

wisse Offenheit war da. Wir hatten uns ja inzwischen lieb gewonnen – wir, die Schönen, und er, das Biest. Er bewunderte unsre Chuzpe.
»So, wir haben ihn,« sagten wir zu ihm. »Den Star. Den Stern. Deinen Ihr-Kinderlein-kommet-Komet!«
David Garrick! Der Sänger solch bedeutender Werke wie »Dear Mrs. Applebee« und »Please Mr. Movingman«. Ohhhhhh Yeaaaahhhh! Arthur House, der unter anderem auch die »Kinks« managte, kam nach Berlin geflogen, um mit Gert und Hoser die Vertragsverhandlung zu führen. Dabei unterlief Hoser ein Fauxpas. Irgendwann, als die Verhandlungen immer zähflüssiger wurden und die Details immer unbedeutender schienen, auf denen der lange, langhaarige, dürre Englishman bestand, sagte Hoser entnervt zu Gert: »Der hat doch einen sitzen, das olle Gespenst!« Da begann Arthur House zu singen, »Schnaps! Das war sein letztes Wort, dann trugen ihn die Englein fort!« Er hatte in Stuttgart studiert. Das olle Gespenst schraubte dennoch die Gage für seinen Schützling David Garrick nicht weiter in die Höhe. Eintausend Pfund am Tag sollte uns der Spaß schon wert sein. 5000 Pfund als Vorkasse auf das Londoner Konto der Arthur House Ltd. Vor dem ersten Probentag. Das war schon genug.
»Wir haben Deine Stars und jetzt halt's Maul, Karl-Heinz!« Die anderen Rollen wurden vorwiegend mit West-Berliner Schauspielern aus der zweiten Reihe besetzt. Wer aber, wer sollte sie führen, wer Regisseur sein in dem Spektakel. Hoser war für Büch. Der hatte schon Regie bei der »Publikumsbeschimpfung« gemacht. Jetzt war er mit der »Selbstbezichtigung« desselben Autors beschäftigt und fiel leider aus. Daraufhin gingen wir die Liste der in Frage kommenden Regis-

seure nochmal durch. Die war nicht lang, zum Schluß blieb niemand übrig. Da spielte Hoser seine letzte Karte. Paul Vasil. Der war ihm noch was schuldig und hatte außerdem in Bayreuth geniales Licht gemacht. Paul Vasil wollte nicht, konnte nicht, war Fieber und hatte krank. Aber Hoser wollte, konnte, war gesund und kannte keine Gnade.
Am 10. Juni pünktlich um zehn Uhr hatte Vasil auf der Probe zu sein. Da war er dann auch. Alle waren da. Auch David Garrick, der gleich anfangen wollte, seinen deutschen Text zu lernen. Der fremdsprachenkundige Regieassistent List mußte sofort alles in englische Lautschrift übertragen: »Shpinnan, leeban, soufan, rouchan, fairukt sign dane gunzen targ«. So las sich das.
Ich war jeden Tag um zehn im Theater des Westens, um die Songs mit den Darstellern einzustudieren. Ich war beliebt, vor allem bei den Darstellern, die noch keine Arien hatten. Die jungen Starlets und die alten Knattermimen rissen sich um mich: »Herr Möbius, hier fehlt aber eine Arie, ein Song, wie Sie wahrscheinlich sagen würden. Ich meine ja nicht für mich, sondern im Sinne des Stücks, der Dramaturgie!« – »Ja!!!« sagte ich, »jetzt sehe ich's auch, da muß was hin, da muß der Benamukee noch was haben! Heute abend noch werd ich mit meinem Bruder drüber reden. Tz tz tz! Daß der das nicht selbst gemerkt hat! Danke Herr Knippenstedt!«
Da Gert grade dabei war, die größte Promotionaktion nach dem Zweiten Weltkrieg durchzuziehen, hatte ich jede volle Stunde ein Fünf-Minuten-Interview. Um Fünf ging's nach 'ner Currywurst zum Bahnhof Zoo und mit der S-Bahn nach Buckow, ans andere Ende der Stadt, zu den Band-Proben mit den »Voodoos« im Jugend-

gästehaus Dr. Schreber. Und irgendwann wollte auch ich ins Bett, davor wenn möglich noch was Richtiges essen. Ein Wiener Schnitzel im »Old Vienna«, mit Garrick, Marion oder Peter Horton. Noch was quatschen wollt ich auch. Ich hatte selbst noch einiges zu lernen, was Professionalität betraf; Hans Hass jr. war ein Dööskopp; Paul Vasil hatte ständig Probleme mit seinem Lover, der mit Garrick rumturtelte. Er mußte soviele Nervenzusammenbrüche überstehen wie ich Interviews. Ich wurde das Gefühl nicht los, daß alle sich nur selbst inszenierten, während im dunklen Zuschauerraum der Regisseur seinen Liebeskummer ausweinte. Und was sollte ich sagen? Ich hatte die undankbare Aufgabe, mir den ganzen Tag mindestens hundertmal meine Songs anhören zu müssen, gesungen von dünnen Stimmen unsensibler Sternchen und Theatergäule, die, was sie selbst betraf, von Ehrgeiz halb zerfressen, doch an der Sache vollkommen uninteressiert waren. Die mußte ich auch noch am Klavier begleiten.

Für mich warn alle ungeil. Nett, die meisten, aber ungeil. Auch die, die schwul waren, ungeil. Ich wäre auf den Knien nach Altötting gerutscht, wenn Harald dagewesen wäre. Auf den Knien, in Etappen, irgendwann. Tout Berlin – ungeil!

Über West-Berlin braute sich ein Unwetter zusammen. Hoher Besuch stand ins Haus. Unser Schah Mohammed Resa Pahlewi. Roter Teppich, Flaggen und Girlanden, Blaskapellen, Goldenes Buch und Staatsbankett. Besuch auf einer Modenschau der Mode-Hauptstadt West-Berlin und auch in einem Kindergarten für Farah, unsre Kaiserin. Dann noch Parade der Alliierten Truppen und Siemens-Werksbesichtigung für uns'ren Resa,

SchahinSchah vom Pfauen-Thron. Ein volles Programm. Seit Wochen berichteten die Zeitungen über nichts anderes.
Und abends sollte es in die Oper gehn!
Doch der Berliner machte sich Sorgen – um Ruhe und Ordnung. Extreme trieben seit geraumer Zeit ihr Unwesen. Das wußte er aus der Zeitung. Studenten. Die muckten gegen Magnifizenzen und Dozenten – was immer das war –, die sie respektlos professorale Fachidioten schimpften, die gröhlten ihren Protest gegen den Krieg in Vietnam und unsere amerikanischen Freunde und zeigten unverhohlen und frech Sympathie für Vietcongs und anderes Gelichter. Wo doch der Russe hinter der Mauer um uns lauerte.
Die Sache war klar. Das waren Linksradikale, denen ihre Kneipen zu eng geworden waren. Die machten nun mit »Ho-Ho-Ho-Chi-Minh« und Spring-Prozessionen die Straßen unsicher. Linksradikale, Langhaarige, Gammler, politisch Halbstarke, Spinner, Krawallmacher, studentische Wirrköpfe, Nestbeschmutzer. KGB-Agenten. Die hatten sich verschworen! Gegen unser Berlin! Nicht lange fackeln! Zurück in'n Osten! Rüberkatapultieren, die Brüder!
Doch der Berliner, immer bestens informiert, hatte den Rädelsführer schon längst ausgemacht. Rudi Dutschke hieß die Kanaille, die böse, böse rote Socke und Bazille. Kein Tag verging, an dem nicht irgendeine Meldung den Berliner, der sonst die Ruhe nicht verliert, zur Weißglut trieb. Wo kam der her, der Dutschke? Aus Luckenwalde. Aha. Aus der Zone. Na also!
»Wissen se, wat ick mit dem machen würde?«
»Nein, weiß ich nich.«
»Macht nischt, ick sach's ihn'n. Ick würd'n innen Sack steck'n, zubind'n und üba de Mauer werfen.«

Der Berliner war sich einig. Staatsfeind Nummer eins und Totengräber unserer Freiheit, von Moskau bezahlt: die Studenten. Das wußte er aus der Abendschau. Da schenkt man denen eine Freie Universität, und jetzt beleidigen die unsern persischen Kaiser. Von unserm Geld! Das wußte der Berliner aus dem RIAS. Der schönste Erdöllieferant der Welt. Die schönen Bilder mit dem schönen Kaiser und seiner schönen Frau, den schönen Kindern, im Winter in St. Moritz, im Sommer Monte Carlo – die kannte jeder. Die schönste Erdölfamilie der Welt.

Mit den Studenten hatte ich Probleme. Was und wie die redeten, fand ich dröge. Die Flugblätter, die Sprache, das war mir alles böhmisch. Die Revolutionierung des Lehrbetriebes. Das roch mir immer noch zu sehr nach Schule.
Um es kurz zu machen, ich bin *nicht* auf die Straße gegangen. Weil ich Angst hatte, einen mit dem Knüppel übern Kopf zu kriegen, ohne zu wissen wofür. Bald sollte ich's wissen.
Es war vier Wochen vor der Beat-Oper-Premiere. Gegen Abend. Ich saß im Forum-Theater-Büro und wartete auf Hoser. Von weit her kamen Martinshörner näher, erst langsam, dann schneller. Durch die Panorama-Scheibe konnte ich auf den Kudamm sehen. Eine nicht enden wollende Kolonne blauer Minnas raste mit ohrenbetäubendem Geheul in Richtung Halensee. Wahrscheinlich zum SDS-Büro, der Schalt-Zentrale der Studentenbewegung. Kurfürstendamm 140. Die Martinshörner verstummten, sie schienen ihren Zielort erreicht zu haben. Jetzt waren Sprechchöre zu hören, die ich nicht verstehen konnte. »Ho-Ho-Ho-Chi-Minh« war's nicht. Sie kamen nä-

her. »Mo-Mo-Mossa-degh! – Mo-Mo-Mossa-degh«
– Wer?
Inzwischen errichtete vor unserem Fenster ein Trupp Polizisten eine Straßensperre, über Lautsprecher sagte eine zackig schnarrende Polizeistimme immer wieder, jede Silbe betonend: »Bit-te räu-men Sie den Kur-fürsten-damm in Rich-tung Ge-dächt-nis-kir-che – Bit-te räu-men Sie den Kur-für-sten-damm in Rich-tung Gedächt-nis-kir-che ...«
Erst jetzt begriff ich, daß der Schah und sein Hofstaat unterwegs zur Oper waren. Na Bravo. Am Morgen hatte ich im Radio gehört, daß 5000 Polizisten zum Schutz des hohen Gastes aufgeboten worden waren. »Die Situation ist polizeilich im Griff«, wurde gemeldet. Mit einem Blick aus dem Fenster konnte ich mich davon überzeugen. Stimmt. Alles im Griff. Jetzt waren sie grade dabei, den Kurfürstendamm in Richtung Gedächtniskirche zu räumen. Der Schah mußte in die Oper.
Ein paar Stunden später. Ich kam aus dem Theater und wollte über den Kudamm nach Hause in unsere neue Wohnung in der Uhlandstraße gehen. Der Kurfürstendamm war voller Menschen. Irgendwas war passiert. Überall standen größere und kleinere Gruppen. Erregte Stimmen, Wortfetzen:
»... tot – Krumme Straße – Schupo – erschossen – Leberwurst – Krawallbruder – Taktik – tot – erstochen, selber schuld – in Zivil – unsre Polizei – tot – Langhaaraffen – tot – tot ...«
Was war geschehen?
Als das persische Kaiserpaar mit dem Regierenden Bürgermeister Albertz die Deutsche Oper in der Bismarckstraße betreten wollte, waren ihm – nach Meinung des Einsatzleiters – die Demonstranten zu nah auf den Pelz gerückt. Für diesen Fall gab es eine klare

Anweisung. Offensichtlich hatte der Polizeipräsident in den Tagen davor von seiner Frau zum Abendessen eine ungeliebte Schlesische Leberwurst vorgesetzt bekommen. Diese schlachtfrische Wurst hat einen ziemlich dickwandigen Darm, an dessen Füllung man nur kommt, indem man auf die Mitte drückt, damit sie an beiden Seiten herausquellen kann. Der Präsident der West-Berliner Ordnungskräfte hatte es längst aufgegeben, seine Gattin zu bitten, Schlesische Leberwurst aus dem Speiseplan für Donnerstag zu streichen. Voll Haß auf Wurst, Frau, Schah und Studenten machte er sich daran, mit der stumpfen Seite seines Messers die Füllung von der Mitte her aus der Pelle zu drücken, um sie angewidert in den Mund zu schieben, während er die aktuellen Berichte in der Abendschau verfolgte. Er war noch ganz in Gedanken versunken, als er feststellte, daß auf seinem Teller nur noch die dicke Wurstpelle lag. Zum Erstaunen seiner Frau verlangte er mit zackiger, schnarrender Polizistenstimme *ei-ne zwei-te Wurrrssst.* Er hatte da so eine Idee. Was beim Vernichten einer Leberwurst möglich war, sollte mit einer Horde ungezogener Studenten doch ein Leichtes sein: In der Mitte auf die widerborstige Masse drücken, damit sie zu beiden Seiten auseinanderspritzt. Damit war die Leberwurst-Taktik geboren.
Zwei Dinge jedoch waren nicht ganz im Sinne des Erfinders: Die Bismarckstraße hat keinen dickwandigen Darm. Nach allen Seiten gehen viele kleine und größere, gewundene, verwinkelte, enge Straßen mit unübersichtlichen Hinterhöfen ab. Außerdem war die Füllung, die Masse, an diesem Abend durchsetzt von vielen, bewaffneten Ordnungshütern in Zivil – und die spritzten nun durch die Aktion »Leberwurst« nach allen Seiten auseinander. Mittendrin – in Zivil, die Dienstwaffe

unterm Jackett – Polizeioberwachtmeister Kurras, der von den Knüppeln und Wasserwerfern seiner eignen Leute in die Krumme Straße getrieben wurde. Dort, in einem Hinterhof, glaubte er sich erkannt, umstellt, bedroht. Bei seinem Versuch, sich den Weg zu seiner Einheit freizuschießen, traf dann eine seiner Kugeln den Studenten Benno Ohnesorg tödlich in den Hinterkopf. Noch während das persische Kaiserpaar und seine Gastgeber den Klängen von Mozarts »Zauberflöte« und dem Geklimper von Farah Dibas Diamanten lauschten, wurde von der Einsatzleitung der Polizei vorsätzlich und wider besseres Wissen das Gerücht verbreitet, vor der Deutschen Oper in der Bismarckstraße hätten langhaarige Demonstranten zwei Polizisten erstochen. Die Bild-Zeitung des folgenden Tages meldete: »Gestern haben in Berlin Krawallmacher zugeschlagen, die sich für Demonstranten halten. Ihnen genügt der Krawall nicht mehr. Sie müssen Blut sehen ...« So war's am 2. Juni 1967.

Genau vier Wochen später war Premiere unserer Beat-Oper »Robinson 2000«. Den Titel hatte Mutter vorgeschlagen. Schlag zwölf Uhr mittags, beim Brunch, fällte Paul Vasil eine Entscheidung, und eine Stunde später saßen alle Assistenten, Requisiteure, Inspizienten und die Produktionsleiter, darunter auch Wolfgang »Das Boot« Petersen, in der Kantine, im Ballettsaal oder im Foyer und strichen in den Programmheften den Namen Paul Vasil hinter der Berufsbezeichnung »Regisseur« aus. Um acht Uhr abends, nachdem der Einlaß beendet war und auch Ray Davis, Charlie Watts und Pete Townshend in ihren Logen Platz genommen hatten, begaben sich die Gebrüder Möbius auf den Olymp, die billigsten Plätze.

Erster Akt. Noch kein Problem. Wolzoog stürmt das Labor und schlägt alles kurz und klein. Ziemlich kurz und ziemlich klein. Zweiter Akt. Der Vorhang hebt sich, Hans Hass jr. tritt aus der Astronautenkapsel, spielt Erstaunen, fragt: »Wo bin ich?« – »In der Kant-stra-ße!!!« kam eine Stimme aus dem Zuschauerraum zurück. Richtig. Denn das Theater befand sich in der Kantstraße. Lacher! Damit war das Werk zum Abschuß freigegeben. Das konnte heiter werden. Wurde es auch. Am Ende gigantischer, ironischer Applaus.
Die Kritiken – von Kapstadt bis Hammerfest, von Montreal bis Buenos Aires – würde der Fachmann als verheerend bezeichnen. Aber wer bekommt schon mit einem Schlag in all diesen Städten Kritiken?
All das hatte keinen Einfluß auf den Kartenverkauf. Die Jugendlichen, die sich damals aus noch ungeklärten Ursachen Teenager nannten, strömten in Scharen. Am zweiten Abend war's im Publikum zuerst mucksmäuschenstill. Verhaltene Lacher an den richtigen Stellen. Alles lief gut. Dann kamen noch nie gehörte Geräusche. Es hörte sich an wie ein schlimmer Tornado. Das waren die Jugendlichen, die sich damals aus irgendwelchen Gründen Teenager nannten. Sie kreischten vor Begeisterung, als ob ihnen jemand das Gehirn mit Hilfe einer Motorsäge freilegen wollte. David Garrick war die Ursache. Er hatte gesungen und mit den Hüften gewackelt. Und, wie sich bei einer späteren Untersuchung herausstellte, »oohhh yeaaahh« gesungen, obwohl das in seiner Rolle nicht vorgesehen war. Immerhin gehörten zu seinen Hilfsmitteln auch meine Songs.
Nach der Vorstellung versammelten sich hundertundfünfzig deutsche Mädels und drei Jungs vor seinem Garderobenfenster und schrien so lange und verzwei-

felt »David! David! David! David! ...«, bis der gleichfalls verzweifelte Star das Fenster öffnete und sein Rüschenhemd in kleinen Tranchen der Öffentlichkeit übergab. Bereits am nächsten Tag forderte er bei der Abendregie freien Raum für Zugaben nach seinen Songs. »Mustang Sally« und »I've been lovin'you too long« paßten dann zwar nicht ins deutsche Singspiel, aber wer wollte das jetzt noch wissen.

Strahlheinz »Herodes« Kacke hatte seinen »Ihr-Kinderlein-kommet-Komet« gesehen und war gläubig geworden. Er bot uns an, seine heiligen drei Könige zu werden, vorausgesetzt, wir würden ihm ein Führer-Musical schreiben. »Nazis und Berlin, das wird bei den Touristen ziehn.« Es dauerte dann aber noch über zwanzig Jahre, bis »Cabaret« im »Theater des Westens« aufgeführt wurde. Karl-Heinz Stracke war zu diesem Zeitpunkt allerdings nicht mehr Inhaber dieses Etablissements.

Auch Vater hatte neue Pläne und setzte sie schnell um. Er wollte wieder zurück zu Schickedanz, zurück nach Nürnberg. Wir zogen in die Sperberstraße, in eine große Sechs-Zimmer-Wohnung, und hatten uns grade eingerichtet, als Lanrue zu Besuch kam. Wir streiften durch die Nürnberger Nächte, immer begleitet von meinen Freunden, der Nürnberger Polizei. Die hatte uns Möbiusse noch nicht vergessen.

Lanrue, den ich für Band-Pläne in Berlin erwärmen wollte, konnte sich immer noch nicht zwischen einer Karriere als Schaufenstergestalter in Offenbach und dem Leben eines unabhängigen Musikers in Berlin entscheiden.

2

Gert hatte in Schöneberg, Gutzkowstraße 6, eine schöne, große, möblierte Vier-Zimmer-Wohnung gefunden, parterre. In der Wohnung standen außerdem noch ein Klavier und ein Flügel und eine kleine zweimanualige Kirchenorgel, Marke »Mannheimer«, deren riesiger Blasebalg und elektrisches Gebläse im Nachbarzimmer untergebracht waren.
Alles wunderbar, bis auf den kleinen Haken, daß eins der Zimmer von einer schrulligen älteren Dame belegt war, mit der wir Küche und Bad teilten und die immer wieder versuchte, uns in Gespräche über den »Asiaten Stalin« zu verwickeln.
Gert und seine Freundin Ilse Umrath bezogen das Zimmer mit Blasebalg. Dietmar, der kurz entschlossen seine Zelte in Nürnberg abgebrochen hatte, nahm das Zimmer mit Klavier. Und ich bekam den Salon mit Konzertflügel und Kirchenorgel.
Zu der Zeit war auch meine Mutter in Berlin. Bei den Eltern gab's mal wieder Krach, so daß sie den Söhnen nach Berlin nachgefahren war. Sie wohnte bei ihrer Freundin, meiner Patentante Dorli, und ließ sich fast täglich in der Gutzkowstraße blicken. Sie führte uns den Haushalt, hat sich gekümmert und auch bei den gruppendynamischen Turbulenzen gehörig mitgewirbelt. Vor allem zwischen ihr und Ilse – beide Skorpion – kam es des öfteren zu heftigen Zusammenstößen.
Auf einmal stand auch noch Lanrue mit seinen Koffern vor der Tür. Volles Haus. Was Lanrue betraf, waren sich Mutter und Ilse ausnahmsweise mal einig. Warum geht denn der nicht arbeiten! Um ihren Attacken zu entgehen, suchte sich Lanrue erst mal einen Job und wurde Schaufenstergestalter bei »Lammfromm & Vo-

gel«, einem alteingesessenen Berliner Fachgeschäft für Teppiche und Gardinen. Mit dem bißchen, was er da verdiente, konnte er aber grade die Currywurst und seine Zigaretten bezahlen – abgesehen davon, hätte er sowieso von meinen mitgeraucht. Schon nach ein paar Wochen wechselte er die Stelle und wurde bei Woolworth in Steglitz Chefdekoratör. Das änderte nix an seiner Situation. Ilse und meine Mutter stichelten weiter. Lanrue nahm sich ein Zimmer in der Rankestraße, nahe der Gedächtniskirche.

Über das Gezänk der beiden Frauen war ich stinksauer. Auch über mich selbst! Lanrue schlief bei mir im Zimmer. Ich traute mich nicht, für ihn Partei zu ergreifen, aus Angst, es könnte der Verdacht aufkommen, ich hätte was mit ihm. Irgendwie war ich permanent in Deckung und krampfhaft bemüht, keinen aus der Familie oder aus dem Bekanntenkreis und paradoxerweise erst recht nicht denjenigen, für den mein Herz in Flammen stand, merken zu lassen, daß mit mir »was nicht stimmte«.

Zu verheimlichen war's nicht, wie ich etwas später, als ich am Forum-Theater als Bühnenmusiker arbeitete, erfahren mußte. Ray Able, der englische Kostümbildner, stellte mir ein Bein. Lanrue holte mich immer nach der Vorstellung ab. Dieses Mal nicht. »Where ist heute deine süße kleine Freund?« fragte Ray. Ich lachte verlegen und sagte, keine Ahnung, ich wüßte es nicht. Darauf Ray: »Whyrum gibst du nicht zu, daß du schwul bist?« – !!!! – »Wie kommste denn darauf?« – »Das seh ich, aber das Freund ist nicht das richtige Geliebte, du brauchst eine Junge von vierzehn, schön und schlank, und das zärtlich ist!« Ich stammelte nur irgendwas und hörte Ray von ganz weit weg sagen, ich solle vor ihm keine Angst haben, ich wäre ihm viel zu jung, er würde mehr auf meinen Bruder Gert stehen.

Wir waren wild entschlossen, eine eigene Theaterproduktion auf die Beine zu stellen. Was, wie und wo, war nicht das Problem. Aber von welchem Geld? Wir waren alle mittellos. Der einzige Luxus, den ich mir per Ratenzahlung leistete, war eine zweispurige Revox, ein Schweizer Tonbandgerät der Extraklasse. Mit den Raten hinkte ich hoffnungslos hinterher. Der Gerichtsvollzieher wurde von da an einer meiner treuesten Weggefährten. Wir hatten Schulden! Schulden von der Beat-Oper, die in erster Linie auf Gert lagen. Er hatte die Verträge unterschrieben. Und aus der Nürnberger Zeit waren auch noch ein paar Rechnungen offen. Auch die gingen zu Gerts Lasten. In seiner Obhut lag das Kaufmännische. Das hatte er ja gelernt.
Wir hatten jedoch keine Ahnung, daß er sich während seiner kaufmännischen Lehrzeit »Das politische Grundwissen der Jungen Kommunisten«, Schulungsmaterial der Kommunistischen Jugend-Internationale (KJI) aus dem Jahre 1927, draufgeschafft hatte, was sich offensichtlich in der Praxis nicht mit dem 1964 bei der »Hamburg-Mannheimer« Gelernten vertrug. Nach dem Beat-Oper-Debakel bedeutete das für Gert den Offenbarungseid, der ihn fünfundzwanzig Jahre begleitete und erst 1992 getilgt wurde. Darunter hat sein Lebenswandel nie gelitten. Irgendwie und von irgendwem hat er immer Geld aufgetrieben und großzügig verteilt oder selbst ausgegeben. Wenn er etwas Schönes fand, kaufte er es. Er fuhr nur Taxi, nie U-Bahn, nicht einmal schwarz. Und wenn ihn mal ein Döschen Kaviar anlachte, lachte er zurück und ließ es sich einpacken.

Klaus Hoser vom Forum-Theater hatte ein Nachfolgestück für die Erfolgsinszenierung von Peter Hand-

kes »Publikumsbeschimpfung« gefunden. Progressive Deutschlehrer waren seine Klientel, Schulklassen und Abiturienten aus Westdeutschland brachten das Geld. Hoser entschied sich für eine Goethe-Revue, die der Schauspieler und Regisseur Robert Wolfgang Schnell aus Goethes »Jahrmarktsfest von Plundersweilen« und »Hanswursts Hochzeit«, eine Jugendsünde vom Schweinigel Goethe, zusammengestrichen hatte. »Hanswurstiaden«. Dafür sollte Gert das Bühnenbild und ich die Musik liefern. Die Musik war schnell gemacht: Ich lag auf dem Sofa und schmökerte grade in dem Text – deftig, deftig! Allein schon die Namen der Figuren – Ursel mit dem kalten Loch, Hans Arsch von Rippach, Matz Fotz von Dreßden, Scheißmatz, Wende Hals, Quirins Schweinigel ... Von Goethe war mir bis dahin, abgesehen von der Arschleck-Arie im »Götz von Berlichingen«, nur der hohe, edle und jugendfreie Dichterton bekannt. Wie auch immer. Ich war jedenfalls noch nicht dazu gekommen, mich mit den Songs und Couplets zu beschäftigen, als auch schon das Telefon klingelte und Hoser drängelte, wo ich mit der Musik bliebe? Ohne mich groß weiter in den Text zu vertiefen, marschierte ich zum Forum-Theater und sang Hoser aus dem Stegreif der Reihe nach alle Songs und Couplets vor. Er war zufrieden. Ich hatte meine Arbeit getan. Für's erste.
Nachdem sich niemand fand, der die Schauspieler musikalisch auf der Bühne begleiten wollte, hatten wir uns, Dietmar und ich, als Gitarristen engagieren lassen. Was jedem eine Monatsgage von ungefähr vierhundert Mark garantierte, nicht viel. Aber immerhin. Dietmars täglich Brot war gesichert. Die Proben waren im November, die Premiere im Dezember, die letzte Vorstellung war Ende Januar '68. Die Inszenierung

war lustig, frech schweinisch und trotzdem von Goethe. So etwas wollten die Leute sehen, das war als Weihnachtsprogramm eines Off-Theaters am Kurfürstendamm genau das Richtige.
Da Lanrue bei der Vormusik für »Hanswurstiaden«, die ich in der Gutzkowstraße mit der Revox aufgenommen habe, mitgemacht hatte, war er schließlich auch beim Forum-Theater gelandet. Er war Beleuchter, Gardrobier, Requisitör, und auf dem Programmzettel zur »Frauenvolksversammlung« tauchte er unter dem Pseudonym Caspar Cabul als Musiker, Schauspieler und Chor-Dirigent auf. Ohne Lanrue lief am Forum-Theater nix mehr.

Anfang '68 hatte die UFA bei den Gebr. Möbius ein Exposé für ein Fernsehmusical in Auftrag gegeben, das im Berliner Milljöh spielen und etwas mit Beatmusik zu tun haben sollte. Damit war Peter beschäftigt, der den Auftrag auch an Land gezogen hatte.
Es war durchaus nicht so, daß nach dem Beat-Oper-Flop für uns alle Türen verschlossen waren. Im Gegenteil. Wir hatten einen gewissen Ruf. Wenn wir irgendwo anriefen »'Tach, hier Möbius!« dann wußte man Bescheid: »Aha, Beat-Oper!« Peter Meisel, der Besitzer der Hansa-Plattenfirma, spielte sogar mit dem Gedanken, die Beat-Oper als LP herauszubringen. Zu der Zeit schrieb ich auch schon Songs mit eigenen Texten. Meisel gab eine Bestellung auf: »Schreib mal was mit Clown oder Underground!« Ich schrieb »König und Clown« und »Dreh dich nicht um«. Die Demobänder, die ich mit der Ex-Drafi-Deutscher-Band aufnahm, hat er mir bezahlt. Veröffentlicht wurde das Zeug nie.
Ein Grund für Peter Meisel, ein Auge auf mich zu werfen, war der, daß er Drafi Deutscher nicht mehr hatte,

den hatten sie nach seinem Sexskandal in die Wüste geschickt. Drafi war aber zu dem Zeitpunkt der einzige deutsche Rocker in der deutschen U-Musik. Er galt als das härteste Kaliber. Diese Marktlücke mußte gefüllt werden. Aber Lückenbüßer wollte ich nicht sein.
Just in dem Moment tauchte Gunther Bennung auf und bot sich als Manager an. Quasseln konnte der. Stundenlang. Er erklärte uns die Welt, das Leben, daß der Ball rund ist, wie er zu laufen hat und daß das nächste Spiel immer das schwerste ist – Sepp-Herberger-Weisheiten. Gunther Bennung war beim WDR Sportreporter gewesen, dann Schauspielschüler an der Reinhardtschule, dann Ehemann von Marion Michael. Zwischendurch hatte er auch noch die Zeit gefunden, auf einer einsamen Südsee-Insel den Urschrei zu üben. So gerüstet wäre er unser Mann, sagte er. Er kenne Hinz und Kunz, behauptete er. Mit seinen Connections, prophezeite er, würde er uns zu Ruhm und Ehren und nebenbei auch zu Geld verhelfen.
Wir begannen mit den Proben zu »Jingle Bells«, einem Stück von Dietmar, das von der weihnachtlichen Wiedergeburt dreier vergessener Naturgötter im Sohn des Schrankenwärters Hank Miller handelte. Gleichzeitig schrieb Dietmar an »Fruitcompanie«, einer Familiensaga, in der es um das Marmeladen-Imperium der Gebrüder Zippini und die Intrigen ihres in einen Käfer verwandelten Vetters Lemuel Zippini ging. Warum wir dann mit »Jingle Bells« aufhörten und anfingen, »Fruitcompanie« zu probieren, weiß ich nicht. Das machten Peter, Gert und Dietmar untereinander aus. Aber auch mit »Fruitcompanie« hörten wir ziemlich schnell wieder auf. Die letzte Entscheidung war dann, eine Sumpfoper zu machen, die »Okkollo« genannt wurde.
Hinter dem Phantasienamen Okkollo verbargen sich

zwei melodramatische Kurzstücke. Das eine, »Die wunderbare Gastery oder die Blutwurst und die Leberwurst«, war ja schon mit großem Erfolg in Nürnberg aufgeführt worden. Das andere war das »Märchen von der Unke«, gleichfalls als Singspiel angelegt, von dem mir Dietmar noch in unseren letzten Nürnberger Tagen Texte zur sofortigen Vertonung vorgelegt hatte. Das Unkenmärchen handelt davon, wie eine häßliche Unke um ein kleines Kind wirbt. Die harmlose Absicht, miteinander zu spielen, wird von der Mutter des Kindes mißverstanden und von der Gouvernante, die es auf die Edelsteine der Unke abgesehen hat, schamlos ausgenutzt. Das Stück endet, wie alle ordentlichen Opern, mit Mord und Totschlag.
Noch bevor wir uns an die eigentliche Arbeit machten, wurde ein Name für die Theatergruppe gesucht und gefunden: »Hoffmanns Comic Teater«.
»Hoffmann«, weil da der Begriff Hoffnung drin steckte und weil es ein deutscher Name war, der an E.T.A. Hoffmann, an Hoffmannstropfen, Hoffmanns Wäschestärke und vor allem an Dr. Hoffmann, den Erfinder des »Struwwelpeter«, erinnerte. »Comic«, weil es sich auf Komik und Commedia dell'arte und auf die Comic-Heftchen bezog. Und »Teater« ohne »h« war eine Reverenz an die Nürnberger Theater-Experimente; dort lagen die Wurzeln. Außerdem sollte der Name »Hoffmanns Comic Teater« die Assoziationen an Zirkus, Jahrmarkt und Schausteller hervorrufen und nicht an das verbeamtete Schauspieler-Stadt-Theater.

Mittlerweile war's April, und die spektakulärsten Sachen passierten direkt vor der Haustür. Das Schöneberger Rathaus befand sich um die Ecke. Dort fand die

erste große Anti-Studenten-Demonstration statt, unter dem Motto: »Tausche zehn Studenten gegen einen kleinen Flüchtling!« »Studenten« war in der Zeit der Sammelbegriff für »Linke«. Diese Demo haben wir uns angeguckt. Wir sahen, wie Würstchen mampfende Bürger über eine harmlose Nickelbrille mit Bart herfielen, nur weil irgendein Witzbold gerufen hatte: »Kieckt ma, dett is der Dutschke!« Die Berliner Droschken-Kutscher und Zigarrenhändler hatten Hochkonjunktur; Kalte Krieger und BZ-geklonte Klischee-Berliner wie Günther Neumanns »Insulaner«.
Am Gründonnerstag 1968 wurde Rudi Dutschke von Josef Bachmann auf dem Kurfürstendamm mit drei Schüssen niedergestreckt. Stürmische Ostern! Berlin und ganz Westdeutschland in Aufruhr. Die Springer-Pressehäuser wurden belagert. Wasserwerfer gingen in Stellungen, Gummiknüppel wurden gezückt. Überall brannte und knallte es. Weltweit! Martin Luther King erschossen. Der Vietnamkrieg eskalierte. Frankreich stand in Flammen. Bei uns waren die Notstandsgesetze beschlossene Sache.
Natürlich pilgerten wir zu diversen Teach-Ins. Das war Pflicht. Ehrensache. Wir trieben uns auch oft in der Alten Mensa der TU rum, die war so eine Art Zentrale und eine Nachrichten-Börse. Dort tauchten dann auch schon mal interessantere Menschen auf, schräge Vögel, die bereits den Tapeziertisch aufklappten, um mit Selbstgedrucktem oder Polit-Devotionalien zu handeln oder die einfach nur so herumlungerten und darauf warteten, daß etwas passierte.
Bei diesem Außenklima bastelten wir an unserem Okkollo, der Sumpfoper. Ohne Reibereien ging das nicht vonstatten. Die internen Stimmungen waren starken Schwankungen unterworfen.

Es gab bei uns zwei Fronten. Die Gutzkowstraße und die Kniephofstraße – Peter und seine Frau Sybille auf der einen, Gert und seine Freundin Ilse Umrath auf der anderen Seite. Dazwischen Lanrue, Dietmar und ich. Dietmar ging es in erster Linie darum, daß seine Stücke gespielt wurden, daß er die Möglichkeit hatte, neue zu schreiben und daß genug zu essen da war. Er hielt Peter für den besseren und zuverlässigeren Organisator und Gert für den unzuverlässigeren Wirrkopf. Dietmar fing plötzlich an, Freud zu lesen. Und ich entdeckte Wilhelm Reich, aber nicht, um die Geschütze zu laden. Ich versuchte Frieden zu stiften.

Im April bekamen wir für das von der UFA bestellte Fernsehmusical grünes Licht. Das Exposé war bereits im Februar fertig gewesen. Die UFA-Leute fanden's gut – auch den Titel »Drehorgelwalzenwelthit«, reichten es ans ZDF weiter, und das sagte: »Jawohl, das machen wir!«
Jetzt hatten wir noch eine Baustelle, auf der es für alle etwas zu tun gab. Peter schrieb das Buch. Ich machte die Musik. Als Komponist der Beat-Oper hatte ich ja ein gewisses Renommee. Gert zeichnete für die Ausstattung, Dietmar und Lanrue waren für die Requisiten zuständig. Im Juni/Juli sollte die Sache produziert werden. Es flossen bereits die ersten Gelder.
Die finanzielle Seite von Okkollo war damit gesichert. Nächtelang erforschte ich mit Lanrue und Dietmar Geräusche, Klänge, Töne, musikalische Versatzstücke und mischte sie auf der Revox zu den verrücktesten Playbacks zusammen. Je schräger, desto besser! Was die Instrumentierung betraf, kam alles zum Einsatz, was die Gutzkowstraße zu bieten hatte: Kirchenorgel und Staubsauger, Klavier und Abflußrohrstampfer,

Schneebesen, Baß, Cello, akustische und E-Gitarre und Allzweck-Mixer.
Die Uraufführung vom Okkollo fand am 15. Mai 1968 im Audi-Max der TU statt. An jenem Ort, wo noch im Februar der Vietnam-Kongreß getagt hatte, zu dem Giangiacomo Feltrinelli mit ein paar Stangen Dynamit angereist war und Holger Meins seinen kleinen subversiven Film »Wie stelle ich einen Molotow-Cocktail her« gezeigt hatte. Der Ort also, an dem damals täglich Tribunale und revolutionäre Vollversammlungen stattfanden, auf denen die Studis nicht nur ihre Boykotts und Streiks gegen staubige Talare und unzumutbare Studienbedingungen ausriefen, sondern auch mit dem »Kapital« unterm Arm gegen den Kapitalismus zu Felde zogen und darüber beratschlagten, wie Springer zu enteignen und überhaupt, wie der Staat aus den Angeln zu heben wäre. Revolution lag in der Luft. Mit Bahnsteigkarte!
Mit alle dem hatte das Okkollo nichts zu tun.
Warum wir unsere Sumpf-Oper dennoch an dieser historischen Stätte zum besten gaben, lag einzig und allein daran, daß Dietmar Roberg ein Techtelmechtel mit dem Kulturreferat des Asta hatte. Trivial, aber wahr. Aus lauter Liebe zu Dietmar hatte Antje Vormeier, die Kulturreferentin vom Asta, für »Hoffmanns Comic Teater« das Audi-Max requiriert.
Unerwartetes geschah. Mit dem Okkollo ereignete sich das, was wir unter »Magischem Theater« verstanden. Magisches Theater im Gegensatz zum bürgernah normalen »Theater-Theater«, das seit eh und je angesagten Moden und Trends hinterherhumpelte, um nicht ganz out zu sein. Beim Okkollo hat alles gestimmt und zueinandergepaßt. Selbst das, was unpassend schien: der Ort, die Zeit und das Publikum, die abgespacete

Musik, die skurrile Ausstattung, das rituelle Stück, das sich von den beiden Grimmschen Märchen so weit entfernt hatte, daß es sich nicht mehr nacherzählen ließ, das aber vollständig durchkomponiert war und nach abgezirkelter Choreographie ablief, zu der ein Mann am Klavier – nämlich ich – am Bühnenrand die Stimmen zu allen Figuren sang, während die Darsteller unter ihren Kostümen und Masken schwitzten.
Mag sein, daß das Geheimnis des unerwarteten Erfolgs darin lag, daß das Okkollo weder etwas mit Politik noch mit Lehr- oder Bildungstheater zu tun hatte, sondern allein mit Bildern und akustischen Reizen, die bei den Leuten ins Unterbewußte trafen.
In dem ultravioletten Bühnenlicht verschmolzen Farben, Musik und überdimensionale Requisiten, gigantische Masken und wulstig gepolsterte Kostüme, ritualisierte Bewegungen und Gesten zu einem magischen Spektakel, das sich nicht mit nüchternen, tagtrüben Argumenten zerreden ließ. Nicht einer kam danach an und sagte: »Macht doch Polit-Theater«.
Nicht nur in der Politik, auch in der Kulturszene rumorte es. Vieles lief über die Musik, die am eindringlichsten Emotionen vermitteln und aufheizen kann. Pop- und Rockmusik spielte eine immer größere Rolle. Und die Drogen kamen dazu. Die Dinge begannen sich zu mischen. Psychedelic war angesagt, Politik und Ekstase, Drogen und Meditation. Was sich bei uns mit der Okkollo-Aufführung in der TU mehr oder weniger zufällig ereignete und ohne Zuspruch irgendwelcher Kultur-Heinis sein Publikum fand, verkringelte beim Living Theatre, bei La Mama oder beim Bread and Puppet Theatre bereits zu Kunstgewerbe.
Natürlich sind wir auch mal in die Akademie der Künste gegangen, um uns was von denen anzusehen. Da

gab es Aufführungen, bei denen die Schauspieler über die Rampe kletterten und sich unters Publikum mischten. Sie wedelten mit Räucherstäbchen, stopften einem Brot in den Mund oder massierten einem den Nacken. Man saß unbequem. Unsere Sumpf-Oper war faszinierender, ausgedropter, denn sie war verrückter. Wir spielten mehrere Tage hintereinander. Das Audi-Max war immer ausverkauft, und wir hatten auch ganz gut Kasse gemacht.

Verführt durch den Erfolg in der TU, spielten wir die Sumpf-Oper im Juni noch ein paar Abende im Forum-Theater. Wir holten dafür extra drei Tenöre von der Musikhochschule, die das, was ich zuvor im Audi-Max alleine gesungen hatte, dreistimmig sangen. Es war keine Verbesserung. Im Gegenteil. Auf einmal war's »Kunscht«, und das Okkollo wurde zur nächsten »Experimenta« nach Frankfurt eingeladen.

Für mich war das Theater nicht so wichtig. Ich brachte meine Ideen ein, wollte aber nicht Schauspieler werden. Auch nicht Theaterkomponist. Ich wollte Rockmusiker werden, in der eigenen Band spielen.

Ich besaß aber weder Verstärker noch Gelegenheit zum Proben. Und bei der Band gab's auch noch ein paar vakante Stellen. Lanrue würde Schlagzeug spielen. Aber es war kein Schlagzeug da. Dietmar wäre ein akzeptabler Bassist gewesen. Doch er wollte Stücke schreiben und weiter Theater machen. Und es fehlte ein zweiter Gitarrist.

Lanrue begann, Gitarre zu lernen und eigene Songs zu schreiben. Französische Texte, die er mit der Revox aufnahm. Bevor er nach Deutschland kam, hatte er schon drei Jahre in Grenoble im Lycée Champollion die Schulbank gedrückt. Von dort hatte er sein französisches Lesebuch mitgebracht. Die Texte seiner Songs montierte er aus Zeilen von Baudelaire, La Fontaine oder Arthur Rimbaud. Nun mußte ich damit klarkommen, daß es noch einen gab, der komponierte. Bis dahin hatte ich auf diesem Gebiet das Monopol gehabt. Immer häufiger lieh sich Lanrue die Revox aus. Die machte es möglich, mehrere Instrumente aufzunehmen, Spuren zu doppeln und darauf zu singen. Das war zwar nicht schallplattenreif, aber man lernte, zu arrangieren. Die Revox war eine Art Konservatoriumersatz.

Ich habe sie oft angestellt, auf Aufnahme gedrückt und – ohne Anspruch – irgend etwas auf dem Klavier oder der Orgel geklimpert und Wochen später daran weiter herumgedoktert. »Alles verändert sich« ist so entstanden oder der endgültige, dann auch auf Platte eingespielte Riff zu »Macht kaputt, was euch kaputt macht«, der ursprünglich für die Hoser-Inszenierung »Nacht der Puppen« von Arrabal gedacht gewesen war. Trotz der vielen verschiedenen Dinge, die nebenherliefen, konnte ich noch meine eigenen Sachen machen. Komponieren, Improvisationen aufnehmen und Texte, meist englische, schreiben.

All das kam auf Halde und konnte bei Bedarf abgerufen werden – für den »Drehorgelwalzenwelthit« zum Beispiel. Ich gab Peter Demobänder mit englischen Sachen, und er schrieb deutsche Texte drauf. Oder umgekehrt. Oder er gab mir Texte, zu denen ich nur noch die passenden Kompositionen aus meinem Revox-Archiv zu suchen brauchte.

Für die fertigen Songs zu Drehorgelwalzenwelthit mußte eine Filmband gefunden werden. Eine der Bands, die in die engere Wahl kam, war »Tangerine Dream«, die damals noch nicht so hieß, aber Edgar

Froese war schon ihr Anführer. Gunther Bennung kannte ihn. Als wir uns trafen, meinte Edgar Froese, ein guter Musiker müsse immer seiner Zeit voraus sein und dürfte sich nicht danach richten, was die Leute hören wollten. Ich war anderer Meinung, denn ich wollte Musik machen, die Millionen gefiel. Als Froese sich meine Demos anhörte, meinte er: »Das ist alles schön und gut, du wirst bestimmt irgendwann gute Musik machen, aber vorher solltest du mal Haschisch rauchen.«
Wie's der Zufall wollte, hatte Gunther Bennung ein Krümelchen Shit in seiner Wohnung herumliegen. Wir verabredeten uns bei ihm für den nächsten Samstagnachmittag. Alles war bestens vorbereitet, die Vorhänge zugezogen. Grüner Tee simmerte auf dem Stövchen, Räucherstäbchen qualmten. Aus einer Stuyvesant wurde der Joint gebaut. Das Ritual, das eingehalten werden mußte, wurde erklärt. Licht aus, Kerze an und »Vanilla Fudge« aufgelegt. Lanrue, Gert, Dietmar und ich zogen zum ersten Mal in unserem Leben an einem Joint. Und der hatte es in sich. Keiner von uns behauptete danach: »Ich spür nichts!« Ein so intensives Erlebnis auf Shit gibt's nicht oft! Es war, als würde ein Fenster geöffnet oder ein Schleier weggezogen. Auf einmal sah ich ganz klar den Irrsinn der Welt. Was später von vielen Leuten als Fluchtmöglichkeit benutzt und mißverstanden wurde, wurde für mich genau das Gegenteil. Nicht Flucht aus der Welt, sondern eine Möglichkeit, sich mit der Welt und ihrem Wahnsinn auseinanderzusetzen. Haschisch war nun das neue Medium. Andere Drogen kamen erst mal nicht in Frage. Kiffen reichte aus. Fixen war nie mein Ding, und LSD flößte mir noch Respekt ein.
An dem Samstagnachmittag hörten wir uns noch Wil-

son Pickett auf »Let's Soul« an. Daß man Musik auch sehen konnte, hatte ich bis dahin nicht gewußt. Ich sah nun die Chöre, sah die Noten, jeden Ton, sah Wiesen Felder und Wälder, Bilder aus meiner Kindheit in eigenartigen Traumfarben. Von jetzt ab nahm ich die Musik anders wahr, sah die Melodien und Arrangements. Ich staunte immer wieder, wie bewußt die Musik, die ich von nun an als Shit-Musik erkennen konnte, gemacht war. Die Beatles rauchten und die Stones und die Beach Boys und Dylan. Alle! Ohne Drogen keine Rock-Musik.

Das war wie eine Erleuchtung und bekam kommunikative Bedeutung, weil auf einmal klar war, daß viele Leute aus dem Bekanntenkreis längst am Kiffen waren. Plötzlich hatte man einen Blick dafür, bei wem das gute Dope im Pfeifchen glühte. Gert und ich wurden überzeugte Kiffer. Peter nicht.

Unser Ding begann zu zerfleddern. Was unter anderem auch daran lag, daß Peter ständig mit fertigen Sachen ankam, die er durchsetzen wollte. Zwei Welten prallten fortwährend aufeinander. Gunther Bennung, der für kreatives Ambiente sorgen oder als Supervisor hätte vermitteln müssen, stellte sich als Windei heraus und ging auf Weltreise. Später konnte man seinen Namen auf den Plakaten zum Musical »Hair« lesen, in dem er die Hauptrolle spielte.

Bevor wir im Sommer in gegenseitigem Einverständnis vorübergehend auseinandergingen, mußten wir noch unsere Arbeitsverträge bei der UFA erfüllen. Die Studio-Band, die die Playbacks einspielen sollte, war immer noch nicht vollständig. Im stillen hoffte ich, der fehlende Gitarrist würde Harald heißen und aus Niederroden kommen.

Doch der Studiotermin rückte immer näher, und mein Traumkandidat sagte ab. Die Zeit drängte. Das war die Gelegenheit für Dietmar, mich mit den »Four Kings« zu verkuppeln, vier Profimusikern, die Bamberg und Umgebung mit Tanzmucke abdeckten und davon leben konnten. Die suchten einen Sänger und zweiten Gitarristen. Harald Hutzel, ihr Solo-Gitarrist, der wie Dietmar aus Memmelsdorf bei Bamberg stammte, kam für die Studioaufnahmen nach Berlin.
Die Proben fanden im Vorführsaal der UFA in Tempelhof statt, die Vollplaybacks wurden in Halensee aufgenommen. Wie üblich wurde Peter mit den meisten seiner Texte erst auf dem letzten Drücker fertig, so daß ein Teil der Playbacks mehr oder weniger aus dem Stand aufgenommen wurde. Dennoch – oder gerade deshalb – wurden die Aufnahmen gut. Das meinte auch ein gewisser Dr. Alfred Biolek, den das ZDF aus Mainz nach Berlin geschickt hatte, um sich um die Sache zu kümmern.
Drehorgelwalzenwelthit sollte ein ganz großer Knüller werden und war im ZDF zur Chefsache erklärt worden. »Wir müssen etwas für die Jugend tun!« Überall brodelte und kochte es, nur im Fernsehn lief samstagsabends immer noch »Der goldene Schuß« mit Vico Torriani.
Die Story von Drehorgelwalzenwelthit basierte auf unseren Erlebnissen und Erfahrungen mit den englischen Managements während der Beat-Oper. Ein Drehorgelwalzenbauer erfindet eine Drehorgelwalze, auf der *der* Welthit ist. Der Drehorgelwalzenbauer stirbt. Seine Tochter erbt die Walze. Das spricht sich rum. Alle wollen den Welthit haben, der wird gejagt. Das Mädchen weiß von nichts und verliebt sich in einen armen Schlucker, der in einer Beatband spielt ...

So ungefähr lief der Plot.
Warum aber das ZDF auch noch Ilse Werner, die berühmte Pfeife, ins Studio schickte, um die Bänder abzuhören und anschließend – etwas zu übertrieben – dem jungen, begabten Komponisten für seine wunderbaren Lieder zu gratulieren, das war mir ein Rätsel. Was hatte die damit zu tun? Ilse Werner kam aus einem Aquarium, das schon längst umgekippt war.
Drehorgelwalzenwelthit wurde ein ähnliches Fiasko wie die Beat-Oper. Nur, daß es uns dieses Mal kein Geld kostete, sondern noch welches einbrachte.
Bei der Besetzung der Hauptdarsteller hatte die Produktion kein glückliches Händchen gehabt. Der ausgehungerte Beatmusiker wurde von Cosimo Villander – ich weiß nicht, war er der Sohn oder der Gespiele der Mode-Erotik-Fotografin Ika Villander? – dargestellt. Eine Fehlbesetzung. Ferner wirkten noch Dunja Raiter, Karl Dall und die anderen Insterburgs mit. Für die fiktive Filmband, die im Film »Galaxis-Band« hieß, waren die »Hounddogs« engagiert worden, eine Berliner Soul-Band, die gerade im Niedergang begriffen war. Auch sie kein Publikumsmagnet. Der einzige Lichtblick war Wolfgang Petersen – oder war es Jörg Baldenius? –, der mir von der Produktion bei den Gesangsaufnahmen zur Seite gestellt worden war und der gute Tips verteilte.

Im Umfeld der »Hounddogs« kam es zu Kontakten mit Kleinganoven, Dealern und Bohemiens mit anarchistischen Tendenzen. Hannibal gehörte dazu, eine überzeugende Figur, Berliner Schnauze. Immer lustig, immer strahlend, immer positiv und explosiv. Hannibal war der erste Mensch, den ich kennenlernte, der Opium geschossen hatte. Später bildete er mit Happy-

Dieter, dem Bassisten der »Hounddogs«, den harten Kern der »umherschweifenden Haschrebellen«. Sie tauchten auch bei Teach-Ins auf und hatten bereits begriffen, was in der Rockmusik ablief und daß sie zu der ganzen Bewegung dazugehörte. Die Beatles waren inzwischen salonfähig geworden. Auch bei Studenten wurde schon mal »Lovely Rita« auf den Plattenteller gelegt. Aber in der harten Polit-Szene hatte diese Musik noch immer keinen Stellenwert. Es war nicht klar, ob die Pop- und Rockmusik und auch die Drogen in dem Kampf überhaupt eine Rolle spielen dürften. Nur in der Fraktion um Hannibal und Happy-Dieter war längst klar, daß das alles zusammengehörte. »High sein, frei sein, Terror muß dabei sein!« und ähnliche Sprüche standen auf ihren Spickzetteln. Solche Parolen wurden aber von den harten Polit-Machern als falsch gebrandmarkt und auf den Index gesetzt.
Wir gehörten eigentlich nirgendwo hin. Weder in die Polit-, noch in die reine Künstler-Kultur-Ecke. Ich selbst fühlte mich höchstens zu den Drogenleuten wie Hannibal oder Happy-Dieter hingezogen. Nicht zu den Studenten. Zwar waren deren Feinde auch meine Feinde. Und in gewisser Weise bewunderte ich, daß sie sich trauten, für ihre Meinung auf die Straße zu gehen. Springer weg war o.k. Aber sonst? Bei den Demos, an denen ich teilgenommen hatte, fand ich niemanden, den ich anziehend gefunden hätte.
Ich packte meine Revox ein und fuhr zu meinen Eltern nach Nürnberg. Dort entschloß ich mich, das Angebot von Dietmar Robergs Memmelsdorfer Lieblingsband anzunehmen. Die »Four Kings« suchten noch immer einen Sänger. Wie's der Zufall wollte, war ihnen jetzt auch noch der Schlagzeuger durchgebrannt. Das war die Gelegenheit für Lanrue, in Berlin ebenfalls die Kof-

fer zu packen und bei den »Four Kings« in Bamberg als Schlagzeuger einzusteigen. Daß schließlich aus der Sache nichts wurde, lag daran, daß es jetzt »Five Kings« waren, unter denen die Gage hätte aufgeteilt werden müssen. Und da drei Kings auch noch heiraten wollten, brauchten sie das Geld. Wir verzichteten. Außerdem wollten wir eine eigene Band haben.
Hals über Kopf mußte Lanrue zurück nach Niederroden. Es bahnte sich dort eine Tragödie an. Lanrues Mutter starb an den Folgen einer Lungenembolie, der medizinischen Fehleinschätzung und Falschbehandlung des Hausarztes Dr. Heiduck! Für die Familie Steitz konnte es kein Trost sein, daß durch das Unvermögen dieses Arztes bereits andere Menschen, deren Angehörige nun aussichtslose Prozesse gegen Arzt und Ärztekammer führten, gestorben waren. Doch dem nicht genug. Da Lanrues Vater es sich nicht leisten konnte, seine Arbeit aufzugeben, um sich um seine Kinder zu kümmern, begann der deutsche Amtsschimmel zu wiehern und schlug erbarmungslos mit Paragraphen, Bestimmungen und Anordnungen zu. Weiteres Unheil konnte nur dadurch verhindert werden, daß Lanrue, der bereits volljährig war, sich bereit erklärte, die Aufsicht über seine jüngeren Geschwister zu übernehmen und den Haushalt zu führen.
Um mich herum versank alles in Dunkelheit. Unser gemeinsames Projekt, die eigene Band, eigene Musik, lag auf Eis.

3

Zurück in Berlin. Gert war die treibende Kraft, unsere graue Eminenz. Er hielt die Fäden in der Hand, ohne daß wir es merkten. Auch jetzt hatte er länst Witterung aufgenommen, an einem Ort, wo scheinbar die Zeit stehengeblieben war, wo die Geschichte ihre Ungereimtheiten auf Mauern, Häuserfassaden und in die Menschen gekratzt hatte: Kreuzberg. Ich war vorher nie dort gewesen. Ein Arbeiterbezirk am Arsch der Welt. Kreuzberg war aber nicht Berlin! Kreuzberg war Kreuzberg. Es gefiel mir sofort.

Ich war nie berlinbegeistert gewesen. Berlin war für mich eine Stadt wie Offenbach.

Was ich aber interessant fand, war die Bahnfahrt vom S-Bahnhof Schöneberg zum S-Bahnhof Savignyplatz, wenn ich tagsüber zum Forum-Theater zur Probe und abends zur Vorstellung mußte. Von der S-Bahn hat man einen speziellen Blick auf Berlin. Ich begann, bestimmten Ecken dieser Stadt etwas abzugewinnen. Die S-Bahnhöfe an sich haben schon das gewisse Etwas, und die Gegenden, durch die die S-Bahn fährt, sowieso. Berlin von hinten. Ich war S-Bahn-Fan. S-Bahn fahren war allerdings allgemein verpönt. Die gehörte nämlich dem Osten, und der war rot und böse. Nur Penner und Säufer fuhren S-Bahn. In den Zügen herrschte immer gute Stimmung. Die Flasche ging rum, Zigaretten wurden geschnorrt, und man quatschte miteinander.

Anfang Januar '69 gab's erst mal einen Umzug. Wir zogen aus einer kleinen Ladenwohnung in der Dresdener Straße eine Straße weiter in die Oranienstr. 47, erster Hinterhof / Quergebäude, dritter Stock, eine Fabriketage. Unsere Oranienburg. Dort war Treffpunkt

und Probenraum, die Zentrale des »Hoffmans Comic Teater«. Dort wurde gesponnen, geplant, geprobt, über die aktuelle Weltlage diskutiert und gekifft.
An unseren Spinnereien beteiligte sich auch Norbert Krause. Er war über den Weg der Kifferei zu uns gestoßen und wollte mit seiner Freundin Karin bei uns mitmachen.
Norbert Krause stammte aus Bonn. In dem langen Ledermantel, den er immer trug, sah er wie ein Charakterdarsteller aus. Er hatte eine große Klappe und lachte über seine eigenen Witze. Er wollte hartes Polittheater machen und verbreitete auch gleich entscheidende Parolen: »Habt Mut zu kämpfen, habt Mut zu siegen« oder »Worte können uns nicht retten, Worte sprengen keine Ketten, die Tat allein macht frei!« oder »Macht kaputt, was euch kaputt macht!« Wo er die Sprüche her hatte, fragte ich ihn nicht. In seinem Schlepptau landeten zwei junge Menschen bei uns, ein Pärchen, das ihm aus Bonn nach Berlin gefolgt war, Rolli und Georgie. Beide fixten. Beide noch keine sechzehn.
Ich habe mich über beide Ohren in Georgie verknallt. Wir zogen nach Moabit, in die Wohnung meiner Großeltern. Zwei Zimmer, Küche, Bad, komplett möbliert. Tiergarten-Opa war im Januar gestorben. Oma zog zu Tante Lolo und Onkel Robert.

Peter wollte bei der »Experimenta« in Frankfurt noch mal das »Okkollo« geben. Es war nicht zu übersehen, daß er sich dadurch erhoffte, endlich die Scharte der Beat-Oper auswetzen zu können. Er wollte den Segen von »Theater heute«. Gert und ich nicht. Dietmar stand dazwischen. Es war sein Stück, aber er wußte nicht, wer von uns den richtigen Kurs fuhr. Er begann zu schielen. Welche Möbius-Partei hatte die wirtschaftlichere Perspektive?

Wir wollten etwas machen, was mit den Menschen um uns zu tun hatte. Agitationstheater war uns zu wenig lustig, zu wenig sinnlich, zu wenig volksnah und viel zu belehrend. Wir wollten ein Theater, in dem die Leute, vor allem die jungen Leute vom Kiez, etwas wiederfanden, das mit ihnen zu tun hatte. Der kritische Unterbau sollte nicht fehlen. Außerdem sollte es »Experimenta«-tauglich sein, wegweisend.
An einem Nachmittag kasperten Gert und ich »Rita & Paul« aus, eine Liebesgeschichte nach Courths-Mahler-Muster, in der der Klassenkonflikt vorkam, Jugend und Alter, das Alte und das Neue. Was die Einfachheit der Geschichte betraf, unterschied sie sich nicht allzusehr von den Sachen, die das Hoffmans Comic Teater vorher gemacht hatte, nur daß es sich dieses Mal nicht um eine Geschichte aus einem Science-fiction-Roman oder ein Märchen handelte, sondern um eine Begebenheit aus dem Hier und Jetzt.
Die Schülerin Rita, Tochter des Kettenfabrikanten Kobra, verliebt sich in Paul, Sohn eines Arbeiters, die beide bei dem Kettenfabrikanten arbeiten. Rita kriegt Krach mit ihrem Alten, weil sie in Religion nur eine »3« im Zeugnis hat. Sie will mit Paul nach Alaska durchbrennen – »was besseres als Alaska gibt es nicht«. Dazu kommt es nicht. Im Radio wird gerade ein Bild-Zeitungskommentar von Mathias Walden gesendet: *»... man darf die ganze Drecksarbeit nicht der Polizei und den Wasserwerfern überlassen. Schlafen unsere Richter? Schlafen unsere Politiker? Wie lange wollen sie noch zusehen, daß unsere Gesetze mißbraucht werden? Unsere Jung-Roten sind inzwischen so rot, daß sie nur noch rot sehen, und das ist gemeingefährlich. Stoppt ihren Terror jetzt!«* – Paul gerät darüber so in Rage, daß er den Radio-Apparat zertrümmert. Aus

Alaska wird nichts. Rita und Paul verbarrikadieren sich in der Wohnküche von Pauls Eltern. Der Fabrikant und Pauls Vater rufen gemeinsam nach der Polizei und stellen so die Ordnung wieder her. Paul bekommt sein Fett ab und muß für ein paar Tage in den Knast. Rita geht zurück zu ihren Alten, Paul und sein Vater werden aus der Firma gefeuert. Pauls Vater: »Ich hab getan, was ich konnte.«

Da ich von der Theatermusik weg wollte, stand der formale Rahmen von »Rita & Paul« bereits fest. Song, Szene, Song, Szene und so weiter. Nach dem Motto: »Was vorher gespielt wurde, wird nochmal in einem Song abgehandelt, und dazu haben wir jetzt noch ein Lied.« Wobei die Songs auch für sich alleine stehen konnten. Prinzip Moritat.

Der Ablauf wurde in sechs sketchähnliche Szenen gebracht, denen jeweils ein lockeres Storyboard zugrunde lag, in dem, neben Anfang und Ende, ein paar Punkte vorgegeben waren, an die man sich während des Spielens halten mußte. Verabredete Stichworte, bestimmte Sätze mußten kommen, um zu vermeiden, daß das Ganze im Endlosen versackte und auch, um dem Zuschauer ein paar Verständnishilfen zu geben, damit er nicht zu sehr im Dunkeln tappte. Es gab also keine festgelegten Dialoge. Die sollten je nach Einfall und Situation improvisiert werden.

Außerdem planten wir für Frankfurt tagsüber Straßen-Aktionen und wollten dafür Ereignisse, von denen wir morgens in der Zeitung gelesen hatten, als thematische Vorlagen nehmen. Improvisierte Tragikomödien des alltäglichen Wahnsinns. Damit hatten wir Peter sein Stichwort geliefert. Improvisieren! Improvisationstheater fand er gut. Er ging sogar noch einen Schritt weiter. Er kam mit der Theorie, daß alles Thea-

ter wäre. Warum überhaupt auf einer Bühne spielen? Warum nicht gleich in freier Wildbahn? Warum nicht zum Beispiel in der U-Bahn, auf dem Bahnhofsklo, im Arbeitsamt oder an irgendeiner Straßenecke, mit den mitgebrachten Requisiten aus einer beliebigen Situation heraus spontan irgendeinen Zirkus abziehen, einen Menschenauflauf anzetteln? Das gefiel uns.
Auch »Rita & Paul« sollte mit Masken gespielt werden. Wir waren ja keine so dollen Schauspieler. Die wurden wir erst, wenn wir Masken aufhatten. Ich selbst hatte allerdings keine große Lust auf Masken. Deshalb bekam ich bei den Straßen-Aktionen die Rolle des unbeteiligten Zuschauers, der das Publikum dazu animiert, sich in die Spielszenen einzumischen, die wir an irgendeiner Straßenecke zum besten geben würden.
Zuerst sollten Norbert Krause und seine Freundin Karin die Rollen von Paul und Rita spielen. Vierzehn Tage Quälerei. Es gab keinen Krach und keinen Streit. Auf einmal waren wir wieder unter uns. Das hieß für die Besetzung: Gert spielte Rita, Dietmar Pauls Vater, Peter Pauls Mutter und den Fabrikanten, und ich spielte Paul.
Während der Proben komponierte ich die Musik und schrieb die Songtexte. Nicht alle waren von mir. Von Norbert Krause stammte der Text zu »Macht kaputt, was euch kaputt macht«. Er schrieb ihn nach einem Song von mir, der vor Jahren in Niederroden unter dem Einfluß von Bob Dylans »Subterranean Homesick Blues« entstanden war: »Bombs are falling/Tanks are rolling/Soldiers dying/Men are crying/It is a good time ...« Norbert Krause macht daraus: »Bomber fliegen, Panzer rollen, Polizisten schlagen, Soldaten fallen, die Chefs schützen, das Recht schützen, den Staat schützen, vor uns – macht kaputt, was euch kaputt

macht!« Außerdem gab es ein Liebeslied an Alaska, die Arie der Eltern und des Chefs und ein Loblied auf die Polizei. Von Gert stammte der Text für »Alles verändert sich«. Insgesamt sieben Titel, von denen einige später bei den »Scherben« wieder auftauchten.
Ab nach Frankfurt. Lanrue, der ja nach dem Tod seiner Mutter in Niederroden geblieben war, hatte drei Tage Zeit, sich die Songs drauf zu schaffen. Auf einmal war er wieder drin in der Sache. Geprobt wurde draußen in Bonames, wo wir in einem Jugendhaus der Stadt Frankfurt untergebracht waren.
Dort fand auch unser erster Auftritt statt. Wir hatten bei den »Experimenta«-Veranstaltern durchgesetzt, »Rita & Paul« nicht im »Theater am Turm« oder auf den Städtischen Bühnen, sondern in den Jugendhäusern in Bonames, im Gallus, im Industriehof, in der Nordweststadt oder in Fabriken zu spielen. Vor dem Publikum der Kultur-Ghettos wollten wir nicht auftreten. Die hatten ihren Bazon Brock und Joseph Beuys. Auch beim Frankfurter SDS hatte Gert nachgefragt, ob sie sich bei der Sache dranhängen wollten. Aber K. D. Wolff meinte nur, daß bei ihnen an kommunaler Lehrlingsarbeit kein Interesse bestünde, sie würden in anderen Dimensionen denken und planen.

Auftritt Nordweststadt. Eine Betonburg aus Garagen, Kaufhäusern und Wohnblocks, mittendrin das Bürgerhaus mit Jugendwartesaal. Um halb acht trudelten die ersten Zuschauer ein. Finstere Gesellen, Rocker mit ihren Rockerbräuten. Sie belegten die ersten drei Stuhlreihen, spritzten mit Bier und kritisierten unser spärliches Bühnenbild. Dann kamen die gekämmten Lehrlinge und Schüler, dann die Mitglieder der Schüler-Basisgruppe von der Ernst-Reuter-Schule. Die letzten wa-

ren ein paar Experimenta-Leute, Kulturjournalisten, die sich hinten, nahe der Tür aufhielten.
Bevor es los ging, nahmen Dietmar und ich einen tiefen Schluck aus der Martini-Rosso-Flasche. Ich reichte die Flasche weiter und rief damit besonders in den ersten drei Reihen Sympathie hervor. Alkohol war im Jugendhaus verboten. Nach der ersten Szene und dem ersten Lied, »Chef-Song«, wußten wir: das Ding funktioniert. Unsere Verstärker machten wunderbaren Krach. Daß die Texte nicht klar zu verstehen waren, lag in der Natur der Sache. Rockmusik ist nun mal Krach. Nach der Szene, in der ich das Radio zertrümmerte – für jede Vorstellung mußte ein neues beim Trödler gekauft werden –, mit blutigen Händen Gitarre spielte und »Macht kaputt, was euch kaputt macht« sang, war endgültig gewonnen.
Das war aufmüpfig, aggressiv und zum Lachen. Männer in Frauen-Klamotten kommen immer an. Bei den Rockern hätten wir keine Chance gehabt, wären wir mit dem Zeigefinger gekommen. Den erhoben andere. Nach Ende der Vorstellung stürzte sofort einer von der Basisgruppe ans Mikrofon und wollte diskutieren. Es tat sich aber nichts. Also begann er zu monologisieren, etwa so: Theater könne zwar als Ideologieträger sozialistisches Bewußtsein in die Massen tragen, aber Theater könnte nicht die Politik ersetzen. Tralala. Bevor der Satz noch länger wurde, standen ein paar Rocker auf, drängten den Polit-Hering zur Seite, »Laß uns mal!«, schnappten sich unter großem Hallo der anderen Rokker die Klamotten, die rumlagen, ein paar Requisiten, setzten die Masken auf und spielten »Bei uns im Betrieb ist blauer Montag«, eine Szene aus ihrem Alltag: Zwei Typen gehen zum Chef und fordern die Aufhebung des Rauchverbots.

Nun war wieder Stimmung in der Bude. Die zwei Rokker hinter ihren Masken liefen zur Hochform auf. Das kam besser an, als das, was wir vorher gemacht hatten. Aber nicht bei der Basisgruppe: »Rauchverbot oder nicht, das ändert nicht viel an eurer Lage!« Sie forderten Diskussion. Den Rockern gefiel das nicht: »Spielt mit oder haut ab!« Die Basisgruppe zog sich zur Beratung zurück.
Zwei andere Rocker verkleideten sich, kletterten auf die Bühne und legten los. Dieses Mal ging es darum, ob ein Arbeiter die Tochter des Chefs heiraten könnte. Doch auch diese Szene fand ein abruptes Ende. Denn die Rocker im Saal hatten ihre Zielgruppe entdeckt: die Experimenta-Gäste. Es wurde handfester. »Ihr seid doch genau die Typen, die gemeint sind!« sagte der Rockerboß zu einem Zuschauer, der, von weit hergereist, neugierig darauf war, andere theatralische Kommunikationsformen kennenzulernen. Der Zuschauer: »Du willst wohl auch zeigen, wie stark du bist?« »Ja!« antwortete der Rocker.
Die Frankfurter Nordweststadt-Rocker hatten uns die Augen geöffnet. Wir entdeckten, daß, wenn »Rita & Paul« zu Ende war, die Geschichte erst richtig anfing. Bei der nächsten Vorstellung haben wir das dann schon selber angeboten. Es kamen immer welche, die sich am Schluß die Masken aufsetzten, zu spielen anfingen und damit andere nachzogen. Auf diese Weise redeten sie über ihre Situation, spielten vor, was zu Hause los ist, wie's auf der Arbeit läuft oder zu was Lehrlingsheime zu gebrauchen sind: »Wer Selbstmord machen will, geht nach Höchst ins Lehrlingsheim!«
Im Hintergrund saßen immer irgendwelche Herrschaften von Presse, Funk und Fernsehen, die sich das angeguckt haben und die dann ganz erstaunt nach Hause

gingen, um ganz erstaunliche Sachen darüber und über uns zu schreiben.
Tagsüber gingen wir auf die Straße. Die Leute blieben stehen, es bildeten sich Menschentrauben, und wenn sie dann anfingen, sich untereinander über die Sache in die Haare zu kriegen, war das Klassenziel erreicht. Wir packten unsere Sachen ein und suchten uns eine neue Ecke oder gingen einen trinken.
Ein paar dieser Aktionen sind dadurch zustande gekommen, daß der Hessische Rundfunk von uns Live-Interviews haben wollte. Dazu hatten wir keine Lust. »Kommt mit eurem Ü-Wagen da oder dort hin, wir spielen dann eine Szene, ist doch viel besser als ein Interview.«
Wir dachten uns die Szene »Mercedes fährt Fahrradfahrer übern Haufen« aus. Es war kein Problem, bei der Mercedes-Vertretung gegenüber vom Frankfurter Hof einen 220er Coupé zu bekommen, war ja Werbung für die. Die Szene wurde auf dem großen Parkplatz vor der Ruine der Alten Oper gespielt: Ein Unternehmer (Peter) hat's eilig und drängt seinen Chauffeur (Dietmar), auf die Tube zu drücken. Als der Wagen aus der Parklücke fährt, kommt ein Fahrradfahrer (Gert) unter die Räder. Der Unternehmer will weiterfahren, der Fahrradfahrer will Schmerzensgeld. Der Chauffeur versucht, den Mann zu beschwichtigen, was nicht gelingt, der Unternehmer steigt aus dem Auto und knallt dem Fahrradfahrer eine. Als der Unternehmer dem Radfahrer eine runterhaut, mische ich mich als Zuschauer ins Spiel ein und haue dem Unternehmer eine rein. Nun griffen auch die anderen Zuschauer zu.
Die ganze Szene dauerte fünf Minuten und wurde live in der Hessenschau gesendet. Am nächsten Tag kam ein Polizist zu uns, als wir gerade »Klauen im Kauf-

haus« in der B-Ebene der Hauptwache vor dem Kaufhof-Eingang spielten, der sagte: »Ich hab eure Sendung gesehen. Stimmt, Mercedes-Fahrer sind so!«
In Frankfurt habe ich zum ersten Mal am eigenen Leib erfahren, was für eine Wirkung man mit freigesetzten Emotionen erzielen kann. Das war der Kick. Das Ende dieser Geschichte wurde die Gründung von »Ton Steine Scherben«.

4

Anfang Juni war ich wieder zurück auf der Erde, in der »selbständigen politischen Einheit Westberlin«. Zusammen mit Georgie in Oma-und-Opas Wohnung mit wunderbarem Blick auf die Moabiter Kaserne der Bereitschaftspolizei, wo die Jungs schliefen, soffen, sich Helden- und Greueltaten und Weibergeschichten erzählten und – scharf gemacht – auf die nächste Demo warteten, auf den erlösenden Befehl: »Knüppel frei!!! Männer!«.
Wir beide tapsten oben in der Wohnung umeinander wie zwei Kater, die nicht genau wissen, was sie voneinander wollen. Um acht Uhr morgens weckte mich Georgie mit einem Joint, an dem ich wochentags der guten Sitten wegen nur kurz zog. Ich wußte, so zwischen elf und zwölf konnte jederzeit Tante Lolo vom Einkaufen vorbeikommen. Ich lag dann schon angezogen auf dem Bett, sprungbereit, um, wenn ich sie mit dem Schlüsselbund an der Tür nesteln hörte, aufzuspringen, die Flügeltüren des Schlafzimmers zu schließen und ihr ein freundliches »Guten Morgen« zu wünschen.
Tante Lolo nahm die Unordnung um sie herum gar nicht wahr. Sie war eher froh, dem preußischen Regi-

ment ihrer Mutter und der besinnlich ostpreußischen Cognac- und Zigarren-Diktatur Onkel Roberts für ein Viertelstündchen entschlüpft zu sein. Ihretwegen hätte die Küchenspüle voller Fixen sein können und im Kleiderschrank ein Munitionslager. Stuyvesant mußten sein – ein, zwei, drei –, schnell geraucht. Dabei erzählte sie, wie's Oma ging und was es heute für sie noch zu tun gäbe. Ziemlich genau nach fünfzehn Minuten bekam sie den ersten Schluckauf. »Na!« Dann den zweiten. »Ja doch!« Dann den dritten. Nun war Schluß! »Ja doch, Mutter! Ich komm ja schon!« und »Tschüß«!
Georgie war derweil wach geworden und machte sich mit dem zweiten Joint den Tag zum noch besseren Freund. Ich machte Frühstück.
Mein Problem war nicht so sehr, daß Georgie kein Geld ranbrachte. Er wußte einfach nichts mit sich anzufangen. Vor allem rührte er kein Instrument an. Dabei war alles in der Wohnung vorhanden. Gitarren, Baß, ein kleiner Verstärker und natürlich die Revox, dieses Wunderwerk der Technik, mit der man nicht nur x-mal mit sich selbst singen oder spielen, sondern auch gleichzeitig kosmische Hall- und Echoeffekte erzielen konnte. Was besonders gut ankam, manchmal auch bei den Nachbarn, wenn man so richtig vollgedröhnt war. Aber Georgie zog es vor, davon zu träumen, wie es wäre, wenn er Musik machen würde, und was das dann für 'ne wunderbare Musik wäre.
Und dann wollte er zurück zur Fixe. Ich wurde von Tag zu Tag mehr zu seinem privaten Sozialarbeiter. Doch er wollte keinen Streetworker und ich keinen Sozialfall. Eines Tages blieb er ganz weg, und ich mußte meine Eifersuchtsszene ohne Partner geben. Im Wohnzimmer, dem jetzt leeren Festsaal der rauschenden Fami-

lienfeten meines Opas, Paul Möbius. Bekifft und besoffen.
Ich sah die Glasvitrine, in der immer noch die Reliquien der Ehe meiner Vorfahren Rosa und Paul schwammen. Reiseandenken, Geburtstags- und Hochzeitsgeschenke. Ein Kranz von der silbernen, ein Kranz von der goldenen Hochzeit. Postkarten aus der Sächsischen Schweiz, aus dem Fichtelgebirge. An der Wand vor mir das Bild einer märkischen Spätsommerlandschaft, ganz vorne ein frischgemähtes Getreidefeld, auf dem sechs Gruppen Ährengarben ängstlich zusammengedrängelt miteinander flüstern. Zwischen ihnen auf dem freien Stoppelfeld ein Loch, groß wie ein Teich. Aber es war kein Teich. Es war ein Loch und wurde immer größer. Fast wär ich reingefallen. Und dann hörte ich, wie irgend jemand sagte: »Das war der Krieg«. Richtig, das war der Krieg gewesen, ein Granatsplitter hatte mitten in das gerade geerntete Getreidefeld eingeschlagen. Familienlegende. Vater hatte es geflickt und versucht, zumindest die Farbe des Feldes zu treffen. Aber so ein Loch läßt sich nicht flicken. Es war ein Loch in der Phantasie. Einen Kiffer kann keiner beschummeln. Ich mußte lachen und lachen und lachen. Wenn er seine Taucherbrille aufsetzt, erkennt er jeden Betrug. Taucherbrille! Welch ein Wort! Ich war ein großer Fisch, der in einem verwaisten Aquarium auf dem Sofa saß und aus seiner Wasserpfeife traurige Blasen nach oben blubbern ließ, weil sein Fischfreund ihn verlassen hatte. Klar! Georgie war Fisch. 10. März! Und die Sirenen heulten. Die Hai-Kaserne nebenan hatte einen großen Fischzug vor.
Am nächsten Tag packte ich eine Einkaufstüte und nahm den Bus zum Oranienplatz. Der Wind hatte gedreht.

Gert und Ilse beschlossen, mit ein paar Leuten aus Ilses Kinderladen nach Diano Marina zu fahren. Diano in Ligurien. Ligurien in Italien. Sie hatten nichts dagegen, daß ich und meine Revox solange die Oranienburg hüteten, unsere Fabriketage.
Die nächsten drei Wochen waren die ersten meines Lebens, in denen ich wirklich alleine war. In dieser riesigen Fabrik-Etage. Alleine! Das war eine gute Zeit. Ich hatte nur kein Geld. Alle, die ich hätte anpumpen können, waren ausgeflogen. Es blieb nur Oma / Neukölln. Die freute sich, wenn ich kam, stopfte erst mich und dann noch zwei »Kaisers«-Tüten mit Essen voll, außerdem gab's noch mindestens zwanzig Mark auf die Hand.
Die Ernährungslage war also nicht aussichtslos. Die Drogenlage schon. Ab und zu taperte ich in die Zwinglistraße nach Moabit zurück, wo Lienhardt Brunner in einer Ladenwohnung mit ausgebautem Keller wohnte, ein Bekannter aus der Forumtheater-Zeit. Das hat mir sehr gefallen. Falltür auf, Treppchen runter und rein in die Drogenhöhle, genauso, wie es sich der Bild- und B.Z.-Leser vorstellte. Allerdings fehlten in Lienhardts Höhle die nackten Leiber, die unermüdlich das Tier mit den zwei Rücken spielten.
Wenn er in seinem tiefen Keller high war, und meistens war er dort unten sehr high, erzählte er die obskursten Geschichten vom CIA und von Tunneln unter der Mauer. In der Regel verbrachte ich auf diese Weise einige Stunden in seinem Keller. Irgendwann trollte ich mich dann wieder, mit einem Piece Nepal oder Afghan, zurück nach Kreuzberg in meine Hinterhof-Fabrik. Dort schrieb ich so schöne Lieder wie »Ich bin ein armer Mietshausjunge / Und ich hab kein Geld / Für mich ist nicht überall / Platz auf dieser Welt/« oder »Ich warte

auf den Freitagabend / Freitagabend bin ich frei / Und ich weiß Du bist da und Du wartest auf mich / doch am Montag / Abend / Ist alles vorbei.«
So stellte ich mir den progressiven deutschen Schlager vor, den Peter Meisel händeringend suchte. All das sang ich erst mal dreistimmig auf das BASF-Band, das in meiner Revox lag. Dazu begleitete ich mich selbst auf einem Schlagzeug, einem Höfner-Baß, einer Höfner-Gitarre und einem Pianola, das ich für 100 Mark erstanden hatte. Ich rief in der Wittelsbacherstraße an, bekam einen Termin. Meisel suchte sich zwei Songs aus und beschloß, sie selbst zu produzieren. Vertrag sollte folgen. Er hatte ein Büro mit Wandlampen aus Klarinetten, einer Tapetentür zum Vorzimmer und einer anderen, die man nur fand, nachdem man drei Bände »Angelique« beiseite geschoben hatte. Vor der Haustür stand ein funkelroter Mustang mit geblähten Nüstern.
Die anderen waren auch nicht untätig gewesen. Dietmar schrieb an einem neuen Theaterstück und malte sein Zimmer aus. Lanrue kam mit Sack und Pack nach Berlin. Peter war mit dem »Experimenta«-Erfolg losgezogen, neue Geldquellen anzuzapfen. Seine Devise lautete: Neuer Auftrag, neues Stück! Er hatte Kontakte zu Frank Burkner – der das »Living Theatre« und den russischen Dichter Jewtuschenko nach Deutschland geholt hatte –, zum »Literarischen Colloquium« und dem sich in der Gründungsphase befindenden »Neuen Berliner Kunstverein« aufgenommen, und er hat Lottogelder angebohrt. Lotto-Gelder werden nämlich nicht nur an die Gewinner verteilt, sondern zu einem beträchtlichen Teil einem uns allen zugute kommenden Zweck verwandt. Zum Beispiel auf dem Gebiet der bildenden Kunst auch schon mal für eine arme, aber

künstlerisch hochwertige und sozial engagierte Theatergruppe.
Unter den Leuten, mit denen Gert nach Italien gefahren war, befand sich ein gewisser, nennen wir ihn mal Lothar X., der so großzügig war, unter anderem die Miete des ligurischen Ferien-Hauses zu begleichen. Lothar X. wollte das Geheimnis von »Hoffmanns Comic Teater« ergründen, weil seine Leib-und-Magen-Zeitung, die »Frankfurter Rundschau«, eine wunderbare Kritik über unsre Arbeit bei der »Experimenta« geschrieben hatte, vor allem im Hinblick auf unsre Wirkung auf das junge Proletariat. Gert wiederum wollte rausbekommen, wo Lothar X. die Kohle her hatte. Am letzten Abend trafen die beiden eine Abmachung: »Du zeigst mir, wie man Geld druckt, und ich zeig Dir den Weg zum jungen Proletariat.« Der Pakt wurde mit dem Blute junger italienischer Trauben besiegelt.

Die bundesdeutschen Twens hatten unterdessen mit dem Establishment gebrochen. Spätestens am elften April neunzehnhundertachtundsechzig, nach den Schüssen auf Rudi Dutschke. Sie hatten das Elternhaus verlassen und die Tür krachend hinter sich ins Schloß geschmissen. Nun standen sie im Freien. Wohin? Um die Bundesrepublik zu verändern, zu einer Radikal-Demokratie zu machen, brauchten wir eine Mehrheit. Bei den Bundestagswahlen am 28. September hatte die Mehrheit SPD gewählt, und die machte, zusammen mit der FDP, am 22. Oktober meinem Bruder Gert als Geburtstagsgeschenk Willy Brandt zum Bundeskanzler. Willy versprach auch gleich, »mehr Demokratie zu wagen«. Daran glaubten wir nicht.
Das Hoffmanns Comic Teater hatte auf der Experimenta eine Möglichkeit gezeigt, wie man die Massen

auf der Straße erreichen kann. Und so stellten wir nach der Sommerpause fest, daß unsre kleine Einlage in Frankfurt am Main in den linken Kreisen höhere Wellen erzeugt hatte, als wir erwartet hatten.
Jens Johler und Barbara Sichtermann, zwei junge Schauspieler von der Berliner »Schaubühne«, schauten in der Oranienburg vorbei. Beide sehr sympathisch, sehr links, aber auch sehr aufgeschlossen und auf der Suche nach neuen Möglichkeiten fürs Theater und neuen Perspektiven für sich. Manchmal brachten sie Kuchen mit oder ein Fläschchen Martini. Jens ließ auch schon mal aus Versehen eine noch fast volle Pakkung Zigaretten liegen. Wie gesagt, sehr sympathisch, wohlerzogen, gute Kinderstube.
Barbara erzählte mir, ihr kleiner Bruder in Kiel mache auch Musik, hätte aber keine rechte Lust, weiter aufs Konservatorium zu gehen. Sie würde ihn am liebsten aus dem Mief der Sparkassen-Syndikus-Familie rausholen. Ob wir keine Verwendung für ihn hätten? Wir hatten gerade einen Bassisten verloren. Georgie war nicht wieder aufgetaucht. »Na klar, der soll kommen, wir suchen einen Baßmann.« Kai kam. Und er blieb.
Die Gruppe bestand im Herbst '69 aus Peter (Autor, Schauspieler, Maskenhersteller, Pressesprecher, Grafiker, Stellvertreter Möbius' auf Erden), Bille (Kostümbildnerin, Peters Frau), Dietmar (Autor, Schauspieler, Gitarrist, Chef der Requisite, Führerscheininhaber), Gert (Co-Autor, Schauspieler, Manager und Chef der Finanzen, Bühnenbildner, zweiter Möbius), Ilse (Malerin, Kinderlädnerin, Psycho-Ministerin, Hexe, Geldgeberin, Gerts Freundin), Lanrue (Schlagzeuger, Komponist, Schauspieler, Spieler, Franzose), Kai (Bassist, Banjoman, Trompeter, Schlafmütz-Hedonist, Jüngster)

und Rio (Komponist, Gitarrist, Pianist, Sänger, Schauspieler, Drogen- und Bibelforscher, jüngster Möbius).
Das also war die Travelling-Party, die ernährt, gekleidet und vor Sonne, Regen und Wind geschützt sein wollte. Wohin war sie unterwegs?
Gert kam mit dem Vorschlag: »Das Jahr geht dem Ende zu. In den Jugendhäusern müssen die Leiter jetzt alle schauen, daß sie ihren Jahres-Etat ausgeben, weil's sonst nächstes Jahr weniger gibt. Was glaubt ihr, wie die sich freun, wenn wir kommen. Wir sind doch für die das gefundene Fressen. Da hol ich pro Abend tausend Mark raus! Mindestens aber fünfhundert! Da leg ich meine Hand für ins Feuer.«
Kurz darauf klingelte bei Peter das Telefon. »Report« hatte das Wunder von Frankfurt verpaßt und fragte an, ob wir die Verwandlung von Bild-verseuchten-Vorstadt-Kids in Ihre-eigene-Lage-reflektierende-Jung-Proletarier nochmal wiederholen könnten. Konnten wir. Gert organisierte den Saal im Jugendhaus/Naunynstraße. Dort kreuzten wir mit unseren Requisiten und Masken ohne große Vorankündigung und in Begleitung eines Fernsehteams vom Bayrischen Rundfunk auf, um »Rita & Paul« zu spielen.
Und siehe da, was in Frankfurt geklappt hatte, ging auch hier. Es funktionierte sogar hervorragend. Die Kreuzberger Jugendlichen ließen sich nicht lange bitten und spielten, was das Zeug hielt: »Wer bin ick?«, »Fang den Chef!«, »Los, Krüger, Fehler finden!«, »Karl und Erwin sind schon voll« oder »Die Raten fürn Fernseha zahl ick nich!« und so weiter und so fort. Zufrieden zog das Fernsehteam ab.
Fünf der Kreuzberger Jungs, die an diesem Abend mitgespielt hatten, kamen von da an täglich zu uns in die Oranienburg. Anfangs nur abends, um sich von ihrem

Alltagsstreß – Krach zu Hause, Ärger in der Firma, Psycho mit der Braut – zu erholen, dann, nachdem die Joints dicker und die Nächte länger wurden, kam der eine oder andere manchmal schon vormittags, weil er verpennt hatte. Immer häufiger ließen sie sich krank schreiben.
So wurden Bernhard, Jako, Raymond, Läppi und Bonner sowas wie Ensemblemitglieder beim »Hoffmanns Comic Teater«. Alle um die sechzehn. Alle waschechte Kreuzberger, an denen noch ein ganzer Rattenschwanz von Freunden, Geschwistern und Arbeitskollegen hing, die auch ab und zu in der Oranienburg vorbeischauten. Ihnen machte es sichtlich Spaß, bei uns mitzumachen. Sie hatten Präsenz und Schlagfertigkeit, Kraft und Witz und verfügten über das natürliche Geschick, Pointen aus improvisierten Situationen herauszukitzeln und den jeweiligen Szenen neue, unerwartete Wendungen zu geben.
Schüler war von denen keiner mehr. Raymond war Steinsetzerlehrling, Bernhardt lernte Betonbauer, Jako Speditionskaufmann, Bonner war in der Maurerlehre, und Läppi fuhr Lastwagen. Allet echte Proleten. Uns war klar, daß es sich hier um wahre Naturtalente handelte, auf die wir bei unserem nächsten Stück nicht verzichten wollten.

Inzwischen hatte Meisel angerufen, der Schlager-Zar aus der Wittelsbacherstraße. Wir, Kai, Dietmar, Lanrue und ich, wurden von ihm zum Essen eingeladen. Nach dem Dessert unterschrieben wir einen Vertrag, der ihn zu nichts weiter verpflichtete, als mit uns zwei Songs zu produzieren und für die Studiotätigkeit jedem von uns sage und schreibe fünfhundert Mark zu zahlen. Das war für uns ein Goldregen. Fünfhundert Mark! An einem Tag!

Wir trudelten relativ pünktlich um vier Uhr im Studio ein. Heute heißt es »Hansa by the wall« Köthener Straße, am Potsdamer Platz. Ein ehemaliges Hotel mit Ballsaal. Mir gefiel daran besonders, daß im selben Studio schon Marlene Dietrich ihr »Sag mir wo die Blumen sind« gesungen hatte. Womöglich sogar vorm selben Neumann-Mikrofon. Der Spaß verging mir dann, als ich, nachdem wir das Playback aufgenommen hatten, endlich singen sollte. Ich war allein in dem riesigen holzgetäfelten, stuckverzierten und dunklen Saal und hörte im Kopfhörer immer wieder Peter Meisels Stimme: »Die Zeile bitte nochmal! – Die T's bitte etwas deutlicher! – Halt! Du lispelst!« und so weiter und so doof. Am Ende klang mein Gesang nach einem Oberschulstreber, der gerade seinen Einser-Aufsatz vorliest. So war's auch. Als ich Meisel eine Woche später anrief und fragte, was nun wäre, hoffte ich insgeheim auf eine Absage. Denn wenn ich das Ding irgendwo hätte präsentieren sollen, wäre ich mir vorgekommen, als ob mich jemand in einen zu kleinen Matrosen-Anzug gesteckt hätte. Mein noch gar nicht vorhandener Ruf als »Tiger von Kreuzberg« wäre schon ruiniert gewesen. Er sagte ab, »nicht sendefähig«. Ich war sauer. Und schwor Rache.

Weihnachten stand vor der Tür. Bundespräsident Heinemann feilte an seiner ersten Weihnachtsansprache. Studenten wurden zu Weihnachtsmännern, um den 2CV bezahlen zu können. Die Weihnachtsgänse wurden bestellt, und die Betriebsnudeln beauftragt, die Weihnachtsfeier zu gestalten.
Für diesen Job war bei der Düsseldorfer Werbeagentur »Special-Team« Herr Schalk der Spezialist. Seine Feiern waren der Hit. Letztes Jahr hatte er die gesamte

Belegschaft mit einem Bus in eine Tiefgarage verfrachtet, in der nach dem exellenten kalten Büffet, beim Erklingen der Schampusgläser zehn Girls, aus aller Weiber Länder, langsam ihre atemberaubenden Körper enthüllten. So schön war Weihnachten '68 gewesen. Wie sollte er das überbieten? Er grübelte. Und als er die »Report«-Sendung über die verrückte Theater-Truppe aus Kreuzberg sah, ließ er seine Drähte heißlaufen. 48 Stunden später waren wir engagiert: 5 000 Mark plus Spesen. Geld ist ein scheues Reh, doch wir hatten unsren Weihnachtsbraten.

Wie verabredet, tauchte die Belegschaft der Agentur am Abend neugierig in ihrem Großraum-Büro auf. Wohin die Reise wohl diesmal ging? Es war ein gutes Jahr gewesen, also konnte die Geschäftsleitung noch mehr springen lassen. Statt dessen waren die Schreibtische beiseite geräumt oder mit weißen Papiertischtüchern bespannt, in einer Ecke standen mehrere Fässer Kölsch, Alt und Pils und in der Mitte stand auf einem Spirituskocher ein riiiiiesiger Topf – Erbsensuppe! Der Schalk!! Man griff munter zu und rechnete im Kopf: Also zwischen fünf- und zehntausend dürften ja wohl diesmal verpulvert werden, man addierte Erbsensuppe und Alkohol und harrte der übrigen Tausender, unserem Auftritt.

Bernhard war der erste, der sich eine verwarzte Pennermaske überzog und sich durch die Gäste drängelte. Er hatte Hunger, für ihn war das einzig Interessante der Futtertrog. Als er sah, daß es nur Erbsensuppe gab, sagte er erstmal, wie's nun mal seine Art war, ziemlich laut: »Na, saacht ma, watt is'n ditt für'n Laad'n hier?! Erbsn-suppe?? – ?? Habt Ihr keene Kohle hia oda watt? Ick dachte d'tt 's'ne Wainachtsfaia!! Und da macht Ihr Eeeerbs'nsupeee???« Jako drängelte sich jetzt auch

durch. Er hatte seine Lieblingsmaske auf. Rudolfo Valentino. Er wollte auch mit Maske gut aussehen. »Scheißladen hier. Wenn die nischt bess'ret ham, geh'n wa wieda!« Raymond, Maske »Alter Mann mit großem Zinken«: »Nu hört doch ma uff hia rumzustänkern! Hat doch bestimmt viel Mühe jemacht, die Suppe, watt? 's doch juut jemeint! Isset denn? – Watt? Erbs'nsuppe? Ach so. Eß ick nich. Ha ick no nie jejess'n. Schon als Kind nich. Schmeckt jemein. Ha ick imma jesacht, ick muß erst ma Hände wasch'n, und bin durch't Fensta! Currywurst ess'n.« Und so weiter. »Saaacht ma ... und wat arbeetet ihr?« – »Werbung?« – »Für watt'n so zum Beispie?« – »Unterhosen?« – »Det is juut« – »Na sea juut soga!« – »Na für meene broochta nisch mehr werb'n!« – »Wieso nich?« – »Na wei 'ck schon eene habe.« – »Na, det wees ick ooch, du Nase.« – »Woher?« – »Also Jungs, nun werdet mal nischt unterwäschisch, Ja!«
Jetzt betrat Dietmar die Szene. Schreiend und gröhlend, mit Vatermaske und Gummiaxt. Er stürzte auf den Weihnachtsbaum zu. Dorthin versuchte Peter, mit der Maske der besorgten Mutter, auch Raymond zu zerren, um das Schlimmste zu verhindern, und Raymond entdeckte etwas, das ihm sehr, sehr gut gefiel. Er nahm die Maske ab, ohne aus der Rolle zu fallen: »Brauchst ja keene Angst ham, Mama, Bernhard und Jako sind ja ooch da. Könnta mal uff meen Alt'n uffpass'n? Der zerkloppt sonst noch den schön' Baum! Hat doch soviel Mühe jemacht, den zu schmück'n, wa Mutti?« Das war Ende der Phase eins.
Die Gäste waren irritiert. Peter nahm die Maske ab, trat vor und erklärte der Runde, wer wir waren, woher wir kamen und welche Attraktionen wir heute noch zu bieten hatten. Als nächstes durfte ich ein Lied singen. Das

wußte ich nicht, nahm aber die Gitarre und brachte eine kurze Einlage, ein blödes, kleines Lied:
»Will Dein Chef von Dir mal Feuer / Zünd ihm seine Jacke an / Denn war die auch noch so teuer / Der kann sich's doch leisten, Mann.« Klappriger Beifall.
Mir egal, ich hatte längst auch gesehen, was Raymond gesehen hatte: Am Christbaum hingen mindestens sieben! Joints!!! Ich verdrückte mich zu Raymond in die Ecke, auch Gert war schon in der Nähe. In solchen Situationen sieht Gert aus wie ein Security-Mann. Er steht da, unterhält sich mit jemandem, anscheinend ganz lässig, Hand in der Hosentasche, mustert aber ständig den Raum, und das Glas in seiner Rechten könnte ein Sprechfunkgerät sein. Wir drei zogen erstmal einen durch. Gert brauchte Inspiration. Er hatte noch was vor und peilte die Lage. Wurde die Sache ein Erfolg? Würden die Leute sich amüsieren? Wann mußte er den Scheck holen? Was war noch drin?
Peter kündigte »Weihnachten in Kreuzberg« an. Ein Sketch, bei dem zumindest der Titel abgesprochen war. Bernhard als Vater, Jako als Mutter, Raymond als Sohn. Alle drei liefen zur Hochform auf. Der allgemeine Alkoholspiegel war gestiegen. Stimmung kam auf. Es wurden Tränen gelacht, und es gab begeisterten Applaus. Nach einer kleinen Pause gaben die drei noch eine Szene aus der Arbeitswelt, die noch absurder war. Danach stellte Jako die obligatorische Frage: »Und wie sieht's bei Euch im Betrieb aus, wie kommt Ihr mit Eurem Chef klar? Will nicht mal jemand von Euch spielen?«
Als Peter den Korb mit den Masken reintrug, sah ich, wie Gert sich mit dem Veranstalter der Feier in ein anderes Office verdrückte. Abkassieren.
Drei der Belegschaft aus dem »Special-Team« fanden sich sofort bereit, Szenen aus ihrem Betrieb zu spielen.

Dann ging die Post ab. Einer nach dem anderen kam dazu. Vor allem die Rolle des Chefs wurde gern genommen. Am Schluß trug die ganze Belegschaft Masken, nur der Chef nicht. Und Gert hatte nicht nur den Scheck abgeholt. Er hatte im Büro einen Tageslichtprojektor entdeckt. »So'n Ding könnt ich auch gebrauchen!« – »Nimm'n doch mit!« Gert schleppte das Ding durch die trunkene Schar Sich-selbst-reflektierender-Werbefachleute zum Fahrstuhl und mahnte dann jeden einzelnen von uns unauffällig zum Aufbruch. Das war Weihnachten '69 in Düsseldorf – wunderbar.

Wenige Wochen vorher hatten wir bei der Berliner Premiere von »The Cry of the People for Meat« des »Bread and Puppet Theatre« einen absonderlichen Typen kennengelernt. Krabb. Krabb war Regieassistent bei Brecht gewesen, kam also auch aus einer Theater-Ecke. Jetzt war er I.O.S.-Vertreter. Gewesen. I.O.S., der Investmentfond-Konzern des berühmten Bernie Cornfeld, war grade mit lautem Getöse zusammengebrochen. Krabb war Klinkenputzer im großen Stil gewesen. Er fuhr Citroen, den großen! Und Krabb war Marxist. Gert und er kamen ins Gespräch. Krabb sagte, er würde in der nächsten Zeit gern mal vorbeischaun, um unsre Arbeit mit den Jungarbeitern zu begutachten, und lud uns zu seiner Sylvesterparty ein.

Ein neues Jahrzehnt wollte beginnen. Die Weltlage war prekär. Indochina brannte, Nixon war Präsident. Am Ussuri standen sich China und UdSSR gegenüber, im Reich der Mitte schien Lin Piao über Mao gesiegt zu haben. Ho Chi Minh war tot, und in der APO begann der Streit um den bewaffneten Kampf. Die Fußballweltmeisterschaft stand an.

All das mußte auf der Neujahrs-Party bei Krabb, der wenig später zu unserem Supervisor aufstieg, besprochen und betrunken werden. Ich versuchte mitzuhalten. Aber eigentlich interessierte mich nur Jako. Sicher, die Welt lag im Krieg. Warum sollten aber Jako und ich nicht zusammen im Bett liegen? Jako und ich sahen uns so gegen eins mehrmals verschwörerisch in die Augen. Wir wollten hier weg. Nun war's gut.
Krabb erzählte die Geschichte seiner Tante, die ihren Lebensabend damit verbracht hatte, »Meyers Konversations Lexikon« von A bis Z durchzulesen. Beim Buchstaben R war sie verstorben. »So« sagte Jako, »nu muß ick los.« – »Ich wohl auch«, sagte ich. Wir verabschiedeten uns und schlenderten zur übernächsten U-Bahn-Station. Wir unterhielten uns über dies, über das, über jenes. Am Mehringdamm trippelten wir die Treppen runter, unter die Erde. Standen auf dem U-Bahnhof herum. Ich fragte, wo er denn hin wolle. »Na, ick muß noch nach Hause, mal vorbeischaun, wo willst Du d'n noch hin?« Ich sagte, in die Oranienburg, »Kommste mit?« – »Nee, ick kann nich« – »Wieso d'n nich?« – »Ich muß noch zu einer Bekannten!« – »?« – »Hab ich versprochen!« – »?« – »!« – »?« – »Hab ick ihr vasprochen.« – »Na, denn ...« – »Biste morgen da?« – »Weiß nich ...« – »Na, ick schau ma vorbei ...« Vorbei, Jako.
Die Oranienburg war, wie gesagt, eine Fabriketage in der Oranienstraße. Erster Hinterhof, erstes Quergebäude, dritter Stock. Unter uns lag ein Stadtbad, zwanzig Zellen mit Badewannen, die man für 1,50 DM die Viertelstunde nutzen durfte. Über uns wohnte Hengstenberg, der Sauerkrautsohn. Klos gab's auf halber Treppe. Wir entschlossen uns, die Oranienburg aufzugeben. Gert und Ilse fanden eine WG an der Schillerpromenade, Neukölln. Ab 2. Januar 1970 sollte eine Fabriketage drei Häu-

ser weiter, Oranienstraße 44, erstes Hinterhaus, zweiter Stock, als Probenraum fürs Theater und Zwischenlager für mich dienen.
Nachmieter waren ein paar Marxisten / Leninisten aus Moabit, die ihren agitatorischen Schwerpunkt nach Kreuzberg verlegen wollten und auch schon drei Jungarbeiter gewonnen hatten. Wir hatten aber noch nicht erkannt, was die MLer längst wußten: Revolution ist Wettlauf mit der Zeit. Mit letzterer nahmen wir's nicht so genau. Es war ja erst der zweite Tag des Jahres, und es gab noch soviel zu erledigen. Das Teater mußte zusammengetrommelt, ein Transporter besorgt und die Sachen gepackt werden. Wann hätten wir das denn vorher machen sollen? Am heiligen Christfest? Zwischen den Jahren? Sylvester? Neujahr?
Wir wußten nicht, daß unsren Nachmietern all diese bürgerlichen Begriffe nicht mehr galten als Schall und Rauch. Als wir abends ankamen, um endlich loszulegen, war die Wohnung aufgebrochen und vollkommen verwüstet. Die MLer hatten ihren Jungarbeitern Zucker gegeben, um uns zu züchtigen, auf daß wir unseren bürgerlichen Liberalismus ablegten, zügig zur Selbstkritik schritten und hinfort Termine pünktlichst einhielten.
Lenin soll einmal in einem Anfall von Humor gesagt haben, in Deutschland wäre keine Revolution möglich, weil das Betreten des Rasens verboten sei. Dies ist zu ergänzen: Setz den Deutschen einen Termin, und sie werden bereit sein, jeden Rasen zu zertrampeln, nur um pünktlich zu sein.
Kein Stein war auf dem anderen geblieben, alles umgeschmissen oder zertrümmert. Sogar meine Revox lag auf dem Boden. Am schlimmsten war, daß jemand auch ein paar Bänder von mir mitgenommen hatte.

Wahrscheinlich wurde meine unwiederbringliche Unken-Sinfonie nun mit Ernst-Busch-Liedern überspielt.
Gert vereinbarte ein sofortiges Treffen mit den Kultur-Revolutionären im »Max und Moritz«, um mit ihnen über ihre Art revolutionärer Fingerübungen zu diskutieren. Eine halbe Stunde später waren sie da. Schwarze Mäntel, Leninabzeichen und Baskenmützen betraten siegessicher das Lokal, uns die Leviten zu lesen. Sechs Personen kamen da, die eins in die Fresse wollten.
Um sie fertig zu machen, hätten allein wir acht Hoffmanns-Comic-Teater-Leute gereicht. Man denke nur an Dietmar, den gefährlichsten Blutwurst-Darsteller aller Zeiten! Oder an die schreckliche Ilse, die aus dem Stahlbad eines antiautoritären Kinderladens kam! Und heute noch braucht jemand, der sich sechs Wochen krank schreiben lassen will, Lanrue nur den Hut wegzunehmen! Das gefährlichste an uns acht aber war unsere Fähigkeit, alle und alles totzuquatschen.
Dachten die, das Proletariat warte nur darauf, dem Nachbarn die Bude zu zertrümmern? Aber sie dachten und wußten gar nichts. Vor allem nicht, daß im »Max und Moritz« nicht nur wir acht sitzen würden, sondern auch noch Leppi, Jako, Raymond mit seinem großen Bruder Detlef und Bernhard. Es wurde also nicht lange diskutiert, sondern hastige Entschuldigungen ausgesprochen und die Bereitschaft, eine noch zu benennende Summe als Schadensersatz zu zahlen. Man war schließlich versichert. Was lernen wir daraus? Ein Revolutionär muß unbedingt eine gute Haftpflichtversicherung haben. Die siebziger Jahre fingen also gut an.
Krabb und seine Hauptfrau Gisela waren ebenfalls in die Oranienstr. 44 gezogen. Zwei Etagen über uns.
Für mich war die »Oranienfabrik« nur Schlafstelle. Ich war auf der Suche nach einer Wohnung. Ansonsten

sollte hier das neue Stück geprobt werden, an dem Peter grade schrieb. Auch die Band wollte hier proben. Aber es gab ein Problem. Den Krach. Erster Hinterhof! Die Bewohner des Vorderhauses fühlten sich gestört, wenn Kai, Lanrue und ich »Alles was uns fehlt, ist die Solidarität« probten. Zwei Kreuzberger Revierpolizisten mußten erst vermittelnd eingreifen, bevor wir ernsthaft eine Problemlösung anstrebten. Hannes Schenk, Weltumsegler, Schriftsteller und Schauspieler vom »Kreuzberger Straßentheater«, war außerdem gelernter Schiffszimmermann. Er setzte seine Seemannskappe auf und baute uns in drei Tagen einen schallisolierten Raum in den rechten Flügel unserer Fabrik. Danke! Sagten auch die Nachbarn. Die Lottogelder waren bewilligt, zehntausend Märker lagen bereit. Peter schrieb am Stück »Kein Feuer brennt so heiß wie die Liebe«. Bille nähte die Kostüme. Bernhard, Raymond, Jako, Leppi und Bonner probten an den bereits fertigen Szenen, wobei Gert, soweit es nötig oder möglich war, Regie führte. Übrigens immer häufiger assistiert von Krabb. Kai, Lanrue und ich probierten Songs und Stilrichtungen aus. Die finanzielle Lage war gut. Das »Special-Team« hatte uns noch einen Schadensersatz von 4000 DM zukommen lassen, weil etwas »Diebels Alt« in meinen Leihhausverstärker getropft war. Obendrein hatten sie uns den Auftrag erteilt, 25 Schweinemasken zu fertigen, für eine Unterhosenwerbekampagne mit dem Slogan »Ist der Deutsche ein Schwein?« Dafür sollte es nochmal dreieinhalb Tausender geben.
Für die Masken war Peter der Spezialist. Er stellte sie liebevoll aus mehreren Lagen in Leim getauchten Zeitungspapiers her, die er in einen Gipsabdruck der aus Ton geformten Originalmaske schichtete. Das konnte Monate dauern. Sah aber sehr edel aus. Das »Bread and Puppet Theatre« brachte uns eine neue Methode bei, mit

der es möglich war, Masken und Formen in beliebiger Größe im Handumdrehen herzustellen. Die Degussa in Hanau stellte ein Zeug namens »Zellastic« her. Eine Mischung aus Stoff und Papier. Sah aus wie tiefgefrorene Tischtücher. Das wurde in kleine Quadrate zerschnitten, in Aceton geweicht, auf die Form gelegt und getrocknet. Von der Form nehmen, schmirgeln, bemalen – fertig! Das bestellten wir uns.

Raymond war Steinsetzer. Das heißt, sein Job war es, Kantsteine zu setzen. Das hört sich einfach an, ist es aber nicht. Das eigentliche Handwerk eines Steinsetzers war es, Kopfsteinpflaster zu setzen. In manchen Bezirken Westberlins gab's das noch. Der Wind pfiff durch die Straßen und um die Häuser, es regnete, schneite und es herrschte Frost. Das nennt der Steinsetzer »Schlechtwetter«. Wer fest angestellt ist, hat's gut. Er braucht nicht arbeiten. Der Hilfsarbeiter wird entlassen und erzeugt damit eine »saisonbedingte Arbeitslosigkeit«. Raymond war Steinsetzerlehrling. Und so kam er in diesem Januar immer häufiger schon um zehn Uhr morgens in die Oranienfabrik, um mit uns gemeinsam »Schlechtwetter« zu feiern. Ich saß meist oben bei Krabb und Gisela in der Küche und frühstückte. Es roch nach Kaffee und Ölofen. Auf dem Tisch frische Brötchen. Krabb durchforstete die Zeitungen, drehte sich Zigaretten, murmelte Kommentare vor sich hin. Gisela und ich unterhielten uns über Gott, die Stones und die Männer. Dann klopfte es, und die Tür ging auf. Raymond sagte selten was zur Begrüßung.
Nachdem sich Raymond einen Kaffee oder Tee und ein Brötchen zu Gemüte geführt hatte, kam »Raymond dreht einen Joint«. Es konnte zwanzig Minuten dauern, bis das Kunstwerk fertig war. Raymond galt als der be-

ste Jointbauer Westberlins. Darauf war er stolz und wünschte sich, daß der Berliner Senat einen Jointbau-Wettbewerb veranstalten würde. Es blieb bis heute nur ein Wunsch.

Etwas später am Tag gingen wir, oder wer immer Lust hatte, runter in die erste Etage der Fabrik, um Masken zu bauen oder Musik zu machen.

Es gab viel zu tun. Gleichzeitig brauten sich dicke Wolken zusammen. Die Neuen sprengten eigentlich den Rahmen unsrer kleinen Gruppe, in der es zwar viel Streit gab, der aber immer in überschaubaren Bahnen und Rahmen blieb. Die Neuen hatten keine rechte Lust, Peters Stück zu spielen, das sie noch gar nicht überschauen konnten. Krabb und ich und auch Gert stifteten noch mehr Verwirrung, weil auch wir aus unterschiedlichsten Gründen das Stück kritisierten. Außerdem waren die Jungs mit ihren Kostümen unzufrieden, die aus der Kniephofstraße geliefert wurden. Sie wollten überhaupt keine Kostüme. Es kam zu ersten Streiks an der Lehrlingsfront. Als dann Peter auch noch mit dem fertigen Plakat ankam, erhob sich ein allgemeines Murren. Das Stück war noch nicht mal fertig, da sollte schon das Plakat in Druck gehn?

Peter erkannte die Zeichen der Zeit und erklärte seinen Ausstieg. Mitnehmen wollte er den Namen des Theaters, die Kostüme, das Stück und alle, die bereit waren, mit ihm zu gehn. Dietmar, Kai und Lanrue waren bereit. Dietmar sah in dem, was in der Oranienfabrik passierte, keine Perspektive, weder künstlerisch noch finanziell. Lanrue wollte sich von mir emanzipieren und selber Songs schreiben und Gitarre spielen, er zog Kai mit.

Da standen wir nun in unserem zu kurzen Hemd und waren angeschmiert. Die Kasse leer, die Produktionsmittel größtenteils weg, und ich hatte keine Band mehr. Wir machten trotzdem weiter.

Zuerst mußte ein neuer Name her. Das wurde eine lange Sitzung. Wir hatten uns zwar ziemlich schnell an den Begriff »Steine« herangetastet. Immerhin hatten drei von uns auf dem Bau zu tun, und »Rolling Stones« hieß unsere Lieblingsband. Aber was für Steine? Pflastersteine? Bausteine? Klinkersteine? »Rote Steine« – darauf konnten sich alle einigen, das war von nun an der Name der Lehrlingstheatergruppe.
Die nächste Frage war das Geld. Aber es gab ja auch noch einen gewissen Lothar X., der mit meinem Bruder Gert in Ligurien ein Abkommen getroffen hatte. Die beiden waren nun schon seit drei Monaten dabei, ihr Abkommen zu erfüllen. Lothar X. druckte natürlich kein Geld, sondern Bücher. Er war Raubdrucker. Seine Kunst war es, Augen und Ohren offen zu halten. An welchen Themen war die Studentenschaft im Augenblick interessiert? Das passende Buch dazu trieb er dann irgendwo auf, kopierte es und druckte es mit seiner Offset-Maschine, Marke »Rotaprint«, nach. »Entwicklung des Spätkapitalismus«, »Aggression und Frustration«, »Massenpsychologie des Faschismus« etc. Der Standort der Druckmaschine wurde regelmäßig gewechselt. In der Oranienfabrik wurden die fertigen Seiten dann zusammengelegt, gelumbeckt, d. h. (oft recht schlampig) geklebt. Es kam im Qualm der Joints immer wieder vor, daß Seiten aus verschiedenen Büchern zu einem Buch zusammengebunden wurden. So wird sich mancher Leser gewundert haben, etwa in Anna Freuds »Wege und Irrwege der Kinderentwicklung« auch einige Seiten über die Entwicklung des Spätkapitalismus zu finden. Vielleicht trug auch das zu Irrungen und Wirrungen in der Entwicklung der linken Bewegung bei. Mit diesen Druckwerken wurden jedenfalls vor allem die linken Buchläden beliefert, von de-

nen es mittlerweile in jeder größeren Stadt mindestens einen gab.
Eine schöne Geldquelle war es auch, mit einem großen Karton voller Bücher in der TU-Mensa selber Buchladen zu spielen. Pro Buch waren damit zwischen zwei und drei Mark zu machen. Das bedeutete, nach zwei bis drei Stunden mit mindestens fünfzig, manchmal sogar mit zweihundert Mark nach Hause zu gehn. Ein nervender Job, weil die anderen Händler einen abzudrängen versuchten, und die Studis auch den niedrigsten Preis noch zu hoch fanden. Aber man hatte sein Einkommen. Oft geriet ich in die Situation, von einem potentiellen Käufer aufgefordert zu werden, den Inhalt eines Buches mal kurz wiederzugeben. Dafür hatte ich meine Sprüchlein parat: »Du, das ist der absolut letzte Stand in der Klassenanalyse!« oder »Das Aktuellste, was es im Augenblick über frühkindliche Entwicklung gibt.« Das funktionierte meistens. Raubdrucken und -verkaufen war eine relativ ungefährliche Angelegenheit. Damals. Heute, wo aktuelle Bestseller oft schon Stunden nach dem Erscheinen nachgedruckt werden, ist die Sache so gefährlich und so gut organisiert wie der Drogenhandel.
Lothar X. kam mit der genialen Idee, ein Buch über die »Agitation im Freizeitbereich« zu machen. Kein Raubdruck, sondern ein von uns selbst geschriebenes Buch über das Lehrlingstheater »Rote Steine«. Mit Probenprotokollen und Beispielen von Aufführungen in Jugendhäusern und deren bewußtseinserweiternde Wirkung auf Jugendliche, ein Bericht über die Spiele und Aktionen des »Hoffmanns Comic Teater« und ein Rückblick auf die Tradition des Agitprop-Theaters der zwanziger Jahre.
Das Wort »Agitprop« hörte ich damals zum ersten Mal

und legte es an einer gut sichtbaren Stelle in den staubigen Regalen meines Gehirns ab. Dann war da noch ein halbwegs lukratives Angebot aus Köln. Eigentlich für das »Hoffmanns Comic Teater«. Doch Gert lud die beiden Veranstalter nach Berlin ein. Mit echten Lehrlingen gefiel denen die Sache noch viel besser. Das hieß also, alle Mann nach Köln, eine Woche Theater machen.

Das Prinzip Song-Szene-Song sollte beibehalten werden. Woher aber die Band nehmen? Ich war ja allein mit meiner Gitarre und meinem Verstärker. Da schneite eines Tages ein bärtiger, junger Typ bei uns herein. Wolfgang Seidel. FU-Student und waschechter Kreuzberger, Sohn eines Polizisten. Er behauptete, nicht nur im Besitz eines Schlagzeuges zu sein, sondern dieses auch fachgerecht bedienen zu können. Dann gab er sich auch noch als Fan des Stones-Drummers Charlie Watts zu erkennen. Es stellte sich heraus, daß er kein Hochstapler war, wenn er auch nicht die gewaltigen Donnerschläge eines Lanrue von sich gab.

Wolfgang kannte noch einen Mann. Der sollte alles spielen können und würde vielleicht den fehlenden Baß übernehmen. Wir trafen ihn im Wiener Café in der Wiener Straße. Lange dunkle Haare, braune Augen, langer schwarzer Ledermantel. »Querelle«, dachte ich. Das Buch von Genet hatte mir Gisela gerade geschenkt. Für mich das erste Buch, in dem Schwulsein überhaupt vorkam, und es spielte nicht in einer Theater- oder Künstlerszene oder einem Schwulencafé, sondern im finsteren Milieu des Hafens von Brest. Dort paßte auch Sven Jordan rein, so hieß unser Mann. Er dealte mit allem und war mehr oder weniger auf der Opium-Nadel. Er war ein schwarzer Engel, gefährlich, und – er stotterte. Ein paar Tage später kam er vorbei.

Wir machten Musik miteinander. Es klappte. Jetzt waren wir zu dritt. »Sodom und Gomorrha« wollten wir uns nennen.

Am Karsamstag '70 war Vollmond, Gert und ich waren zu einer Geburtstagsfete von Leuten aus Ilses Kinderladen in Schöneberg eingeladen. Ich hatte Raymond gefragt, ob er mitkommen wollte. Bevor der Bus kam, zeigte mir Raymond eine kleine Pille, die er eben von Sven Jordan gekauft hatte. »LSD« – »?« – »Ick hab meen' grade genomm'. Willste?« Ich zögerte. Er hätte mir genausogut ein Ticket zu den Orinoko-Indianern anbieten können. Hier war eine schnelle Entscheidung gefordert. Er hatte seinen Trip schon intus, und ich wollte ihn nicht allein im Urwald lassen – also runter damit! Was nicht tötet, härtet ab. Dann kam der Bus. Wir saßen während der Fahrt oben, ganz vorne, Panoramafensterplatz, und schauten uns ab und zu an. Schulterzucken. Nix! Was hatte der Sven ihm da angedreht? Wir erreichten den Ort der Fete, eine große Berliner Wohnung, orientalisch eingerichtet. Immer noch nix!
Und dann aber Zinnngg – wir waren da. In dem Augenblick war auch die Angst verflogen, die ich bis dahin gehabt hatte. Man hatte ja soviel gehört, daß Leute aus dem Fenster springen, weil sie glaubten, sie könnten fliegen, von Horror-Reisen, auf denen nur noch die Angst regiert. Raymond und ich schauten uns an und grinsten. Von da bis zum Ende des Jahres waren Worte zwischen uns beiden so gut wie überflüssig geworden. Es gab einen telepathischen Draht zwischen uns. Auch ohne Droge. So ist es mir später auch mit anderen Menschen gegangen, mit denen ich LSD genommen habe. Worte wurden überflüssig und blieben es eine ganze Zeit. Aber ich will hier nicht das hohe Lied des

LSD singen. Ich habe zu viele Situationen erlebt, in denen Leute damit nicht klar kamen, sich verirrt haben. Es war dann oft schwer, ihnen die Tür zu zeigen.

In der Oranienfabrik liefen die Vorbereitungen für den Ausflug nach Köln. Gert zog sich immer mehr zurück, dafür übernahm Krabb Regie und ideologische Führung. Auch Lothar X. achtete darauf, daß unsre Gladiatoren nicht zu sehr aus dem Ruder liefen. Karl Marx, nicht die Marx Brothers! Mir gefiel das gar nicht. Die vielen Gespräche, die Krabb mit den »Roten Steinen« führte, fand ich gut. Ich saß dabei und machte Notizen. Ich wollte ja Songs schreiben. Solange es Krabb bei seinen Interviews beließ, war das für mich eine sprudelnde Quelle von Ideen. »Ich will nicht werden, was mein Alter ist« und »Sklavenhändler« stammt aus dieser Quelle. So sollte auch das Stück heißen. An Krabbs Arbeit störte mich, daß er zuviel Regie machte, den Jungs zuviel von sich selbst aufdrückte. Ich sah keinen Sinn darin, dieselbe Szene x-mal zu probieren, weil ich glaubte, daß ein starres Korsett in solch brenzligen Situationen, zu denen es in manchen Jugendhäusern kommen kann, nur hinderlich ist.
Sven, Wolfgang und ich machten es jedenfalls anders. Wir spielten erstmal Stones-Nummern und was uns sonst noch gefiel, dann sprachen wir den ein oder anderen Song fürs Stück ab. Wenn dann das Arrangement gefiel, konnte es passieren, daß wir stundenlang denselben Part spielten und glücklich waren. Am nächsten Tag kam uns oft schaurig vor, was wir in der letzten Nacht angestellt hatten. Davon ließen wir uns aber nicht irritieren. Hauptsache, gut drauf.
Dann war's soweit. Gert hatte einen grauen VW-Bus aufgetrieben – oder hatten wir den gekauft? Den be-

stiegen Raymond, Leppi, Bonner, Bernhard, Wolfgang, Sven, Jutta, Gert und ich. Krabb, Gisela, Jako und Nathalie, Giselas Tochter, bestiegen den Citroen aus Krabbs I.O.S.-Zeiten. Lothar X. nahm seinen alten Renault. Und ab nach Köln.
Rolf und Tita, die uns nach Köln geholt hatten, arbeiteten in einer Arbeits- und Obdachlosengruppe, die eine alte Villa am linken Rheinufer gemietet hatte. Da sollten wir proben und bei Rolf und Tita wohnen. Die beiden dachten nämlich, es käme nur diese Lehrlingstheatergruppe und vielleicht noch ein, zwei Betreuer. Jetzt standen aber 15 Menschen vor der Tür und wollten schlafen und beköstigt werden.
Für eine andere Art Beköstigung sorgten Raymond und ich selbst. Wir hatten uns »Easy Rider« angesehen und schlenderten in Richtung Rheinbrücke, als wir von zwei Typen angequatscht wurden. »Ey, braucht ihr was?« Was es denn schönes im Angebot gäbe, fragten wir. »Aus Amsterdam! Meskalin! Total rein! Ey! Zwanzig Mark das Päckchen.« Wir bekamen eins gezeigt. Kristallines, weißes Pulver, ungefähr ein Gramm. »Wie teuer?« »Zwanzisch Mark. Nehmt besser gleich drei. Ihr kommt sowieso wieder und wollt mehr.« Wir nahmen eins. Mehr Geld hatten wir nicht. Nachdem wir uns noch die Gebrauchsanweisung hatten sagen lassen, zogen wir ins nächste Café und bestellten zwei Fanta für das fantastische Zeug. Von da an besuchten wir die beiden fliegenden Händler am Barbarossaplatz öfter, und unser Fantakonsum wuchs beträchtlich.
In der Obdachlosen-Villa wurde weitergeprobt.
Morgens hieß es schon mal: um 7 Uhr aufstehn und ab zu Ford, Straßentheater vor dem Werksgelände. Abends gings in die Jugendheime. Der WDR hatte sich für 3000 DM die Filmrechte gesichert und war auf

Schritt und Tritt dabei. Und Raymond und ich mittendrin. Auf »Fanta«. Niemand merkte uns an, daß wir mehr als bekifft waren. Nach drei Stunden ließ die Wirkung meist nach, und wir schlichen aus unseren aztekischen Hallen mit den wunderlich sprechenden Fabelwesen, die so putzige Worte wie »Agitation« in die Luft qualmten, zurück in die alte Villa. Agitation? Ph! Welch ein Wort. Wir brauchten doch nur die richtigen Klänge von uns zu geben und Ford, nein, Köln würde erwachen und mit den heiligen drei Königen an der Spitze nach Bonn ziehen, um das dort hausende Sklavenhaltergeschlecht zu vertreiben.
Unsere Vorstellungen waren schlecht, die »Roten Steine« schwach, die Band abgefuckt. Es gab nur wenige Highlights, bei denen ich dann das Gefühl hatte, die anderen hätten sich heimlich auch was in ihre Fanta getan.

Es war das Meskalin, von dem ich in Köln zum ersten Mal naschte und das mich in diesen Zustand mystischer Klarheit versetzte, das mir Erkenntnis bescherte, Erleuchtung, und damit meinen weiteren Weg als Musiker entscheidend beeinflußte. In Köln wurde mir klar, daß sich meine Vorstellungen von dem, was ich machen wollte, nicht mehr mit dem deckten, was ich tat. Ich wollte nicht länger als »Vehikel« für politische Programme dienen, deren Wahrhaftigkeit ich nicht überschauen konnte. Ich wollte die Welt selbst interpretieren und mit meinen musikalischen Mitteln verändern.
Ich wollte niemandes politisches Spielzeug sein. Die Power der »Steine« verblaßte, wenn sie nur taten, was ihnen für politisch korrekt erklärt wurde. Erst wenn sie dieses Korsett sprengten, wenn sie aufdrehten, dann

ging bei ihnen das Licht an. Ich brauchte also meine eigene, unabhängige Band.

5

Die Rückreise wurde ein Desaster. Am Kamener Kreuz ging der Motor kaputt, das hieß: eine Nacht im Bus. Hinter Braunschweig ging uns der Motor nochmal kaputt. Noch 'ne Nacht im Bus. Und am Kontrollpunkt vor Berlin wurden wir dann von den DDR-Grenzern rechts rangewunken. Der Wagen wurde beäugt, und wir in eine Baracke geführt. Nach längerem Warten baten uns zwei Herren – in einer anderen Uniform als die Grenzer –, in ihr Büro zu kommen.
»Meine Herren, sind Sie bereit, sich mit uns, sagen wir mal, ein bißchen zu unterhalten? Es wird nicht lange dauern, und Sie werden auch keine Probleme haben. Es geht nur um einige Informationen. Sie kommen doch alle aus Westberlin und haben dort ja auch bestimmt mit der Außerparlamentarischen Opposition zu tun.« Wir waren bereit und durften unsre Ansichten erzählen: Es gäbe dort nicht nur eine studentische Linke, sondern eben auch sowas wie die »Roten Steine«, linke, ja sogar kommunistische Lehrlingsgruppen, ja, die Lage würde sich dort zuspitzen, vor allem durch das harte Vorgehen des Senats bei Demonstrationen.
»Aha.« Die netten Herren freuten sich, als hätten sie davon noch nie gehört. Es wurde Kaffee gebracht. Was wir denn zu den Strömungen sagen würden, die bei uns im Westen einen bewaffneten Kampf propagierten? Aha, da halten Sie nicht viel von, damit haben Sie auch nichts zu tun. Mhm. Und wie das nun mit dem Rauschgift wäre, das doch bei uns jetzt sehr viel zum

Einsatz gebracht würde, welche Drogen denn so zum Beispiel, ah ja, Haschisch und Opium. Selbst schon mal probiert? Ach jaaa? Und die Wirkung? Ganz angenehm, so, so. Jetzt fragte Raymond frech und aus dem sicheren Gefühl heraus, diese Herren von der Stasi könnten ihm, der aus einem kommunistischen Elternhause kam, der Pionier und FDJler gewesen war, nichts anhaben: »Wollt ihr mal wat probieren? Könnta mach'n, wir ham wat bei!« Die Herren lachten, lehnten freundlich ab, sie blieben lieber bei ihrem Bierchen, das wär ja auch wat schönes, nich, bedankten sich sehr, sehr herzlich für das aufschlußreiche Gespräch und entließen uns mit den besten Grüßen an die Westberliner Genossen. Bei diesem Gespräch waren uns die Zigaretten ausgegangen.

Raymond teilte aus. Ich dachte, er würde mir auch eine anbieten, dem war aber nicht so. Als ich ihn fragte, ob er mir mal 'ne Zigarette geben würde, meinte er nur: »Koof da welche, denn weeste wie die Preise sind.«

In Kreuzberg heiterten mich die kleinen Kifferkatzen, die Zirkus in der Wohnung machten, ziemlich schnell wieder auf. Als es eine halbe Stunde später klopfte und Raymond vor der Tür stand, war ich ihm schon nicht mehr gram. Es war auch gut, daß er kam, denn Rollie rief gerade aus der Küche: »Kann mir mal einer von euch den Arm abbinden?« Sie wußte genau, daß ich ihre Fixerei nicht mochte. Der Dreck, den sie dabei in der Küche veranstaltete, störte mich. Ich dachte manchmal, die zieht sich noch das halbe Abendbrot von gestern mit in ihre Venen. Die beiden kamen aus der Küche nicht wieder, sondern trieben's erstmal miteinander. Eifersucht kam in mir hoch. Nicht auf Rollie.

Auf West-Berlin reimte sich Meskalin. Und ich wollte meine eigene Band. Aber mit wem? Mit Sven sah ich kein Licht. Er war zuviel Dealer und zuviel sein eigener Konsument. Also überlegte ich mir, wie ich es anstellen könnte, Lanrue und Kai, die beim Comic Teater versauerten, zu mir rüberzulocken. Ich mußte ihnen einen Anreiz bieten, hinter dem, neben dem musikalischen Aspekt, auch materielle Perspektiven zu erkennen waren. Wir hätten eigentlich eine komplette Band sein können, arbeiteten jedoch bei zwei verschiedenen Firmen.
Die Broschüre über die »Roten Steine«, »Agitation im Freizeitbereich«, war inzwischen zum Renner geworden. 6000 Exemplare waren schon über die linken Ladentische gegangen, hatten die Gruppenkasse aufgefüllt und brachten den »Steinen« eine ganze Menge Auftrittsangebote.
Raubdrucke kannten wir nun alle. Auch Kai und Lanrue hatten bereits genug »Aggression und Frustration« zusammengelegt und geheftet. Doch die »Rote-Steine«-Broschüre war etwas anderes. Das Schreiben, Gestalten, Drucken und Vertreiben lag komplett in den Händen der Gruppe. Es war außerdem legal und brachte nicht nur Geld, sondern auch Promotion – und mich brachte es auf eine Idee.
In Drafis altem Ballsaal am Zickenplatz probten ein paar Bands, und es gab auch eine Art Tonstudio. Dort traf ich einen alten Bekannten, den ersten Toningenieur, den ich überhaupt kennengelernt hatte, Klaus Freudigmann. Er hatte meine ersten Beat-Oper-Demos im Audio Studio, damals noch Wilmersdorfer Straße, aufgenommen. Nun saß er hier mit dem Equipment, das er sich mittlerweile erworben hatte, kiffte und wartete auf Kundschaft. Die bestand zu dem Zeitpunkt aus

dem begnadeten Dilettanten Conny Schnitzler und aus Tangerine Dream. Von Klaus Freudigmann wollte ich wissen, ob es möglich wäre, eine Platte selber aufzunehmen, pressen zu lassen und zu vertreiben. Denn was bei einem Buch möglich war, müßte doch auch bei einer Platte gehen.
Der Vertrieb wäre kein Problem, den hatten wir schon über die linken Buchläden. Also lautete die erste Frage: »Was willst du, Klaus, dafür, wenn wir bei dir Songs aufnehmen?« Geld war für ihn nicht die Frage, für ihn war's wichtig, daß er sich identifizieren konnte, dann würden wir uns schon einig werden. Die nächste Frage hieß also, was kostet es, eine Single pressen zu lassen, und wer macht das. Wir ließen uns vom Preßwerk Pallas in Diepholz eine Preisliste schicken. Die Kalkulation paßte auf einen Faßbrausendeckel: Für eine Tausender-Auflage beliefen sich die Preßkosten pro Platte, inklusive Gema, Etiketten, Papierschutzhüllen, Fracht und Mehrwertsteuer auf 1,10 DM. Das hieß also für tausend Platten eintausendeinhundert Deutsche Mark. Mit dieser Zahl im Kopf schlenderte ich zu meinem Bruder Gert. Der hörte sich alles an, erklärte es für machbar und sich selbst bereit, für die Unkosten und den Vertrieb aufzukommen. »Is ja alles schön und gut«, sagte er zum Schluß, »aber mit welcher Band willste das denn machen?« – »Wolfgang, Lanrue und Kai!« – »Die sind doch bei Peter, meinste, die machen da mit?« – »Ich geh einfach hin und frag se.« – »Na dann viel Spaß!«
Ich besorgte mir ein Briefchen Meskalin und machte mich auf den Weg. Die Sonne schien. Ich spazierte über die Admiralstraße, die Admiralsbrücke, die Grimmstraße und die Körthe bis zum Südstern. Da ging's rechts ab in die Gneisenau, unter den Yorkbrük-

ken durch, und ich war in der Goebenstraße. Als Wegzehrung hatte ich mir eine kleine Prise in meinen Frühstückstee getan. Die Menschen, die mir entgegenkamen, waren gut gelaunt, die Bäume bekamen ihre Blätter wieder, die Spatzen krakeelten, und alles deutete auf einen besonderen Tag. Dietmar, der mir aufmachte, war etwas verwirrt, mich zu sehen, dazu noch so früh.

Die drei saßen gerade beim Frühstück in Dietmars Zimmer. Zimmer? Das Zimmer hatte Dietmar inzwischen weggemalt. Wir befanden uns auf einer grünen Wiese unter blauem Himmel, und in den Lüften schwebten exotische Vögel zu den Klängen von »Umma Gummah« und Räucherstäbchen. Die Stimmung war eher distanziert. Wir unterhielten uns erst mal über Pink Floyd, und nach dem ersten Joint lockerte sich die Atmosphäre. Wir tranken Tee, tauschten unsre Erlebnisse aus, und ich berichtete über die merkwürdigen Dinge, die sich in Köln zugetragen hatten. Ich kam recht schnell aufs Meskalin zu sprechen, beschrieb die interessanten Farben und Formen, also die optische Wirkung, und daß sich Menschen dabei manchmal in Tiere verwandeln konnten, keine gefährlichen, nein, nein, beileibe nicht, und so blieb es nicht aus, daß Dietmar sagte: »Das hört sich gut an, was du erzählst, das möcht ich auch einmal probieren.« Schnapp!! Da waren sie in der Falle. »Kein Problem. Ich hab was dabei!« – »Nein, nein, haha! Wir müssen ja noch arbeiten. Aber du kannst ja was hier lassen.« – »Mach ich auf euch einen arbeitsunfähigen Eindruck?« – »Nein, wieso?« – »Weil ich grade auf Meskalin bin!« Jetzt konnten sie keine Rückzieher mehr machen. Drei Köpfe beugten sich neugierig über das kleine Tütchen mit dem glitzernden Mescal.

Eine Stunde später lagen wir vier auf Dietmars Wiese im fünften Stock, und ich erklärte Lanrue und Kai meine Idee, gemeinsam eine Platte zu machen. Ohne Plattenfirma, Plattenverlag und Plattenproduzenten. Den Geldgeber hatte ich auch schon und damit auch den Vertrieb. Und auch das Studio. Und den Schlagzeuger. Ein Song von mir – ein Song von Lanrue. Und es war noch nicht mal nötig, sich mit Peter anzulegen, denn sie brauchten sich beim Hoffmanns Comic Teater ja nicht die Papiere abholen. Ein Angebot, das Sie nicht ablehnen konnten.
Wir hörten uns ein paar Songs an, die sie in der letzten Zeit auf Dietmars Uher-Gerät aufgenommen hatten. Mir gefiel auf Anhieb »Wir streiken«. Nun war auch Dietmar einverstanden, denn dazu hatte er den Text geschrieben. Die Sache war geritzt, und wir verabredeten uns in Freudigmanns schwarzem Ballhaus am Zickenplatz.

Der Sommer kam. Ich verlegte meinen Hauptwohnsitz an den Grunewaldsee. Der war durch die Bus-Linie 29 direkt mit Kreuzberg verbunden. Er fuhr am Oranienplatz ab und hatte seine Endstation am Roseneck / Grunewaldsee. Durch die Kochstraße am Springerhaus vorbei, über'n Kudamm, durch die Villengegend am Halensee, und schon war man da. Wunderbarer Sandstrand, mitten im märkischen Kiefernwald. Hier versammelten sich die normalen Kreuzberger, die Kiffer und die Karate-Klubs, um Natur zu tanken. Man war unter sich. Für den Grunewalder Villenbewohner wurde es zum Spießrutenlauf, mit seinem Basset spazieren zu gehen. Hier mit einer läufigen Rassehündin vorbeizukommen, hätte zum sofortigen Ausschluß aus dem Züchterverband geführt, denn das Kreuzberger Hunde-

proletariat kümmerte sich nicht um Rasse oder Stammbaum.
Rund um den See wurde Tag und Nacht auf mitgebrachten Tablas, Kongas und Bongos oder auf leeren Konservendosen und Flaschen getrommelt. Gleichzeitig kam aus den Kofferradios Mungo Jerry, Jethro Tull, Peter Alexander, Jimi Hendrix, Wenke Myhre oder Amon Düül. Ein paar Leute brachten auch immer ihre Gitarren mit, die dann von Hand zu Hand gingen wie der Joint, die Flasche oder die Bongos.
Von Zeit zu Zeit wurde Geld gesammelt und jemand beauftragt, etwas zu essen oder zu trinken zu besorgen. Ganz nebenbei wurde auch gebadet, entweder nackt oder in voller Montur. Am schönsten war es nachts, wenn sich die Bürger verzogen hatten und die Lagerfeuer angezündet wurden. Dann verwandelte sich der Strand in ein Indianerlager. Immer wieder tauchten neue Apachen-Gesichter am Feuer auf, um die neuesten Nachrichten zu flüstern: »Ey Jungs, hört mal zu, ick habe eindeutige Informationen, heut nacht kommen die Bullen.« Manchmal kamen sie wirklich, und dann hieß es, sich in die Büsche schlagen. Meistens kamen sie aber nicht, sondern nur ein Förster mit Dackel, der uns bat, die Feuer zu löschen. Waldbrandgefahr.
Ein anderes Hauptquartier der Berliner Wild-West-Gemeinde war das »Vereinshaus« in Kreuzberg. Eine Kneipe in der Adalbertstraße, mit Festsaal und Biergarten im Hinterhof, in dem sich der Kreuzberger Cowboyclub ein Blockhaus errichtet hatte. Hier trieben Trebegänger, die Roten Bauarbeiter, Syndikalisten, Freaks, Nazis, Fixer, Penner, Säufer, Arbeitslose, Haschrebellen, die Vorhut des Bewaffneten Kampfes, Spitzel, Dealer, Kleinkriminelle, Cowboys und der große schwarze Höllenhund der Pächter ihr Unwesen. Und auch die

ganz normalen Anwohner zischten hier in aller Ruhe ihre Molle und ihren Korn.
Bei Regen war ich immer dort, meistens am Flipper mit Raymond. Der hatte an der Unterseite des Flippers ein Loch entdeckt, aus dem man mit geringem Aufwand das Geld aus der Spielkasse angeln konnte. Damit fütterten wir die Musikbox und bezahlten die Faßbrause. Wenn Raymonds kleiner Bruder Illi da war, konnten wir auch ihn mal um ein Pfund anhauen. Er war Meister am »Rotamint«, vorausgesetzt, er war sternhagelvoll. Dann zog er sich einen Stuhl vor den Kasten, starrte ihn mit halb geschlossenen Augen an, und innerhalb einer halben Stunde war der Spielautomat leer. Dann wechselte Illi das Lokal.
Auch die ersten Türken tauchten im Vereinshaus auf und zeigten uns, wie man aus einem Glas Raki, einem Stück Stanniol-Papier, einem Strohhalm und gutem türkischen Haschisch eine »Blubber« baute, die höllisch reinknallt. Donnerstags standen die Cowboys in Boots, Fransenjacken und mit Pistolengurt am Tresen, den Stetson lässig im Nacken, erholten sich mit ihren Cowgirls vom Clubabend und schwadronierten über die alten Zeiten, als die Rothäute vom Indianerclub gegenüber auf dem Kriegspfad waren.
Trotz aller gegensätzlichen Weltanschauungen und trotz des hohen Alkohol- und Drogenpegels kam es so gut wie nie zu handfesten Auseinandersetzungen. Dafür sorgte schon der schwarze Rottweiler-Höllenhund der Pächter, der, immer nüchtern und wachsam, den Laden im Blick hatte.
Das waren meine beiden Wohnzimmer im Sommer 1970.
Außerdem fuhr ich mit meinen Eltern und Raymond in die Ferien nach Jugoslawien. Dort hatte ich das Gefühl,

daß meine Mutter manchmal darüber nachgrübelte, was Raymond und ich wohl für ein Verhältnis hätten. Schon wieder kam ich mit einem gutaussehenden Typen an, und eine Freundin von mir war weit und breit nicht in Sicht. Aber sie fragte nie nach. Mein Vater zerbrach sich über solche Dinge sowieso nicht den Kopf. Über meine Erlebnisse und Abenteuer auf meiner Reise durch Istrien und Dalmatien habe ich bereits in meinem Buch »Unter Sternen« berichtet.

Inzwischen war unser Plattenprojekt perfekt, Wolfgang Seidel als Schlagzeuger akzeptiert. Wir schleppten schwitzend Verstärker und Instrumente die zweihundert Stufen hoch in Freudigmanns schwarzen Ballsaal. Was wollten wir überhaupt aufnehmen? Der Song aus Lanrues Küche war klar: »Wir streiken«. Aus meinem Repertoire standen zwei zur Auswahl, »Solidarität« und »Macht kaputt, was euch kaputt macht«. Wir entschlossen uns, an beiden zu arbeiten, und was am besten gelang, sollte gewinnen. Bei »Macht kaputt, was euch kaputt macht« gab es bis dahin vier Versionen. Alle waren nicht das Gelbe vom Ei. Die erste musikalische Version war die mit dem Urtext meines Liedes »Good Time«. Die hatte ich geändert, nachdem Norbert Krause und ich den deutschen Text geschrieben hatten – und wieder verworfen, weil sie wie eine Zwillings-Version von »Good Vibrations« von den Beach Boys klang. In der dritten Fassung war der Refrain verändert, die vierte eine Mischung aus den vorigen.
Was fehlte, war ein Riff, eine sich wiederholende Tonfolge. Lanrue und ich gingen nochmal alles durch, was wir in den letzten Jahren erfunden hatten. Dabei stießen wir auf eine Sequenz aus »Die Nacht der Puppen«, eine bedrohliche Tonfolge, die einem das Blut in den

Adern gefrieren läßt: a – e – es – h – d – c –! Das probierten wir, und es funktionierte. Es lag auf derselben Ebene wie das »Hey, and my name is god of disturbance!« aus »Sympathy for the devil«. Es hatte die Kraft, Angst und Schrecken bei denen zu verbreiten, die nicht auf unserer Seite standen. Ein diabolischer Riff, dazu die Beschwörungsformel »Macht kaputt, was euch kaputt macht«. Text und Musik waren so schwarz wie der Ballsaal, in dem sie aufgenommen wurden. Wir waren die Zauberlehrlinge und wußten es nicht. Wir hatten, ohne danach zu suchen, eine Formel gefunden, um die Götter der Zerstörung herbeizurufen.
Bei den Arbeiten an den Songs schielte ich immer wieder auf den Marshall-Verstärker und die Fender-Stratocaster, die scheinbar herrenlos im schwarzen Ballsaal herumstanden. Eines Tages konnte ich es mir nicht verkneifen, die »Strat«, eine berühmte Gitarre, auf der Hendrix und Clapton spielten, umzuhängen, den Marshall anzuwerfen und darauf zu spielen. Es war, als ob ich auf einem Tiger reiten würde. Dieses Tier wollte ich auch haben und zähmen.

In der Martin-Luther-Straße gab es einen kleinen, alteingesessenen Musikalienladen. Woher ich die 500 Mark in meiner Tasche hatte, hab ich vergessen. Dort hing jedenfalls eine Fender-Stratocaster im Schaufenster. Die wollte ich haben. Jetzt! Ich ging rein, wurde nach meinem Begehr gefragt. Besagte »Strat« aus dem Schaufenster! Fünfhundert Mark jetzt, den Rest in drei Monatsraten. Auf die Frage, ob ich die nicht erstmal ausprobieren wolle, antwortete ich mit einem klaren »Nein«. Ich wollte sie nicht ausprobieren, ich wollte sie einreiten. Wir würden uns dann schon verstehen. Das Kopfschütteln des Ladeninhabers ignorierte ich.

»Drei Monatsraten?« – »Ja« – »Fünfhundert sofort?« – »Ja.« Ich mußte meinen Personalausweis vorlegen und meinen Verdienstbescheid. Den Verdienstbescheid konnte ich ihm ausreden. Kurze Zeit später war ich mit meiner Stratocaster glücklich im Probenraum am Zickenplatz und versuchte, sie zu meinem Tiger zu machen. Das war gar nicht so einfach. Ich hatte gedacht, das neue Klangtier gäbe sofort Töne von sich wie bei Hendrix oder Clapton. Weit gefehlt. Das Tier war falsch besaitet, und nur langsam freundeten wir uns an. Fenders sind störrische Tiere, es sei denn, man will mit ihnen nur »Se Haus of se reising Sann« spielen. Manchmal wußte ich nicht, wer von uns beiden der Reiter ist. Wenn's ganz gut lief, wußten wir, glaube ich, beide nicht mehr, wer nun wen spielt. Drei Monate später machte der Gitarren-Laden pleite. Die restlichen tausend Mark mußte ich nie bezahlen.

Am zwanzigsten August war Showdown! Das hieß: »Band läuft« – »Moment mal, mir ist mein Gitarrengurt verrutscht!« – »O.K. Band läuft wieder!« – »Oh Scheiße, mir ist mein Trommelstock runtergefallen!«
Wir hatten einen größeren Posten »Purple Haze« erstanden, und diese Hostie war vorher an die versammelte Gemeinde ausgeteilt worden. Trotz anfänglicher Schwierigkeiten gelang es der Band relativ schnell, abzuheben. Nach einer Stunde waren die Playbacks im Kasten und wir zufrieden.
Jetzt stand ich nur noch vor der Aufgabe zu singen. Das hieß, Kopfhörer aufsetzen und sich vorstellen, justament in diesem Augenblick mit der Band zusammenzusingen. Abgesehen davon, daß dem Sänger dabei eine ziemlich große Vorstellungskraft abverlangt wird, hat der Toningenieur einen ganzen Sack voll

Möglichkeiten, einem den Spaß daran zu verderben. Er ist Herr über Zeit und Raum. Er kann entweder die Band zu laut stellen oder die Stimme. Er kann die Band in eine Kathedrale schicken oder den Sänger. Er kann aber auch, wenn er ein gewisses Feingefühl hat, den Sänger in die Band integrieren.
Klaus Freudigmann vermittelte mir über den Kopfhörer das Gefühl, aus allen geöffneten Fenstern einer Kreuzberger Straße die Klänge der Band zu hören, während ich auf der Straße stand und dazu sang. Einen solchen Sound hatte mir bis dahin noch kein Toningenieur aufs Ohr gelegt. Nach einer weiteren Stunde war auch der Gesang im Kasten.
Wir hörten uns die verschiedenen Versionen nicht sofort an, sondern verabredeten uns, am nächsten Tag wieder zu kommen, um die Entscheidung, welche der verschiedenen Fassungen ans Preßwerk geschickt werden sollte, dann bei Kaffee und Kuchen zu treffen. Wir trabten die Treppen runter, verließen den Zickenplatz und nahmen den 29er Bus in Richtung Grunewaldsee. Der »Purple Haze« war schließlich erst drei Stunden jung.

Der eine oder andere wird sich fragen: Hatte diese Band keine schlaflosen Nächte, fieberte sie nicht danach, ihre erste Platte aufzunehmen, träumte sie nicht vom Erfolg, dem Beginn einer steilen Karriere, fuhr sie nicht insgeheim schon im Rolls-Royce über den Kudamm und vernaschte Groupies wie andere Gummibärchen?
Nein. Warum Nein?
Erstens: Wer 1970 damit rechnete, mit Titeln wie »Wir streiken« oder »Macht kaputt, was euch kaputt macht« die Hitparaden zu stürmen oder bei Dieter »Thomas« Heck auftreten zu dürfen, mußte ein gestörtes Verhältnis zur Realität haben. Zweitens: Wir waren eine stein-

bockregierte Band. Von Hause aus unterkühlt und reserviert, vor allem, was Lanrue und mich betraf. Drittens: Sicher hielten wir uns für die beste Band des Universums, wußten aber, daß unsere Blütezeit noch bevorstand. Viertens: Gerne hätten wir als Geschenk von einem arabischen Scheich oder einer Kaufhaus-Erbin eine Jacht oder einen Rolls-Royce genommen. Aber wir sahen da keinen Zusammenhang zu unserer Musik. Fünftens: Mit so einer Platte konnte man noch nicht mal bei seinen Eltern Ehre einlegen und sagen: »Guckt mal, aus mir ist doch was geworden!« Sechstens: Groupies? Die Ausnahme bestätigt die Regel. Her mit Groupies! Bringt sie her! Lasset sie zu mir! Sie sind das Echo auf meine Musik!

Die Bänder gingen ans Preßwerk. Dort sollten die Platten auch etikettiert werden. Die Songtitel waren klar. Aber wie hieß die Band? Es wurde eine Sitzung einberaumt. Oranienfabrik.
Ausnahmslos alle Vorschläge der etwa acht Anwesenden wurden notiert. Ich spielte Protokollant. Da kamen Ideen wie: »Die roten Gentlemen«, »Schutt und Asche«, »Steinschlag«, »Rattengift«, »Die Joints« und dergleichen mehr.
Etwa achtzig Vorschläge wurden eingereicht. Dann wurde gesiebt. Jeder von uns vieren hatte ein Vetorecht, sobald also einer von der Band nein sagte, war der Titel draußen. Am Ende blieben zwei übrig. »Schwarze Wolke« und »V.E.B.Ton Steine Scherben«. Wir einigten uns auf »Ton Steine Scherben«, ohne V.E.B. Nun hatte das Kind seinen Namen.

Blalla hatte sich inzwischen in Berlin eingefunden. Er wohnte bei Dietmar in der Goebenstraße. Eigentlich

ging es ihm gut, aber er wurde immer wieder von schizophrenen Schüben gejagt. Zum Beispiel konnte er es nicht lassen, ab und zu sein Geld und seine Bilder zu verbrennen. Blalla hatte sich für die Malerei entschieden und war nach Amerika gegangen, um für einige Zeit in San Francisco zu leben und zu arbeiten. Jedoch fand sein Aufenthalt in Kalifornien ein abruptes Ende. Er wurde wegen Erregung öffentlichen Ärgernisses und verwirrter Geistesverfassung des Landes verwiesen, weil er eines schönen Nachmittags während der Rush-hour versucht hatte, auf der Golden Gate Bridge den Autoverkehr über die Brückengeländer zu leiten. Das Aufsehenerregende daran war wohl nicht so sehr sein mentaler Zustand – er hatte reichlich Acid geschluckt und glaubte, er wäre Jesus –, sondern die Tatsache, daß er splitterfasernackt auf der Brücke den Verkehrspolizisten mimte. Flowerpower ade. Er wurde noch mit der nächsten Maschine nach Deutschland abgeschoben. Als Blalla in Frankfurt-Main aus dem Flugzeug stieg, schneite es.
Über Jahre suchte er in der Abgeschiedenheit eines Sanatoriums seinen Weg zurück in die Realität. Blalla beauftragten wir, das »Ton Steine Scherben«-Logo auf dem Etikett zu entwerfen.

Mit Lanrue und Kai traf ich mich oft im »Park«, die No. 1-Disco West-Berlins. Im »Park« gab's Lightshow, Snack-Points und die lauteste Musik. Eintritt vier Mark. Im »Park« tobte der Irrsinn. Da tanzte der Tod. Am Türsteher kam niemand vorbei, der den Verdacht erregte, vielleicht eines Tages älter als 25 Jahre zu werden. Oder man kam in feinem Dreß und legte einen Hunderter hin.
Die Rockmusik war größenwahnsinnig geworden, und die Steigbügelhalter für den Ritt auf dem durchgegan-

genen Pferd waren die Geschäftsleute aller Länder. Sie alle wollten sich auch mal den Schnabel am Springbrunnen der Rockdollar-Millionen naß machen. Das führte zu Katastrophen wie »Deep Purple in Rock«, zur Erfindung der P.A., jener überdimensionalen Lautsprecher-Anlage, die bis zu 500 000 Menschen beschallen kann, zu Forschungsaufträgen über Methoden, Eintrittskarten fälschungssicher zu machen, und zur Entdeckung des »Merchandising«. Was ist von Woodstock geblieben? Levis-Jeans!!
Der »Park« war die Urmutter aller deutschen Discotheken. Die Besucher suchten dasselbe und schauten doch aneinander vorbei. Alle gekettet an diesen einen, bestimmten Ort, mußten sie immer wieder kommen. Ich konnte mich dieser Faszination nicht entziehen. Doch die eigentliche Urmutter war die Klofrau. Bei ihr konnte jeder sein Herz ausschütten, sie kümmerte sich um die Mühseligen und Beladenen. Bei ihr fühlte man sich wieder zu Hause, wie im Vereinshaus.

6

Fehmarn ist eine Insel in der Ostsee, durch eine 900 Meter lange Brücke mit dem Festland verbunden. Die Bauern dort leben vor allem von ihren Rapsfeldern, die sich in endlosen Weiten über die ganze Insel erstrecken und im Frühsommer die Welt in ein sanftes Gelb hüllen. Stille. Weite. Wind.
In dieser Idylle sollte am 3. September 1970 das »größte Rock-Festival des Kontinents« stattfinden. Ein »Festival der Liebe«, so stand's auf den Plakaten von Flensburg bis Salzburg, von Emmerich bis Westberlin.

Die Musik dazu sollten unter anderem Canned Heat, Sly und The Family Stone, The Faces, Ginger Bakers Airforce und Jimi Hendrix liefern, und dafür, daß es im Juni des nächsten Jahres auf dem Kontinent nicht zu einem unerwünschten Babyboom kam, wollte die Flensburgerin Beate Uhse mit ihren Kondomen sorgen. Rockmusik-Konzerte hält der deutsche Fiskus für ein reines Vergnügen und will deswegen an jeder verkauften Eintrittskarte mitverdienen. Vergnügungs-Steuer nennt er das. Aber die cleveren Kieler Veranstalter des Liebesfestivals hatten nicht die Absicht, von dem schmalen Entgelt für ihre Liebesmüh etwas an den Staat abzugeben. Dafür brauchten sie aber ein wenig »Kultur« auf der Bühne. Denn die ist in Deutschland Teil einer moralischen Anstalt und als solche steuerfreie Zone. Theater mußte her!
Bei meinem Bruder Gert klingelte das Telefon. Er hätte doch den heißen Draht zu diesem Lehrlings-Theater, äh – »Rote Steine«? – Ja, genau die – man wäre bereit, denen die einmalige Chance zu geben, vor mindestens hunderttausend, wenn nicht weit mehr Zuschauern, ihre Botschaft, die man ja selbst auch ganz richtig fände, äh – loszuwerden. Tja. – Was denn da drin wäre? – Ah wie? – Ach Geld? – Ach so. Man dächte da so an die fünfhundert Mark. Die Entscheidung müsse allerdings ganz schnell fallen, da in ganz Europa bereits die Rucksäcke gepackt würden zur Wallfahrt nach Fehmarn. Gert versprach, sich baldmöglichst wieder zu melden.
Als er den Hörer aufgelegt hatte, ging ihm ein Licht auf. Über das Gagenangebot konnte er nur müde lächeln. Fünfhundert Mark? Das druckte unsere Rotaprint in einer Stunde. Eine Bühne vor hunderttausend Leuten allerdings, die bekommt man nicht alle Tage als

Werbefläche geboten. Nur, was sollten die »Roten Steine« da? Deren Marx-Brothers-Witz war gut für 500 bis 1 000 Leute. Maximal. Für die Band jedoch, die er gerade zu managen begonnen hatte und deren erste Single soeben bei Pallas, Diepholz, in Vinyl gepreßt wurde, sollte das die erste goldene Stufe auf dem Weg in den Himmel der Rockmusik werden. Er rief also in Kiel zurück und versprach diesen selbstlosen Rittern der neuen Liebe, sie würden ihr Theater bekommen. »Dafür leg ich meine Hand ins Feuer.«

Am 3. September, ich weiß es noch genau, weil's ein Donnerstag war und es wie aus Kübeln regnete, erreichten wir Heiligenhafen und damit die Brücke über den Fehmarnsund. Wir? Die »Roten Steine« natürlich. Wie bestellt, so geliefert. Die »Steine« sollten jedoch, wenn Gerts Pläne aufgingen, nur als Trojanisches Pferd dienen.

Gert notierte damals dazu: »Auf die Frage, wer dorthin mitkommt, gab es nur eine Antwort ... alle. Chris Sievernich machte seinen alten Postbus klar, in den wir Instrumente, Verstärker, Tonbandmaschinen, die Rotaprint-Druckmaschine und ein Stromaggregat verstauten. Wir haben in diesen Bus alles geladen, womit man eine mittlere Revolution in Alices Wundertüte hätte anzetteln können. Berlin wollte nun den Nordlichtern zeigen, wo's lang geht. Zusätzlich wurde noch der VW-Bus eines Kreuzberger Psychologen samt Fahrer gechartert und weitere diverse Personenkraftwagen zwangsrekrutiert.« Insgesamt waren wir 28 Leute.

Fehmarn war grau, der Himmel hing tief, der Raps war geerntet, die Felder gepflügt, und es regnete und regnete.

Das Gelände des »Festivals der Liebe« war, selbstredend, von »Hell's Angels« aus Altona bewacht. Diese

Höllenengel wollten unseren Troß nicht einlassen. Da stieß Bernhard ein paar Laute aus, die unmißverständlich klarmachten, daß hier kein Kindergarten im Anmarsch war. Unsere Kolonne bahnte sich den Weg durch die frierende, durchnäßte Hippie-Gemeinde. Junge Mütter, Blumenkinder im Arm – selbstgebatiktes Tuch klebte an ihren Körpern, die langen Haare troffen ins Gesicht –, waren auf Nahrungssuche und warfen große, vorwurfsvolle Blicke in unseren grauen, aber trockenen Bus. Ein bärtiger Apostel aus Amsterdam fluchte zum Himmel. Seine Löschblatt-Trips waren naß geworden. Wie sollte er nun die Fünftausend speisen? Auf einem LKW unter einer Zeltplane drängte sich eine Bauernfamilie, über deren Väter Erbe sich das Unwetter zusammenbraute. 30000 hartgekochte Eier!!! Stück 'ne Mark!!! Wer würde die essen?

Ein paar Jünger trauerten bei den Zelten. Wo war der Meister? Es ging das Gerücht, Jimi Hendrix habe abgesagt.

Dann erreichten wir unser Ziel. Das Zentrum des Bösen, die Organisationsbaracke. Hier nun war Stille. In einer Ecke unterhielt sich Beate Uhse leise mit einem gepflegten jungen Mann. An einer Art Tresen saß ein anderer blonder junger Mann, hinter ihm Monitore, auf denen wir Canned Heat erkannten, die gerade »Goin' up the Country« intonierten. Das konnte man nur leise hören, aber sehen konnte man, daß der Band ein Mann fehlte. Wo war Al Wison? »Ja, ja, das wissen wir schon, daß da einer fehlt. Der ist nicht mitgekommen.« Tatsache war, daß der fehlende Mann zu eben dieser Stunde auf einem Hinterhof in Los Angeles vergiftet aufgefunden wurde. Doch das wußten zu diesem Zeitpunkt weder wir noch Canned Heat.

Wir erklärten unser Begehr: Kost, Logis und Back-

stage-Karten. Für 28 Leute. Wir sind das bestellte Theater. Als der junge Mann, einer der Veranstalter, ungläubig schaute, mußten wir leider den Beweis antreten. Jako und Bernhard waren kaum zu halten. Sie spielten mit dem netten jungen Mann ihre Szene »Mein Chef will mir das Weihnachtsgeld nicht geben«. Der »Chef«-Darsteller hielt sich ganz wacker. Die ersten fünf Minuten. Aber die letzte Runde ging an uns. So verließen wir, endlich ausgestattet mit allem, was unsere 28 jungen Herzen begehrten – Essen- und Getränkebons, Stage-Pässe, Veranstaltungs-Fahrpläne und fünf Landkarten der Insel –, die Kommando-Zentrale. Unser »Tschüß« – »Mach's gut« – »Bis morgen« hörte der blonde junge Mann nicht mehr. Er war mit zitternden Knien beschäftigt, sein Büro wieder einigermaßen zu ordnen. Wir bestiegen siegessicher unsere Karossen in Richtung Bannesdorf, Neue Tiefe, um im dortigen »Inselhotel« alle noch freien Zimmer zu besetzen. Beate Uhse sah uns sinnend nach.
An den nächsten beiden Tagen stellte sich heraus, daß ein großer Teil der angekündigten Gruppen überhaupt nicht auftreten würde. Die Versorgungslage auf dem Festival-Gelände war katastrophal. Wer essen, trinken, scheißen oder pissen wollte, mußte kilometerweit durch Schlamm waten und stundenlang im Matsch warten. »Nischt zu fressen, nischt zu ficken, aber Ten Years After kieken« meine Jako.
Überfluß gab's nur auf dem Sektor hartgekochte Eier, wo die Preise stündlich fielen, und bei den Präservativen, die Beate Uhse, ebenfalls stündlich, mit vollen Händen und voll Begeisterung für eine so große, nie gesehene junge Gemeinde der Liebe vom Dach des »Uhse-Mobils« in die dicke Festival-Luft warf, durch die sie dann langsam aber sicher und unbeachtet in den Matsch segelten.

Dicke Luft gab's auch bei den Rockern. Die hatten sich unter »Festival der Liebe« etwas ganz anderes vorgestellt und versuchten immer wieder, den Hippie-Bräuten schöne Augen zu machen. Auf ihre Art, versteht sich. Wie man das auf St. Pauli nach'n paar Bierchen eben macht. Das kam aber überhaupt nicht gut an. Deshalb begannen sich die Jungs aus dem Kiez allmählich zu sagen: Mann, saufen kann ich auch zu Hause, weißtu ...

Selbst mein Freund Raymond war vergrätzt. Stundenlang hatte er das Gelände sondiert und kein einziges, winziges Piece Shit auftreiben können. Von Zigarettenpapier ganz zu schweigen. Ähnlich wird sich Jimi Hendrix im »Kurhotel Hasselbarth« gefühlt haben. Die Marktlage für Heroin war damals in Deutschland noch mies, in Fehmarn aber sicher unter aller Sau. Ihm war sein Stöffchen ausgegangen. Auf sein Stöffchen wartete auch Fritz Rau. Die vereinbarte Gage für seinen Schützling war nämlich bei ihm noch nicht eingegangen. »Vorhär kriegt ihr den Tschimmy net on stage!!« brüllte er.

Als dann Samstagnacht um ein Uhr zum hundertsten Male der Regen für Jimis Nichterscheinen verantwortlich gemacht wurde, begannen sogar die sanften Seelen der Blumenkinder zu kochen. Ein Pfeifkonzert war die Folge. Danach schienen sie sich geschlagen zu geben. Die Armee der Liebenden plante resigniert den Rückzug für den nächsten Tag. Doch dann versprach sich alles zum Guten zu wenden. Mit dem Morgen verzogen sich die Wolken, und die Sonne trat hervor. Ein Kurier brachte Geld, ein anderer Drogen, und um elf Uhr vormittags stand Jimi Hendrix fit auf der Bühne und gab ein gutes Konzert. Doch die Erwartungen waren so hoch, die Enttäuschungen der letzten Tage so

groß gewesen, daß er leider nur müden Beifall bekam. Den letzten seines Lebens. Zwölf Tage später war er tot.
Gert dealte derweil im Organisations-Zentrum um einen Platz auf dem Bühnen-Fahrplan, ganz nebenbei erwähnte er, daß die »Roten Steine« natürlich mit ihrer Band auftreten würden. Schließlich versprach man ihm, Bühne und Verstärker für 16.30 Uhr freizuhalten. Das teilte er uns mit. Doch die »Roten Steine« hatten keine Lust. Sie wußten, daß es hier keine Meilensteine zu setzen gab. Als auch ich mich sträubte, weil mir die Sache etwas zu unübersichtlich war, sagte Gert: »Hör zu, Rio, ihr braucht hier nur drei Songs zu spielen! Drei Songs! Und die Sache ist gelaufen! Dafür leg ich meine Hand ins Feuer!« Überredet.
Wolfgang, Kai, Lanrue und ich hatten noch drei Stunden Zeit, um uns heiß zu machen für unseren ersten gemeinsamen Auftritt. Der Weg vom Organisationszentrum zur Bühne erleichterte uns die Einstimmung. Die Atmosphäre war gespannt und heizte sich immer mehr auf. Da war man also Hunderte von Kilometern mit Sack und Pack und Frau und Kind angereist, nur um, in Schlamm getunkt, diesen Nepp über sich ergehen lassen zu müssen. Scheiße.
Pünktlich um halb fünf standen wir auf der Bühne.
Da waren gerade die »Embryos« zugange. Sie hatten sich Tee hingestellt, saßen auf Teppichen, spielten Querflöte und machten mit Sitar und Schlagzeug bingbing. Waren ganz bei sich und hier und jetzt. Aber dieses »Hier und Jetzt« wurde für sie von Sekunde zu Sekunde gefährlicher. Bier- und Weinflaschen, überhaupt alles, was dem Publikum bei der Heimreise nicht mehr von Nutzen war, schwirrte in Richtung Bühne. Die Embryos ließen sich davon nicht weiter irritieren, doch ihr

fliegender Teppich wollte nicht so richtig abheben, also brachten sie ihn zur Landung, rollten ihn zusammen und trollten sich.
Jetzt waren wir dran. Während wir noch kurz unsere Instrumente checkten – Pling-Pling, Dumm-Dumm, Kling-Klang, Krach-Krach –, kam Gert auf die Bühne gestürzt und teilte uns mit, daß im Organisationszentrum die Hölle los und der Veranstalter mit der Kohle verduftet sei. Dann ging ich an's Mikrofon und sagte: »Hallo!! Wir heißen TON!! – STEINE!!! – SCHERBEN!!!« Und wir legten los.
Zuerst »Alles was uns fehlt, ist die Solidarität«, dann »Wir streiken«. Die Massen waren begeistert. Das ermutigte mich zu dem Satz: »Haut die Veranstalter dieses Festivals ungespitzt in den Boden!« Tosender Applaus. Der dritte Song war »Macht kaputt, was euch kaputt macht!« Dabei brach das Inferno los.
Weit hinten, am rechten Rand des Festival-Geländes, konnte ich von der Bühne aus das Organisationsbüro sehen, aus dem, wie als Antwort auf unseren Song, plötzlich eine kleine Rauchfahne stieg. Aus dem Rauch wurde Qualm, der Qualm wurde zu Flammen. Als wir den letzten Akkord spielten, brannte es lichterloh. Ich drehte mich um und wollte die Gitarre ablegen, da sah ich, wie Gert und einige andere damit beschäftigt waren, oben in den Traversen die Fernsehkameras und Scheinwerfer abzubauen. Die englische Technik war verschwunden, hatte alles stehen und liegen lassen, um den mit der Kasse Geflohenen hinterherzujagen.
Dann kann ich mich an nichts mehr erinnern.
Tatüüüüü! – Tataaaaa! – Tatüüüüü! – Tataaaaa!
Ich machte die Augen auf und sah, wie Feuerwehr- und Mannschaftswagen uns in endloser Kolonne entge-

genkamen. Es war schon dunkel. Hinter uns leuchtete der Himmel. Rot. »Das war die Bühne«, meinte Gert. Das war Fehmarn.

Nach diesem Auftritt bekamen wir eine neun Seiten lange Anzeige von der Staatsanwaltschaft Hamburg, in der wir so ziemlich aller Delikte beschuldigt wurden, die man überhaupt in seinem Leben begehen kann. Die Anzeige begann mit fahrlässiger Tötungsabsicht – angeblich hatten wir die Bühne mit Maschinenpistolen betreten – und endete mit Brandstiftung und Aufruf zu Aufruhr und Gewalt. Wären wir dieser Anzeige gemäß verurteilt worden, dann müßte ich diese meine Lebenserinnerungen jetzt als Kassiber aus dem Knast schmuggeln.

DREI

Eine Legende macht die Runde – Exkurs über veraltete Tonträger – Gesicht mit Ziegenbart – Freiheit für alle – Die Jünger von Emmaus – Schneller sein als die Abrißbirne – Marx & Mensa – Berlin lag im Osten – Eine Nacht mit Folgen – Tacker und Stempel – Sind Stadtplaner drogensüchtig? – Ein Toter wirft die Knarre weg – Zeitloch: Zimmer 639 – Von Sipo bis Popo – Kurzer Auftritt in Schwäbisch Gmünd – Grete weint – Nach Peking fahren und Ente essen – Bullen mögen keine Hochbetten – '68 war '67 – Nix als Schulden, Land in Sicht – Ein Strohdach vom Winde verweht – Soso!

»Scherben« 1974
v. l. n. r.:
Schlotterer, Gino, Jako, Lutze, Rio
Funky, Olaf, Nikel, Mecki, Britta
Lanrue, Bernhard, Graf Luckow, Vegas Hammer

1

In der Woche danach gab's viel zu tun. Alle schwärmten aus, um Freunden, Bekannten und Verwandten von den Abenteuern auf der Ostsee-Insel zu erzählen. Nur Raymond und ich hingen noch zusammen. Aber in Raymond ging irgend etwas vor. Irgendwer, ich weiß nicht, wer's gewesen ist, vielleicht ich selbst, hatte ihn vor eine Entscheidung gestellt. Das verdunkelte ihn. Am Freitag hatten wir wieder einen Trip genommen, »Sunshine Explosion«. Erst nach Sonnenaufgang legten wir uns auf einem freien Plätzchen zwischen die Schlafenden im kleinen Kommunezimmer der Krabb-Etage ab. Irgendwann, gegen elf Uhr vormittags, wachte ich auf. Da war was. Ich öffnete die Augen. Raymonds blaue Kordhosen verließen in seinen roten Socken und weißen Turnschuhen soeben den Raum.

Später, ich saß am Küchentisch und starrte aus dem Zimmer, hörte ich plötzlich hinter mir tonlose Stimmen: Raymond, Krankenhaus, Mofa geliehen, Glaserei-Lieferwagen, sämtliche Knochen gebrochen, Urban-Krankenhaus, immer noch bewußtlos. Peng!! Knall!! Klirrrrrrrrr ... Raymond hatte Martine besuchen wollen, war mit dem Mofa von einem Kleinlaster angefahren worden und lag auf der Intensiv-Station des Kreuzberger Urban-Krankenhauses.

Jetzt glaubte ich Raymond endgültig an Martine verloren. Das schrieb ich ihm eine Woche später ins Krankenhaus, machte damit meine Angst zur Wirklichkeit. Ich hatte mich umgedreht, wie Orpheus in der Unterwelt – und der Geliebte war verschwunden.
Ich wurde zu Stein. In den nächsten Wochen stakste ich herum wie Baron Samedi Zombie. Ich machte meine Arbeit weiter, schnitt Fotos auseinander und setzte sie zusammen. Das Cover für die Single mußte in Druck gehen, die Plattenlieferung aus Diepholz war schon unterwegs. Ich gab Interviews für's WDR-Fernsehen, ging für dieselbe Sendung nochmal ins Studio und ließ mich dort mit Lanrue, Kai und Wolfgang und den drei berühmten Songs aus Fehmarn filmen.
Aber ich war ein Untoter. Ich kiffte wie ein Bekloppter und schrieb sogar den Songtext: »Wenn die Nacht am tiefsten, ist der Tag am nächsten«, nach einem Spruch von Ho Chi Minh. Da kam Rolli, die wieder mal an der Nadel hing, mit einem kleinen Tütchen vorbei. Ich hatte sie fast jeden Tag angefleht, mir Meskalin zu besorgen.
»Meskalin is dat aber nich, ne, trotzdem total verrücktes Zeuch, ne. Der Typ, ne, also von dem isch dat habe, der sacht, kommt aus Bonnies Ranch, probiern se da anne Verrückten aus, Schizos und so, was weiß isch. Wo die dat heer haaben? Keine Ahnung. Aber is genuch da, ne, und totaaal billich. Drei Mark 't Gramm! Hier, dat sinn drei Gramm, gibste mir 'n Zehner für. Kannste mir 'n Pfund leihn, ey? Isch bin wieder totaaal von der Rolle!! Renn schon'n ganzen Taach rum, und keiner hat wat, die Typen hier, ey! Total Scheiße!!«
»Dat Zeuch« sah aus wie Meskalin, war aber fast geschmacklos. Ich schüttete davon einen Löffel voll in die Tasse mit dem kalten Tee vor mir, rührte sorgfältig um

und kippte es mit einem Zug runter. »Trutz Toth, komm her, ich fürcht dich nit! Komm her und tu deinen Schnitt!« Nach einer Viertelstunde lockerten sich langsam die Fesseln des Marterpfahls, an dem ich seit längerem gestanden hatte. Als ich das spürte, riß ich mich los, rannte aus dieser Blut- und Mörderhöhle hinaus und die Stiegen hinunter.
Ich sah klar! Alles ist, wie's ist und scheint, wie's scheint. Und Sein scheint hinter den Kulissen, und Sein scheint hinter den Masken. Und manchmal durch und durch. Ich hatte keine Halluzinationen mehr.
Ich lieh mir von Gert 150 Mark, zu verrechnen mit den zukünftigen Platten-Lizenzen, und kaufte den gesamten Bestand von »dem Zeuch« auf. Von Stund an trug ich immer ein Fünf-Gramm-Briefchen dieses kostbaren Pulvers in der linken Brusttasche meiner abgewetzten dunkelblauen Jackenbluse mit mir herum, zusammen mit der Mao-Bibel. Nun konnte ich Kreuzberg und seine Untoten zum Leben erwecken.

Bernhard, Jako und ich hatten uns entfremdet. Bei der Suche nach Halt auf ihrem Baugerüst hingen sie immer mehr Krabb, Lothar X. und deren Polit- und Schulungsprogrammen an.
Wir trafen uns dann aber bei »Märchen« im Bullenwinkel und verzogen uns ins Hinterzimmer. Ich holte vom Tresen drei Faßbrausen. Als ob noch Sommer wär. In einem unbeobachteten Augenblick, derer es viele gab, denn immer stand hier irgendein trunkener Prediger in einer Ecke und forderte laute Kommentare von Bernhard und Jako heraus, kippte ich jedem von uns eine kleine Prise ins Glas.
Die nächsten Wochen waren sehr angenehm. Das kleine Kommune-Zimmer in der Krabb-Etage der Ora-

nienfabrik war allabendlich gut besucht. Charlie, der hier wohnte, und Rollie, Anette Cosette, Bernhard und Jako und, und, und. Und ab und zu Gisela. Ab und zu fragte mich jeder mal nach einer kleinen Prise, und dann erzählte jeder mal eine Geschichte aus seinem Leben, die er bis dahin noch nirgendwo losgeworden war. Und alle hörten zu. »Ein Jeder Trage des Anderen Last« war in die Wand geritzt.

Eines Morgens sagte Gisela mit ihrer tiefen Stimme in die Frühstücksstille – eine Kerze brannte, außer uns beiden war niemand in der Küche: »Isch weiß, daß du den Raymond liebst.« Ich sagte nichts: nichts Ungewöhnliches, denn sie hatte ja nichts gefragt.

Und erwartete auch keine Antwort.

Am Abend erzählten Jako und Bernhard, daß sie jetzt mit »Rote Steine« weitermachen würden. Zwei neue Schauspieler waren vorgesehen: Anette Cosette und ein gewisser Müller, den Jako noch aus der Berufsschule kannte.

Diesen gewissen Müller brachte er am nächsten Abend mit. Ein hübscher, blonder, sechzehnjähriger Junge mit einem langsamen, braunen Blick. Er lernte Einzelhandels-Kaufmann in der Herrenoberbekleidungsabteilung bei Karstadt in Steglitz. An diesem Abend kam das Gespräch auf Raymond. Bernhard kam gerade von einem Besuch aus dem Urban-Krankenhaus. Irgendwann fragte er mich dann: »Sag mal, ick hatte öfter mal det Gefühl, det du in Raymond verliebt bist. Kann det sein?« Stille. Ein Engel ging durch den Raum.

»Ja«, sagte ich.

Das sollte heißen: »Ja, es kann sein, daß du öfter mal das Gefühl hattest, daß ich in Raymond verliebt bin.« Ich bin ein Wortklauber und Haarspalter, aber ich spreche nicht darüber. Deswegen wurde mein »Ja« allge-

mein ganz anders verstanden. Das aber hatte ich vorausgeahnt und würde mit diesem Mißverständnis leben können. Es war ja wahr.
Nun waren alle neugierig geworden, und ein allgemeines Fragen hob an. Nebenbei empfahl Jako dem blonden Müller, auch eine kleine Prise von »dem Zeuch« zu nehmen. Irgendwann lagen der blonde Müller und ich uns in den Armen, und dann, irgendwann, tat der Rest der Belegschaft der Oranienfabrik-Kommune es uns gleich.
Das war mein Coming-Out. So nannte man das dann später.

Endlich waren die Platten da. Rundes, schwarzes Vinyl mit einem roten Etikett auf jeder Seite. Auf der oberen Hälfte des Etiketts befand sich bogenförmig der Schriftzug »TON STEINE SCHERBEN«. Darunter dasselbe nochmal, klein und dünn gedruckt, und noch weiter darunter, entweder MACHT KAPUTT, WAS EUCH KAPUTT MACHT, TP 1001 (das war die Bestellnummer), Stereo, Seite A M 45 (das heißt, wenn der Teller des Plattenspielers es schafft, sich 45mal in der Minute zu drehen, kann man das in die Rillen Gepreßte ungefähr in der Tonlage hören, in der es aufgenommen ist) oder, auf der anderen Seite, WIR STREIKEN, TP 1001 Stereo (das heißt, daß aus dem linken Lautsprecher normalerweise nicht genau dasselbe kommen sollte, wie aus dem rechten), Seite B (das soll glauben machen, diesen Song würde man gratis zu dem Meisterwerk auf Seite A dazu erhalten), M 45. Kreisförmig, am äußeren Rande des Etiketts war zu lesen URHEBER UND LEISTUNGSSCHUTZRECHTE, BESONDERE VERVIELFÄLTIGUNG (AUSSER ZUM PERSÖNLICHEN GEBRAUCH), VERMIETUNG, AUFFÜH-

RUNG, SENDUNG VORBEHALTEN. (Den vielen Raubpressern war's egal.) Also alles ganz seriös, bis auf die fehlende Autorenangabe sowie Gema-Logo und Gema-Nummer. So sahen die meisten Tonträger damals aus.
Die Platte selbst war in ein weißes, quadratisches Papierhemd eingetütet. Je 30 Stück in einem Wellpapp-Karton. Davon kamen mit erster Lieferung per Bahnfracht 93 Stück bei Gert Möbius, 1 Berlin 36, Görlitzer Straße 7 an. An die Arbeit! Auf jede Seite der Schutzhülle mußte das von mir entworfene und bei Gert gedruckte Cover geklebt werden. Dazu wurde jeder eingespannt, der die Oranienfabrik betrat. 2000 × kleben. Nach einer Woche war alles verkauft, verschenkt, in Kommission gegeben, gegen Drogen getauscht oder geklaut. Schon rollten die nächsten 1000 an. Zum Christmett-Läuten 1970 waren 6000 »Macht kaputt, was euch kaputt macht«-Singles über Deutschland verteilt. In Berlin konnte man sie in jeder vernünftigen linken Musikbox neben »Dong Van Hong«, der chinesischen Nationalhymne, finden.

Bei Gert klingelte wieder mal das Telefon. Ein gewisser Nikel Pallat meldete sich, Bezug nehmend auf einen Auftritt der »Ton Steine Scherben« in Fehmarn, woselbst er anwesend und sehr angetan gewesen. Ob es freundlicherweise zu ermöglichen sei, in nächster Zeit einen Termin mit der Gruppe zu erhalten. Man beschäftige sich mit derselben Materie, sei selber Musiker und Texter und erhoffe sich einige Ratschläge. »Hört mal, da ist so'n Verrückter, der hat schon'n paar mal angerufen. Könnt ihr euch nicht mal mit dem treffen, der nervt schon die ganze Görlitzer Straße.«
Wenig später holperte ein klappriges MG-Cabrio über

die Pflastersteine und kam vor dem Fenster zu stehen. Ihm entstieg eine Person, männlich, zwischen 20 und 30 Jahre alt, bekleidet mit einem blau-weiß-gestreiften Sommeranzug, vermutlich italienischer Fabrikation. 1,70 m groß, längeres, schütteres, dunkelblondes Haar, rundes Gesicht, Ziegenbart. Die Person bewegte sich auf die Haustür zu.

Das mußte er sein. Das war er.

»Also, ich bin der Nikel Pallat, nich. Freut mich, euch kennenzulernen, ja. Also, ich hab euch in Fehmarn gesehn, nich, ja, und da dacht ich mir, kommst mal vorbei, ja, nich. Es is nämlich so, ich schreibe selber Texte.«

Aha.

»Ja, und die kann ich euch mal zeigen, hier, ich hab se dabei, könnter mal kurz reingucken und mal sagen, was ihr dazu sagt, ne.«

Mhm.

»Also, den hier, zum Beispiel, da hab ich mal versucht, dieses Computer-Problem zu behandeln, ›Lochkarten-Baby‹, auf die Musik von Eddie Cochran, ja, den werdet ihr ja, also, kennen, nich, diesen ›She's Something Else‹. Also, wenn ihr wollt, ja, dann kann ich euch das auch mal vorsingen, nich.«

Nur zu.

»Habt ihr 'ne Gitarre da oder so was, daß mich vielleicht einer begleitet?«

Leider nicht.

»Na ja, macht nix. Tja, dann werd' ich das jetzt mal machen, nich.«

Und los.

Er stellte sich breitbeinig hin, das Textblatt in der Hand, hob den Kopf und begann zu singen wie ein arabisches Waschweib.

Kai und Lanrue saßen auf dem Sofa, beide Hände krampfhaft vor den Mund gepreßt, und drohten zu platzen. Lanrue behauptet heute noch, er hätte Gerts »Chaiselongue benäßt«, was heißen soll, er habe vor Lachen in die Hosen gemacht.
Dieser Mann war gut. Seine offene Art, kommunikativ, extrovertiert! Das beeindruckte uns schon sehr. Der Mann war gut. Der Mann war – ! – Steuerberater.
Wir verabschiedeten uns unter Bekundung gegenseitigen Respekts. Er versprach, sich baldmöglichst wieder blicken zu lassen. Irgendwas hatte dieser Irre. Aber was?
Auf jeden Fall ein Mensch, zu dem meine Mutter gesagt hätte: Der hat uns gerade noch gefehlt in unserer Raupensammlung.
Dieser Nikel Pallat sollte bald unser Manager werden.

Am 14. Mai 1970 brachte mal wieder ein Schuß »die Linke« in Bewegung. Diesmal war es ein Steckschuß in der Leber eines Angestellten des »Instituts für soziale Fragen« in West-Berlin, Herrn Linke. Dieser Schuß fiel bei der Befreiung von Andreas Baader, der wegen Brandstiftung und Urkundenfälschung im Knast gesessen hatte, und läutete die Diskussion über den bewaffneten Kampf ein. Jetzt sollten sich die Schafe von den Wölfen trennen. Das erhoffte sich zumindest das politische Establishment, das selbst kräftig mitzündelte. Nicht nur mit brutalen Polizei-Einsätzen, sondern auch mit seinem Verfassungsschutz. Zum Beispiel lieferte der V-Mann Urbach, der auch bei den Oster-Unruhen '68, nach dem Attentat auf Rudi Dutschke, die Springer-Lieferwagen in Brand gesetzt hatte, Waffen und Drogen an die linke Berliner Szene. Zur Eskalierung. Wir »Linken« sollten böse, häßlich und gemein ausse-

hen. Am schönsten wären Schlagzeilen gewesen wie »Rudi Dutschke erschlägt seine Mutter«, »Fritz Teufel verbrennt Auto eines Schichtarbeiters« oder »Ulrike Meinhof erschießt ihre Putzfrau«. Tatsächlich war eine Fraktion der Linken dabei, eine bewaffnete Widerstandsgruppe aufzubauen. Sie sollte neben der Betriebs- und Stadtteilarbeit ein militantes Standbein sein. Der Name: »Rote Armee Fraktion«. Im Fernsehen wurde sie etwas länger, aber viel romantischer »Baader-Mahler-Meinhof-Bande« genannt.
Der prominente Berliner Wirtschaftsanwalt Horst Mahler war nach den Oster-Unruhen '68 wegen Aufforderung zum Landfriedensbruch zu zehn Monaten Knast auf Bewährung verurteilt worden, obwohl er damit nicht mehr zu tun gehabt hatte als die meisten von uns. Außerdem wollte Springer 250 000 Mark Ersatz von ihm für den Schaden, den unter anderem der Maulwurf vom Verfassungsschutz bei ihm angerichtet hatte. Auch die Anwaltskammer verstieß ihn. Er tauchte unter und wurde kurz darauf steckbrieflich gesucht. Wegen Bankraub. Wollte er Springer die Viertelmillion zurückzahlen? Ach wo! Im Oktober '70 wurde er verhaftet. Die Wohnung war aufgeflogen und mit ihr V-Mann Peter Urbach, der dann bis in die 90er Jahre der letzte Maulwurf in der »Kommando-Ebene« der RAF bleiben sollte.
Ende November klingelte mal wieder bei Gert das Telefon. Eine Video-Gruppe bat um einen Termin bei uns, es ginge um die Musik zu einem Video-Film. Die Handlung ließe sich schlecht am Telefon erklären ... Es wäre absolut ausreichend, wenn nur der Sänger und Texter – das ist doch dein Bruder – zu dem Treffen käme.
Die Vertreter der Video-Gruppe waren zwei höfliche und wohlerzogene Menschen. Angela Lutter und

Werner Sauber, der sich aus unerfindlichen Gründen als »Phillip« vorstellte. Es ging ihnen um einen Film für das Mahler-Teach-in im Dezember. Dafür wollten sie einen Song. Ich machte ihnen höflich klar, daß ich mich noch nicht in der Lage fühlte, eine Helden-Ballade über Horst Mahler zu schreiben. Weil Horst Mahler, ich meine jetzt als Person ...
»Genau! Genau! Das sagt Horst auch! Es geht dabei nicht um ihn. Die meisten Linken wollen jetzt ›Freiheit für Mahler‹ feiern und sich gleichzeitig vom bewaffneten Kampf distanzieren, indem sie behaupten, Mahler wäre unschuldig und das ganze wäre ein exemplarischer Fall von Klassenjustiz.«
»Ja«, sagte ich, »Freiheit für alle Gefangenen.«
»Genau, genau, dasselbe sagt Horst auch. Freiheit für alle politischen Gefangenen.«
Das war nun nicht ganz dasselbe, trotzdem waren wir alle Radikale auf der Suche nach der besten aller möglichen Welten. Nur steinige Wege kamen in Betracht, vielleicht der richtige Weg zu sein. Wo ein hoher Einsatz verlangt wurde, wollten wir setzen, in der Hoffnung, die Götter zu erweichen. Werner »Phillip« Sauber kostete das sein Leben, er wurde in Düsseldorf auf einem Parkplatz erschossen. Und wir hatten auch den Zorn gegenüber jenen linken Heuchlern gemeinsam, die über Revolution schwadronierten, sich aber bedeckt hielten, sobald es auch nur so schien, als ob es gefährlich werden könnte. Wir verabschiedeten uns, und ich versprach, das alles in meinem Herzen zu bewegen. Sie könnten auf die »Scherben« rechnen.

Im Dezember begannen wir unsere erste LP aufzunehmen. Das bot sich an, nachdem die Single ein Szene-Renner geworden war. Vor allem, nachdem im Fern-

sehen zur Hauptsendezeit »Fünf Finger sind eine Faust« gesendet worden war, eine Selbstdarstellung der Berliner Linken, zu der die »Scherben« die Musik geliefert hatten: »Macht kaputt ...«, »Wir streiken« und »Solidarität«. Die Reaktionen darauf waren überwältigend. Ein riesiger Berg Post war bei Radio Bremen angekommen, vor allem mit Fragen nach der Musik. Vom Alt-Kommunisten bis zum Jungarbeiter, vom Nonnenkloster bis zur Mädchenschule wollten alle diese Musik auf Platte haben.
Wir hatten einen jungen Elektriker kennengelernt, dessen Berufstraum es war, Toningenieur zu werden. Und das Jugendhaus Borsigwalde, weit draußen im Nordwesten der Stadt, hatte ein kleines aber feines Tonstudio. So kam es, daß wir dort im Aufnahmeraum bald darauf verzweifelt nach einem Arrangement für »Mein Name ist Mensch« suchten, während die Borsigwalder Jugend in der Aula zu den Klängen von »Lola« schwoofte.
Nun betrat auch Nikel Pallat wieder die Bühne. Er kam uns jeden Tag nach seiner Arbeit besuchen. Mittlerweile war es Winter, und er trug jetzt einen halblangen Kaninchenfellmantel, rote Hosen, Schaftstiefel und eine rote Ballon-Mütze. Immer brachte er Kuchen und Cinzano Rosso mit und eines Tages auch sein Saxophon. Er hatte zwar nie behauptet, auf diesem Ding spielen zu können. Doch er tat's. In den Katakomben des »Scherben«-Archivs ruhen noch einige historische Aufnahmen, auf denen seine Gießkanne zu hören ist.
Oft quetschten wir uns nach einer Aufnahme-Session noch alle vier in sein Auto. Das war natürlich nur möglich, weil das Schiebedach seines MG's immer noch unten war. Und dort soll es auch bis zur Schrottpresse bleiben. Wir fuhren dann in eine von Nikels Stammkneipen. »Galerie Natubs«, »Dicke Wirtin« oder »Wirts-

haus Wuppke«, allesamt Bier- und Schmalzstullen-Kneipen, in denen aber auch gekifft wurde. Da versuchte ich ihn zu überreden, unser Manager zu werden. Denn Gert tanzte allmählich auf zu vielen Hochzeiten, und der Job eines Managers hätte ihn auf Dauer auch nicht befriedigen können.

Vor oder nach den Aufnahme-Sessions in Borsigwalde saß ich meist bei Lanrue in der Adalbertstraße und arbeitete unter dem Einfluß von Haschisch, Kuchen und Nescafé an den Songs. Aus dem Fundus von »Hoffmanns Comic Teater« und »Rote Steine« wollten wir »Ich will nicht werden, was mein Alter ist«, »Warum geht es mir so dreckig«, »Alles verändert sich«, »Sklavenhändler« und »Solidarität« nehmen. »Mein Name ist Mensch« war der erste Song, der nicht für ein Theaterstück oder einen bestimmten Anlaß geschrieben war, sondern einfach von selbst ans Tageslicht trat.

Außerdem entstanden jetzt »Schritt für Schritt ins Paradies«, »Wenn die Nacht am tiefsten« und »Komm, schlaf bei mir«. Letzteres kam dann natürlich nicht auf die erste Platte, denn bei aller Liebe zu Diskussionen über Sexualität und Orgasmusstörungen: Sowas gehörte nicht auf eine ordentliche Agit-Prop-Rock-Platte, Schnaps is Schnaps und Dienst is Dienst.

Nun saß ich über einem neuen Kampfsong, dem von Lutter & Sauber in Auftrag gegebenen politischen Lied für alle Gefangenen, äh, Lied für alle politischen Gefangenen. Kerzen brannten, Englein sangen, Orangen und Nescafé dufteten. Lanrue saß in der Ecke vor der Revox, die ich zu ihm in Sicherheit gebracht hatte und dudelte auf seiner Gibson-Gitarre. Ich schrieb: »Der Kampf geht weiter«.

Wie Karl May in seinen Romanen das ICH immer das starke aber gute, dem Menschen stets freundlich Ge-

sonnene sein ließ, so wollten wir das WIR zum unterdrückten, verfolgten und ausgebeuteten Guten machen, das letztendlich siegen würde. Vier Milliarden Old Winnetous.
Abermals klingelte bei Gert das Telefon. »883«, die ultimative Berliner Szene-Zeitung und böse Großmutter der »taz«, fragte an, ob die »Scherben« Lust hätten, eine kurze Selbstdarstellung zu schreiben. Ich hatte keine Lust. Gert erklärte mir, daß das keine Frage von Lust sein könne. Solch eine Chance ungenutzt zu lassen, käme heute etwa der Absage eines »Stern«-Interviews gleich. Eine Sache also von unschätzbarem Promotion-Wert.
Ein Statement über Sinn und Unsinn unserer Musik und unserer Texte, besonders über deren politischen Stellenwert. Ächz! Stöhn! Jede Äußerung würde sofort vom Rest der Linken aufgegriffen und hämisch in der Luft zerrissen. Außerdem beherrschte ich weder das notwendige Soziologen-Deutsch, noch hatte ich Lust, im Berliner Anarcho-Prolet-Dialekt zu schreiben.
Was tun? Erstmal einen Joint rauchen.
»Musik ist eine Waffe.
Wir schreien laut, was alle kennen und in sich reinfressen:
Ich bin unzufrieden – Wir sind unzufrieden.
Jeder soll wissen, daß er nicht allein ist.
Zusammen werden wir es schaffen, wenn wir aufhören, uns untereinander kaputt zu machen.
Macht kaputt, was euch kaputt macht.
Unsere Feinde sind unsere Unterdrücker.
Zerstört das System, das euch zerstört.
Unsere Musik soll das Gefühl der Stärke geben.
Wir haben nichts zu verlieren, außer unsere Angst.
Unser Maßstab bist du.«

So ähnlich wurde es dann eine Woche später in »883« abgedruckt. Das sollte Folgen haben.
Die Auftragsarbeit für Lutter & Sauber wurde pünktlich für's Mahler-Teach-in fertig. »Der Kampf geht weiter« konnten wir zwar nicht mehr in Borsigwalde aufnehmen, aber Nikel hatte einen Proberaum beim CVJM am Nollendorfplatz aufgetrieben, und nach zwei Stunden war die Aufnahme im Kasten. Die schlechte Tonqualität würde auf den Videobändern schon nicht auffallen.

Am Samstag nach dem Teach-in war eine Groß-Demo angesagt. Vom Wedding über die Lehrter Straße und Alt-Moabit zum Olivaer Platz. Diese Strecke wurde sehr gern genommen, wenn man sie genehmigt bekam. Sie führte nämlich an zwei Haftanstalten vorbei, dem Frauenknast in der Lehrter Straße und der U-Haft Moabit. Beide Gefängnisse waren von Freunden und Bekannten aus der Szene gut belegt. Die konnten wir jetzt grüßen und ihnen Mut machen. »Solidarität zeigen«, hieß das im Fachjargon. Zu einer Demo gehen bedeutete allerdings zunächst, sich mit seiner Clique, Fraktion, Parteiaufbau-Organisation, Stadtteilgruppe, Kinderladen-Eltern-Gruppe, Kiffergemeinschaft oder seinem Schulungszirkel zu verabreden. »Wir stoßen erst ab der Invalidenstraße zu« wurde schon mal gesagt, wenn das Motto oder der Veranstaltungsanlaß nicht ganz auf der eigenen Linie lagen. Fehlen durfte man nur aus einem triftigen Grund. Als triftiger Grund galt zum Beispiel ein Schulungstermin bei Proletariern mit niedrigem Bewußtseinsstand, denen die Sache also »zu hoch« war und die man deswegen noch nicht mit auf Demos nehmen konnte. Wer zu spät kam, geriet in Gefahr, sich in einen falschen Block einzuordnen. Das konnte bisweilen sehr ärgerlich sein.

Unsere Fahrgemeinschaft »Rote Steine« / »Scherben« (Aufbauorganisation!) war diesmal wieder spät dran und reihte sich erst auf der Höhe Lehrter Straße ein. Wir drängelten uns irgendwo dazwischen. Au Backe! Falscher Block! Die Fraktion hier brüllte ja die ganze Zeit »Freiheit für Mahler – Freiheit für Mahler«. Das konnte heiter werden. Wurde es auch. Denn nachdem wir uns kurz verabredet hatten, begannen wir mit »Freiheit für alle politischen Gefangenen«. »Ey, Genossen!!! Hört doch mal auf da vorne!! Das ist doch im Augenblick die völlig falsche Parole!!! Darum geht's doch jetzt gar nicht!« Die Situation schaukelte sich hoch. Zu uns stießen immer mehr, die am Straßenrand nach ihrer Fraktion Ausschau hielten, und am Ende waren beide Parteien gleich stark. Man einigte sich gütlich. Wir: »Freiheit-für-alle-politischen-Gefangenen«. Die: »Freiheit-für-Maaaaahler!« Und so weiter. Ein lustiges Spiel. Ich mußte an die Knackis denken, die da im Bau saßen, vielleicht einen mißglückten Bankraub hinter sich, und die vergessen hatten, vorher ein Manifest zu schreiben. Aber »Freiheit für alle«? Das skandierte sich nicht so gut. Und ich unterließ es, so was überhaupt nur vorzuschlagen.

Klaus Freudigmann hatte inzwischen sein Studio-Equipment vom Kottbusser Damm 74 in die Admiralstraße 36 geschafft, wo er sich eine Fabrik-Etage gemietet hatte. Zweiter Hinterhof, dritter Stock. Bewacht von den beiden Höllenhunden des Metzgers im Vorderhaus. An denen schummelten wir uns vorbei, als wir ihn in seinem neuen Domizil besuchten. Wir wollten mal vorfühlen, ob wir nicht bei ihm die neue Platte weiter aufnehmen könnten. Er war gerade mal wieder zusammen mit Ringo dabei, alles schwarz zu streichen.

Der kam aus Bad Homburg und war in kürzester Zeit der Oberkiffer und Oberdealer vom Kiez geworden. Er fühlte sich allen und jedem überlegen. Wir mochten uns nicht. – Mit Klaus Freudigmann wurden wir schnell einig. Eine Woche später standen unsere Verstärker in der Admiralstraße. Das sollte ihr Heimathafen bis zum Sommer sein.

Wir begannen damit, alles, was wir in Borsigwalde auf Band gebracht hatten, umzuarrangieren und neu aufzunehmen. Inzwischen hatten wir uns gemeinsam Jean-Luc Godards »One Plus One« reingezogen. Dieser Film besteht zur Hälfte aus einer Dokumentation über die Studioarbeit der Rolling Stones zu »Sympathy For the Devil«. Sie probieren da mindestens drei Fassungen, bis am Schluß Bill Wyman von Keith Richard den Bass abgenommen kriegt. Dazwischen Streit, Psycho und Ratlosigkeit. Wow, sagten wir uns. Das kannten wir doch. Es wurde also überall nur mit Wasser gekocht.

Das größte Problem stellten immer die Song-Schlüsse dar. Wenn der Text zu Ende ist, dann heißt das bei einem Rocksong noch lange nicht, daß die Musiker aufhören wollen zu spielen. Im Gegenteil. Jetzt ist dieser Störenfried, dessen Gegröle und Gejammere sich die restliche Band unterordnen mußte, endlich stille, und man kann so richtig loslegen. Gerne wurde dann gesagt: Wir müssen uns halt gegen Ende einfach gegenseitig angucken. Aber, was bitte ist genau »gegen Ende«? Und wie guckt man jemanden an, dessen Haare vorm Gesicht hängen?

Da wir wohl nicht die ersten und einzigen mit diesem Problem waren, hat irgendein gelangweilter Toningenieur eines Tages ganz einfach langsam den Lautstärkeregler runtergedreht und das ganze »Fade out« ge-

nannt. Ausblende. Es gibt viele Bands, die heute immer noch spielen und nicht wissen, daß sie längst ausgeblendet sind.
Der Arbeitsabend begann in der Regel mit einem Joint. Hierbei war darauf zu achten, daß die Gitarren bereits gestimmt waren, bevor man den Joint kreisen ließ. Meistens überkamen dann jeden erstmal Berührungsängste zu seinem Instrument. Es mußte schließlich noch ein Joint geraucht und noch ein Teechen gekocht werden. Wenn dann jeder einmal vorgeschlagen hatte, sich doch erstmal warmzuspielen, gab's kein Halten mehr. Siehe »Fade out«. Kündigte Klaus Freudigmann dann nach zwei Stunden an, er werde jetzt mal kurz für drei Stunden das Haus verlassen, weil er einen wichtigen Termin habe, wurde heftigster Einspruch eingelegt.
»Wir wollten doch jetzt aufnehmen!« – »Wir haben uns doch bloß eingespielt!« – »Was? Elf Uhr schon? Warum sagt mir das keiner?« – »Immer wenn wir aufnehmen wollen, mußt du weg!« Dann begann die Arbeit.
So war das Ritual.

2

Fabrikräume wie die Oranienfabrik oder der, in dem Klaus Freudigmann jetzt sein Studio eingerichtet hatte, waren damals der billigste Wohn- und Gewerberaum, den man bekommen konnte. Dafür gab's eine ganz einfache Erklärung: Kreuzberg sollte platt gemacht und zu einer »besseren Wohngegend« umgestaltet werden. Die Grundstücke zwischen Kottbusser Tor und Mariannenplatz, vom Oranienplatz bis zum Schlesischen Tor, waren Spekulationsobjekt für die Berliner Bau-Löwen. Die Bewohner sollten gefälligst ins Märkische Viertel ziehen, und wem das nicht paßte, der wurde »exmittiert«, d.h. zwangsgeräumt.

Die Oberbaulöwin war Gabriele Kressman-Zschach, die Ehefrau des Kreuzberger Bürgermeisters. Der mußte ihr als Hochzeitsgeschenk den Sanierungsplan für Kreuzberg aufs Bett legen. Sonst wäre sie nicht mit ihm in die Flitterwochen gefahren.

Den Ureinwohnern wurde ihre alte Heimat madig gemacht. Zum Exmittieren wurden auch die Türken geholt, zehn Mann in einem Zimmer, und wo das nix nutzte, wurde nicht lange gefackelt und mit Streichhölzern nachgeholfen. Dieser Skandal vereinte alle politischen Gruppen, von KPD/ML bis zu den Jusos. Zudem ging das Gerücht, daß es in Kreuzberg noch echte Jungproleten gäbe, wie sie in den Broschüren vorkamen. Der Berliner Arbeiter war über Jahre hinweg mit Springer-Gift infiziert worden und zu so gut wie nix mehr zu gebrauchen. So wurde Kreuzberg allmählich entdeckt. Einesteils wegen der erschwinglichen Mieten, andernteils als politisches Versuchsfeld. Die Kundschafter verschiedenster Fraktionen gingen daran, dort ihre Claims abzustecken. Die Revolution hatte sich bis dahin in Westberlin auf ein anderes Gebiet beschränkt. Ihr Südende war die FU in Dahlem, dann kam die Kudamm-Ecke, wo der SDS residierte. Das nördliche Ende war die Stephanstraße mit der »K 1«, am Nordrand von Moabit. Kreuzberg hatte, anders als der Wedding, nicht unbedingt den Mythos eines roten Stadtteils. Dorthin verschlug es anfangs nur die Kiffer. Jetzt hatte sich der Wind gedreht.

Und wir waren schon da, in Kreuzberg, zufällig. Auf die Idee, die Arbeiterkinder anzusprechen, war bis dahin

noch keiner gekommen. Jugendliche waren keine Größe im Klassenkampf, für streikende Lehrlinge interessierte sich kein Schwein.
Nun reifte in der Stadtteil-Basisgruppe Kreuzberg 36 der Plan, mit Hilfe der »Roten Steine« und »Ton Steine Scherben« die Kreuzberger Jugend zum Kampf um den Erhalt Kreuzbergs zu agitieren.
Auf den Sitzungen, bei denen das geplant wurde, waren wir nie dabei. Das Rotwelsch, in dem da verhandelt wurde, war uns zu hoch. Dem stundenlangen Hickhack der verschiedenen Fraktionen, zwischen Jusos, KPD/Marxisten Leninisten, KPD/Aufbauorganisation, Proletarische Linke/Partei Initiative, Sozialistische Einheitspartei Westberlin und Fraktionslosen, zu denen Gert, Krabb und Lothar X. gehörten, konnten nur die ausgebufftesten Vereinsmeier mit viel Sitzfleisch folgen. Nur wer seine Basisgruppe mit möglichst langatmigen Diskussionsbeiträgen und Anträgen zur Geschäftsordnung zum Einschlafen bringen konnte, der hatte eine Chance, seine Ziele durchzusetzen. Tatsachen zu schaffen war nur außerhalb dieses Forums möglich.
Lothar X. zog los und machte im Jugendhaus der Emmaus-Gemeinde einen Auftritt von Rote Steine/Scherben klar, auf daß wir hundert weitere Jugendliche für unsere Ziele gewönnen. Die Sache klappte. Unsere kleine Fan-Gemeinde wuchs.
Lothar X. hatte bei seinen Streifzügen durch die bereits leerstehenden Häuser des Stadtteils ein fünfstöckiges Fabrikgebäude entdeckt, das für die Abrißbirne bestimmt war. Er war begeistert von der Idee, dieses Objekt für die Kreuzberger Jugend zu retten. Ein selbstverwaltetes, selbstbestimmtes Jugendhaus! Damit waren gleich mehrere Fliegen mit einer Klappe zu

schlagen: Die Jugendlichen rund um den Mariannenplatz hatten einen Ort, an dem sie ihre Freizeit gestalten konnten, wie es ihnen gefiel, abseits von Eltern, Diakonen und Sozialarbeitern. Eine erfolgreiche Hausbesetzung würde zudem allen Beteiligten das Gefühl geben, etwas verändern zu können: »Gemeinsam sind wir stark«. Die Besetzung wäre ein Zeichen für alle Kreuzberger, daß es möglich ist, sich gegen die geplante Vertreibung zu wehren. Gleichzeitig würde damit der Baukönigin Kressman-Zschach ein Zacken aus der Krone fallen.

Der Zufall wollte es, daß Peter-Paul Zahl, einer der vielen Macher von »883« – deren Redaktion mittlerweile auch in irgendeinem Hinterzimmer des Vereinshauses saß –, eine Anarcho-Fete in der alten TU-Mensa plante, bei der Ton Steine Scherben für Stimmung sorgen sollten. Das Konzert wurde von Klaus Freudigmann mitgeschnitten, und am Ende forderte ich das Publikum auf, gemeinsam mit uns zum Mariannenplatz 13 zu fahren und dort die leerstehende Fabrik, zwecks Umfunktionierung zu einem selbstbestimmten Jugendzentrum, zu besetzen.

Hausbesetzung! Außerhalb der Gefilde der Universität und in einem Arbeiter-Viertel. Das war ein neuer Begriff. Die Reaktion bei Jungakademikern war entsprechend lau und uninteressiert. Von denen machten sich höchstens zehn auf den Weg ins unbekannte Kreuzberg.

Ich kam mit der Band gegen Mitternacht am Mariannenplatz an. Alles wie immer. Stille. In der Fabriketage waren an die hundert Leute versammelt. Alle aus dem Kiez. Es wurde Tee gekocht, Joints gedreht, Gitarre oder Bongo gespielt. Für Licht und Heizung hatte Lothar X. auf geheimnisvolle Weise gesorgt. Wir feier-

ten unseren Hausfriedensbruch und harrten der Dinge, die da kommen sollten. Nichts passierte. Niemand aus der Nachbarschaft hatte von uns Notiz genommen oder sich die Mühe gemacht, die Polizei zu holen. Das störte uns nicht weiter, wir waren ja keine Straßenkämpfer, die auf Konfrontation mit den Bullen warteten.
Nur Lothar X. wartete und hoffte darauf. Er hatte alles perfekt durchdacht, aber das Entscheidende vergessen. Denn um die Fabrik halten zu können, brauchte er Öffentlichkeit. Die war aber nur zu bekommen, wenn am nächsten Tag in B.Z., Abend, Tagesspiegel und Bild zu lesen war: »120 Kreuzberger Jugendliche verhaftet!«
Was also tun? Selbst ist der Mann! Lothar X. verschwand, und eine halbe Stunde später standen vier Mannschaftswagen vor der alten Fabrik. Der Einsatzleiter quälte sich die vier Etagen hoch und teilte uns genervt mit, daß wir alle vorläufig festgenommen seien und uns zum Abtransport in die Friesenstraße, wo die nächste Kaserne der Bereitschaftspolizei lag, bereit machen sollten. Wir lachten und grölten, leisteten aber keinerlei Widerstand. Womit auch? Dann ging's im Gänsemarsch die Treppen runter. Auf einem der Treppenabsätze stand Lothar X., in ein Gespräch mit dem Einsatzleiter vertieft, und nickte uns allen mit erhobener Faust freundlich zu.
Am nächsten Tag hatten wir tatsächlich unsere Schlagzeilen. Die Fabriketage war schnell wieder besetzt. Nun waren die Politiker gefordert. 120 Kreuzberger, die sich dem Abrißprogramm des Senats widersetzten. Das hatte kommunalpolitisches Gewicht. Auch die Springer-Zeitungen hielten sich zurück, denn hier handelte es sich um die Kinder ihrer Leser. Unter diesem Vorzei-

chen blieb dem Berliner Senat nichts anderes übrig, als zu verhandeln. Wir durften also bleiben.

Am ersten Mai verfrachteten Ton Steine Scherben ihre Verstärker auf einen Lkw und beschallten den Demonstrationszug mit ihren Kampfliedern. Danach ging's auf den Mariannenplatz. Dort hatten Jugendzentrum, Basisgruppe und Stadtteilgruppe, Freunde, Sympathisanten und Familienangehörige ein Fest angekündigt. Die Massen strömten, das Wunder von Kreuzberg zu sehen: echte Arbeiter, die Verbrüderung des Proletariats mit der Intelligenz. Das mußte begossen werden. Schon nach zwei Stunden gab's Nachschubprobleme bei Bier, Teepunsch und Grillwürstchen, auch auf dem Hanfsektor entstanden Engpässe. Damit hatten wir nebenbei das Stadtteil-Fest erfunden, das nachher von allen Parteien übernommen wurde.
Eine andere Folge des Festes war, daß sich immer mehr Revolutionäre aus den Charlottenburger oder Wilmersdorfer Zirkeln nach Kreuzberg wagten und Überlegungen anstellten, ob man nicht in einer Kreuzberger Fabrik-Etage eine Wohnlandschaft anlegen müßte. Auch damit wurde Frau Kressman-Zschach in ihre Sanierungssuppe gespuckt. Denn der bis dahin unbekannte, nie genannte Berliner Bezirk Kreuzberg erhielt auf einmal Bedeutung.
Spätestens nach dem Lkw-Auftritt bei der Mai-Demonstration '71 hatten die »Scherben« Klang und Rang als *die* Band aus dem aufmüpfigen Kreuzberg. Und ein gewisser Jim Rakete wollte Fotos und eine Story für die Zeitung, für die er arbeitete. Er kam, fotografierte, interviewte, und eine Woche später hatten wir eine Doppelseite in Springers B.Z. Auch Albrecht Metzger reiste mit einem Kamera-Team vom Süddeut-

schen Rundfunk an, um für das neue, progressive Jugendmagazin »Jour fix«, das bundesweit ausgestrahlt werden sollte, zwei oder drei »Scherben«-Songs aufzunehmen. Er kam ins schwarze Studio in der Admiralstraße und suchte sich »Ich will nicht werden, was mein Alter is« und »Warum geht es mir so dreckig« aus.
Wir unterhielten uns über das besetzte Jugendzentrum. Albrecht Metzger dachte laut darüber nach, dieses Thema zum Schwerpunkt einer der nächsten Sendungen zu machen. Ich bot ihm an, dafür einen neuen Song zu machen, den man, ähnlich wie »Give Peace a Chance«, mit der gesamten Besetzung des Jugendzentrums aufnehmen könnte. Und so geschah es. Als erstes wurde »Alles verändert sich« aufgenommen. Als Kulisse hatte Albrecht sich die Reste eines am gleichen Morgen abgerissenen Hauses am Mariannenplatz ausgesucht, aus dem immer noch Staubwolken aufstiegen. Das hatten wir ziemlich schnell im Kasten. Lanrue, Kai, Wolfgang und ich zogen ins Jugendzentrum, um vor den Filmaufnahmen mit der dort versammelten Gemeinde nochmal »Allein machen sie dich ein« zu proben. Den Text hatte ich nach einer von Blallas ständigen Redensarten geschrieben, und Lanrue hatte ihn vertont.
Das Kamerateam wollte noch ein paar Takes aus dem Milljöh rund um den Mariannenplatz drehen. Auch Nikel machte Milljöh-Studien. Er beobachtete, wie zwei Polizisten aus ihrem Streifenwagen sprangen, um zwei Türken daran zu hindern, auf dem Mariannenplatz Fußball zu spielen. Da konnte er nicht untätig bleiben! Ein Wort gab das andere, es kam zum Handgemenge. Ein gefundenes Fressen für die Stuttgarter Fernsehleute! Die Bullen wollten sich aber nicht filmen lassen und

riefen Verstärkung, um Nikel, die beiden Türken, den Fußball und den Kameramann zu verhaften. Nach wenigen Minuten war die Kunde von dem Vorfall auch zu uns in die Jugendzentrums-Etage gedrungen. Unerhört! Seit wann durfte auf dem Mariannenplatz nicht Fußball gespielt werden? Da mußten wir eingreifen. Doch bevor wir den Mariannenplatz erreichen konnten, war uns der Weg schon durch eine Polizeisperre verstellt, und aus allen Himmelsrichtungen hörten wir Tatüüü-tataaa und sahen die Blaulichter heranbrausender Mannschaftswagen der Bereitschaftspolizei. Innerhalb einer Viertelstunde waren sämtliche Hauseingänge rund um den Mariannenplatz abgeriegelt und damit 700 Kreuzberger Familien von der Außenwelt abgeschnitten. Das hatte es noch nie gegeben. An diesem Tag hat sich die Berliner Bereitschaftspolizei ihre Freundschaft mit der Kreuzberger Bevölkerung endgültig verscherzt. Die Kreuzberger schimpften wie die Rohrspatzen. Sie konnten ihre Häuser nicht mehr verlassen und nicht mehr betreten, nicht einkaufen, nicht in die Kneipe und nicht mit dem Hund Gassi gehn.

Nach einer Stunde zogen die vier Hundertschaften sanglos, klanglos ab. Bespuckt und beschimpft, nicht von uns Hausbesetzern, sondern von Kreuzberger Bürgern.

Durch unseren Sieg und die Unterstützung der Nachbarschaft euphorisiert, machten wir dann die Filmaufnahmen mit Albrecht Metzgers Team. Albrecht blieb einer der ganz wenigen Medien-Leute, der den »Scherben« auch weiter durch dick und dünn die Treue hielt.

3

Zwischen Jugendzentrumsbesetzung und Plattenaufnahmen machten wir immer wieder Abstecher nach Westdeutschland. Vor allem in Universitätsstädte. Unser Ruf hatte sich über die linken Buchhandlungen verbreitet, und so kam es, daß meist der ASTA Veranstalter war, die Studentenvertretung der Universitäten. Es war uns ein Greuel, da aufzutreten, denn das Publikum saß mit verschränkten Armen in Hörsaal, Audimax oder Mensa und erwartete, Marx' »Kapital« vorgesungen zu bekommen. Davon verstand es meist allerdings auch nicht mehr als von unserem Gesang. Es mag wohl stimmen, daß unsere Gesangsanlage noch nicht genug Power hatte, das Gitarrengedröhne zu übertönen, doch das Wesentliche war zu verstehen. Allerdings nur, wenn man das Ganze als eine Einheit akzeptierte. Das Wort hatte bei den »Scherben« nie Vorrang vor Klang und Rhythmus. Die Stimme ist nicht mehr und nicht weniger als ein Instrument. Das ist das Prinzip der Rock-Musik.
Zum Glück blieb es nicht bei Auftritten in Unis. Klaus Schultz aus Ahrensburg war der erste, der uns eine kleine Tour rund um Hamburg organisierte, bei der wir in Discotheken, Schützenhöfen, Turn- und Stadthallen und Jugendheimen auftraten. Er hatte erkannt, daß »Ton Steine Scherben« eine unverwechselbare Band mit hohem Wiedererkennungswert war, und er gedachte dieses seltene Blümelein zu pflücken, bevor es jemand anderes tat.
Wir ersteigerten einen ausrangierten Mercedes-Bus bei der Post. Es sollte auf eine längere Tournee gehn. Zuerst nach Braunschweig zum Straßentheater-Festival. Auch die »Roten Steine« waren eingeladen, ge-

legentlich traten wir auch gemeinsam auf. Auf Plätzen, an Straßenecken und in Jugendheimen. Vor einem Publikum, das uns nicht kannte, das wir erst gewinnen mußten. Den größten Respekt hatten wir vor den Bewohnern einer Obdachlosensiedlung am Stadtrand. Dort zu spielen, hatten wir uns selbst gewünscht. Es wurde unser schönster Auftritt. Nach der letzten Zugabe fragten uns die Kids, ob wir auch »Butterfly«, den Sommerhit des Jahres '71 von Daniel Gérard, spielen könnten. Wir konnten. Die ganze Gemeinde sang begeistert mit.
In Braunschweig gab es auch die erste Begegnung mit »Floh de Cologne«, einem Kölner Kabarett, das sich entschlossen hatte, Rockmusik als Vehikel ihrer Botschaft einzusetzen. Dafür hatten sie eigens Gitarre und Schlagzeug spielen gelernt. Sie sympathisierten mit der DKP. Ihr größter Hit war »Die Milch wird sauer, das Bier wird schal, im Fernsehen spricht der Löwenthal«. Ihre Texte waren immer sehr gut zu verstehen, ihre Musik nicht. Gegen uns hatten sie ein Vorurteil. Wir waren Linksradikale, und Linksradikalismus ist, laut Lenin, eine Kinderkrankheit des Sozialismus. Sie wollten sich bei uns nicht anstecken und vermieden jeden Kontakt.
Nach einer Woche brausten wir zum nächsten Stadtfest nach Wuppertal. Dort erreichte uns die erste Anpressung der LP, mit der wir überhaupt nicht zufrieden waren. Wir baten Freudigmann, in Wuppertal noch einmal ein komplettes Konzert aufzunehmen. Um für einen Mitschnitt die richtige Live-Stimmung zu erzeugen, hatte Nikel einer Horde Rocker im Publikum mehrere Kästen Bier zur Verfügung gestellt, dabei allerdings den Fehler gemacht, das ganze Alkohol-Kontingent lange vor dem Konzert freizugeben. Das führte zu

immer wiederkehrenden Verbrüderungen zwischen Rockern und »Scherben«. Nach jedem Song kam einer der Jungs an mein Mikrophon und rülpste: »Vierundsiebzig – Vierundsiebzig!!« Das ist bis heute mein Check-Wort, wenn ich vor einem Auftritt das Mikrofon testen soll. – Für die Platte war dieser Live-Mitschnitt erst recht nicht zu gebrauchen.
Die Tour ging weiter. Köln, Bonn, Vechta, Osnabrück, Warendorf, Neheim-Hüsten ...

Wenn wir in einer Stadt ankamen, galt es zuerst, entweder den Veranstalter oder den Veranstaltungsort ausfindig zu machen. Schon bei der Fahrt durch die Stadt konnte man ungefähr einschätzen, mit welcher Art Veranstalter wir es zu tun bekommen würden. Wenn wir ein, zwei oder gar drei Plakate sahen – wild geklebt an Bushaltestellen oder Bauzäunen –, wußten wir, daß die Sache einigermaßen ernst genommen wurde. Oft genug war das aber nicht der Fall. Da wußte der Hausmeister noch gar nichts von seinem Glück und weigerte sich, die Bühne freizugeben, den Strom, das Licht oder die Heizung anzumachen. Es verging viel Zeit, bis wir endlich dazu kamen, einen kurzen »Soundcheck« zu machen, bei dem oft schon ein Teil des Publikums anwesend war. Ernährungs- und Unterbringungsfragen wurden auf einen unbestimmten Zeitpunkt nach dem Konzert verschoben.
Wir waren stets nur die Lockvögel. Der Veranstalter und mindestens drei andere örtliche Gruppen – Jusos, Schülergruppen, Knasthilfen – rangelten um einen möglichst günstigen Platz in unserem Programm, bei dem sie ihre Resolutionen los werden wollten. Doch wir kannten unsre Pappenheimer. Resolution verlesen: das bedeutete einen nicht enden wollenden Wort-

schwall, vorgetragen im Tonfall eines evangelischen Pfarrers kurz vor der Pensionierung. Deswegen boten wir als freien Sendeplatz meist Anfang oder Ende des Konzerts an. Das wurde in der Regel strikt abgelehnt, da am Anfang noch nicht genug Zuhörer vorhanden waren und zum Schluß die meisten schon gingen. Also einigte man sich so, daß der Veranstalter den Platz in der Mitte des Programms bekam und die anderen sich mit dem Schluß begnügen mußten. Diese Absprachen waren oft umsonst, denn schon nach dem ersten Song sprang der zu spät gekommene Vertreter einer vierten Gruppe auf die Bühne: »Hier Leute, wißt ihr, daß während ihr euch hier die Musik reinzieht, Leute in Palästina (wahlweise: Vietnam / Salvador / Kambodscha / Iran / Irland) im Knast sterben. Wir von der XX/YY haben dazu folgende Resolution vorbereitet: Die amerikanischen Imperialisten und ihre Schergen ...« Die Vertreter der anderen Politgruppen kamen auf die Bühne gestürmt und beschuldigten uns einer Geheimabsprache mit XX/YY: »Wißt ihr nicht, daß das die und die sind, die da und da das und das gemacht haben?« Und schon wurde das nächststehende Mikrofon geentert: »Genossen! – Genossen! Ich möchte zu dem, was der Genosse von XX/YY sagt, folgendes sagen ...« Das Publikum begann zu murren und nach einer Weile zu pfeifen. Dann erst durften wir unter Beifall den Genossen die Mikros entwenden und weiter spielen. Auf diese Weise konnte sich der Abend, der eigentlich nur zwei Stunden dauern sollte, bis Mitternacht hinziehen. Dann wurde abgebaut und abgerechnet. Beim Abbauen fanden sich meist hilfreiche Hände. Beim Kassieren sah das anders aus. Der Veranstalter nahm sich leider oft die Freiheit, einen Teil der Einnahmen als Spende der Band für ein wichtiges Projekt seiner

Gruppe anzusehen. Diese Projekte hießen meist »Hilfe für ...« oder »Waffen für ...«. Unterm Strich hatten wir eine Abendgage von 500 Mark. Wenn Nikel die eingestrichen hatte, Instrumente und Verstärker im Bus verstaut waren, meldete sich der Magen. Inzwischen war's ein Uhr. »Hier gibts 'n guten Griechen (wahlweise: Jugoslawen/Italiener), der jetzt noch auf hat. Am besten fahrt ihr hinter mir her.« Wir fuhren also dem Veranstalter, den hilfreichen Händen und all denen, die noch gerne mit der Band ein Bier trinken wollten, hinterher. Wenn wir Glück hatten, hatte der Grieche noch auf, und es wurden in Windeseile Gyros (oder Spaghetti) reingeschaufelt. Am Schluß beglich Nikel die Rechnung – für alle.
Wenn aber kein Restaurant mehr geöffnet war, hieß es, hungrig ins Bett. Aber in welches? Wenn wir Glück hatten, waren für uns zwei oder drei Zimmer in einer Wohngemeinschaft geräumt worden; wenn wir Pech hatten, wurden wir auf fünf verschiedene Wohnungen verteilt.
»Im Bett is der Mensch nicht gern alleine«. Ich zum Beispiel hätte gerne auf jeden Beifall verzichtet, wenn danach ein hübscher Junge mit mir ins Bett gegangen wäre. Dazu kam es aber in den ersten vierzehn Scherben-Jahren nie. Es war schon schwer genug, für Kai, Wolfgang, Lanrue und Nikel nach den Konzerten irgendwelche Kontakte zu knüpfen. Zudem waren die uns zugewiesenen Schlafplätze nicht für Schäferstündchen der Herren Musiker geschaffen. Und ich, der Frontmann und Chef-Agitator, wurde nach jedem Konzert in politische Gespräche verwickelt und bekam, wenn es an der Zeit war, nicht mehr die Kurve, meinem Gegenüber ganz einfach zu sagen: »Du hast übrigens schöne blaue Augen.« Selbst wenn ich das gesagt

hätte, was wäre der nächste Satz gewesen? »Kommste mit in die WG in der Friedrich-Ebert-Straße? Ich teil mir dort ein Zimmerchen mit Kai und Nikel.« Nur ein abgebrühter Schwuler hätte da noch bedenkenlos mit »ja« geantwortet. Außerdem stand auch das »Objekt der Begierde« unter Beobachtung und hätte ein paar lustige Wochen vor sich gehabt, wenn bekannt geworden wäre, daß er mit mir im Bett gewesen war. Schwulsein war bei der Linken nicht »en vogue«. Hatte doch selbst Psycho-Vater Wilhelm Reich bei seinen Experimenten festgestellt, daß homosexuelle Paare beim Orgasmus im Orgon-Kasten angeblich weniger Orgon-Energie freisetzten als heterosexuelle Paare.

»Bring-bring mir 'n Schwing-schwing« war das Codewort in der Band, mit dem signalisiert wurde, daß man jemanden gefunden hatte, mit dem man die Nacht im WG-Zimmer allein verbringen wollte. Ich hatte leider nie Gelegenheit, dieses Zauberwort anzubringen.

Unsere erste große Tour endete in Ahrensburg. Hier steht die Springer-Druckerei, die unter anderem auch den »Spiegel« druckt, und hier wohnen Arbeiter, Angestellte, Handwerker und Bauern. Ahrensburg ist nach der Elbchaussee der vornehmste Villenvorort Hamburgs.

Klaus Schultz hatte von der Hausbesetzung in Kreuzberg gehört. Dem wollte er nicht nachstehen. Ihm kamen zwei Dinge zupaß: Es gab in Ahrensburg kein Jugendzentrum, und die alte Posthalterei, ein historisches Gebäude aus dem 18. Jahrhundert, sollte einer Umgehungsstraße weichen. Über diesen geplanten Abriß wurde nicht nur in den Häusern des normalen Ahrensburgers Unmut bekundet, sondern auch in den Villen fand diese Idee des Stadtrates keine Resonanz.

Trotzdem sollte in der Woche nach unserem Auftritt die Abrißbirne zuschlagen.
Wir gaben unser Konzert, diesmal nicht von Resolutionen unterbrochen. Informiert von Klaus Schultz, zettelten wir nach dem Konzert eine Diskussion an: »Wie sieht's denn bei euch aus? Habt ihr ein Jugendzentrum? – Nein? Was kann man denn dagegen tun? Soll nicht die alte Posthalterei abgerissen werden? – Ja? Wie wär's, wenn wir jetzt da alle hingehen und das Ding zum Jugendzentrum erklären?« Und alle, alle gingen hin. »Die Jugend von Ahrensburg in Aufruhr« schrieb die Bild-Zeitung. Am nächsten Tag versammelten sich vierhundert Jugendliche auf dem Marktplatz und forderten in Sprechchören den Bürgermeister auf den Rathausbalkon.
Die Fabrikbesetzung in Kreuzberg und die Besetzung der alten Posthalterei in Ahrensburg lösten die erste Hausbesetzungswelle in der Bundesrepublik aus. Ton Steine Scherben waren von da an *die* Hausbesetzer-Band.

West-Berlin lag im Osten. Mitten in der DDR. Für uns bedeutete das bei jeder Fahrt von West-Berlin nach Westdeutschland, zweimal Verstärker raus, Verstärker rein. Verstärker sind schwer. Anfangs war das nur bei den DDR-Grenzern so. Das änderte sich aber, nachdem wir beim westdeutschen Staatsschutz als RAF-Sympathisanten anerkannt worden waren. Von da ab wurden wir von den Ostgrenzern freundlich grüßend durchgewunken, und durften dafür auf der West-Seite das bekannte Rein-raus-Spiel exerzieren.
So oder so ähnlich liefen unsere Touren ab.

4

Nach langen Diskussionen hatten wir die Titelauswahl für unsere erste Langspielplatte getroffen. Auf die A-Seite kamen die besten Takes aus unseren diversen Studio-Sessions, und auf die B-Seite fünf ausgewählte Titel aus den Live-Aufnahmen des Konzerts in der alten TU-Mensa vor der Hausbesetzung.
Nach weiteren Diskussionen fiel auch die Entscheidung für den Titel der LP: »Warum geht es mir so drekkig«. Mein Bruder Gert entwarf das Cover. Brauner Pappkarton, auf der Frontseite der Name der Band, darunter das Label-Emblem, darunter der Titel der Platte, rechts unten der Preis, 15 Mark, darunter unsere Telefonnummer. Die Rückseite blieb leer.
Ich wollte der ganzen Sache unbedingt den Anschein einer gewissen Seriosität geben. Das heißt, die Platte mußte bei einer Plattenfirma erscheinen. Wenn die Band aber bei keiner Plattenfirma unter Vertrag war, mußte sie eine eigene gründen. Das sahen auch die anderen Scherben ein. Mein Vorschlag, die Firma »David Volksmund Produktion« zu nennen, wurde akzeptiert. Jede Firma, die etwas auf sich hält, hatte Emblem, Label oder Logo. Für unsere Firma entwarf Gert die Hand mit der Steinschleuder. Im Zusammenhang mit David hätte ihm natürlich auch eine Harfe einfallen können, aber die Zeiten waren nicht so. Mein Wunsch, die Platte als Markenartikel erscheinen zu lassen, war damit erfüllt. Wenn wir später gefragt wurden, wer David Volksmund sei, behaupteten wir, das sei ein Baseler Millionär, der einen Narren an uns gefressen hätte. Das wurde erstaunlicherweise akzeptiert.

In der Wiener Straße, die parallel zur Görlitzer Straße entlang der toten Gleise des Görlitzer Bahnhofs ins Nichts führte, hatten ein deutscher und ein sizilianischer Haschischdealer aus einem Kino am Ende der Welt eine psychodelische Discothek gezaubert. Die »Lichtspiele« waren allerdings nicht der Ort für ein gepflegtes Gespräch. Es wurde getanzt. Es wurden Schwingungen ausgetauscht. Allenfalls fielen so geheimnisvolle Sätze wie »Hast Du was?« – »Weißt du, wer was hat?« – »Kommt er noch?«.
Eines Nachts fühlte ich mich von einem Pärchen beobachtet, das in den Kinositzen neben der Tanzfläche saß und nicht so recht hier rein paßte. Nach einer Weile winkten mich die beiden zu sich. Konspirativ. Er, aschblond, leicht gelocktes, langes Haar. Sie, ebenfalls blond, große kajalumrandete Augen, Typ Marianne Faithful. Ich kannte die beiden vom Sehen. »Ich bin der Schlotterer, und das ist die Christine, wir wollten uns mal mit dir unterhalten.« »Golden Earring« waren eben dabei, über die 500-Watt-Lautsprecher des Hauses ihre Version von »Eight Miles high« abzufeiern – nicht gerade die ideale Voraussetzung für ein stilles Gespräch im Kinosessel. Was dann folgte, war ein Interview zwischen Christine Schily und mir, durchsetzt mit Codeworten, denen ich entnehmen mußte, daß die beiden zum Sympathisantenkreis der RAF gehörten. Es ging vor allem darum, wie Scherbentexte und Scherbensongs entstanden. Es endete damit, daß Christine ihr Bedauern darüber äußerte, daß es ihres Wissens keinen schwulen Genossen in der RAF gäbe. Sie versprach Bescheid zu sagen, wenn es so weit wäre.
Alles in allem war das Ganze nicht so bekloppt, wie es sich hier vielleicht anhört. Zum ersten Mal war ich aufgefordert, darüber nachzudenken, wie ich meine Texte

schreibe und was dabei in mir vorgeht. Dieser Abend sollte weitreichende Folgen haben. Jörg Schlotterer erzählte, daß er in einer großen Fünf-Zimmer-Wohnung alleine hauste. Seine Mitmieter wären leider alle entweder im Knast, auf der Flucht oder in Bonnies Ranch. Er sei auf der Suche nach Nachmietern, die Wohnung extrem billig. Hätten die »Scherben« nicht Interesse? Natürlich hatten wir Interesse.

Einen Monat später zogen Kai, Lanrue, Nikel und ich in den dritten Stock des Tempelhofer Ufers 32, eine sehr schöne Berliner Wohnung mit ungewöhnlicher Raumaufteilung. Ursprünglich zählte die Wohnung neun Zimmer, die alle miteinander durch Flügeltüren verbunden waren. Man konnte von der Küche aus von Zimmer zu Zimmer gehen und landete irgendwann wieder in der Küche. Von dort führte auch eine separate Treppe zum Hinterhof. Nach dem Krieg waren drei Zimmer zu einer eigenen Wohneinheit abgetrennt worden.

Die Wohnung hatte mehrere kleine Haken. Das größte Zimmer, 70 qm, bewohnte seit langer Zeit ein älteres, geheimnisvolles Ehepaar. Die Billings. Der nächste Haken war: Hans Brockmann und Holger Meins waren noch in unsrer Wohnung gemeldet. Beide polizeilich gesucht. Das bedeutete, daß in unregelmäßigen Abständen zwei Herren an der Wohnungstür klingelten. »Schönen guten Tag, die Kriminalpolizei.« Sie zeigten ihre Hundemarke. »Ist denn der Herr Meins zu sprechen?« – »Herr Meins, wie heißt 'n der mit Vornamen?« – »Herr Holger Meins, der ist ja hier gemeldet!« – »Tut mir leid, hier wohnt kein Holger, wir sind grade erst eingezogen.«

Mir war gar nicht klar, welchen Stellenwert ein Holger Meins für die Kripo hatte. Wenn Frau Billing an die Tür ging, war die Antwort: »Der Holger, ach Gottchen, der Holger, der hat sich schon so lange hier nicht mehr blicken lassen. Hat er was ausgefressen?«

Die Billings hatten oft genug Gelegenheit, auszuziehen, aber sie wollten nicht. Lieber im Auge des Hurrican, lieber hundert Bullenrazzien miterleben, als im Altersheim sterben. Einer von wenigen Wortwechseln zwischen der Billing und mir fand nach einem der Kripobesuche statt. Sie hatte die beiden Herren mal wieder routiniert nach Hause geschickt und ich stand etwas hilflos hinter der Tür. Sie drehte sich zu mir um und sagte mit fester Stimme: »Sie brauchen keine Angst haben, wir wissen, was hier vorgeht. Mein Mann und ich haben noch nie jemanden verraten.« So war das im Herbst '71: Da wurden zwei abgehalfterte Kripobeamte ausgeschickt, um höflich an der Tür einer konspirativen Wohnung zu klopfen und zu fragen, ob einer der gesuchten Herren »Terroristen« grade anwesend sei, da man die eine oder andere Frage an ihn zu stellen habe.

Der dritte Haken: Das Haus Tempelhofer Ufer 32 lag einsam und allein mitten auf einem Verkehrsknotenpunkt. Links die rechte Spur der Schnellstraße Richtung Kottbusser Tor, parallel dazu der Landwehrkanal, auf der anderen Seite des Kanals die vom Kottbusser Tor stadteinwärts führende Schnellstraßenspur. Als Krönung des Ganzen die U-Bahn-Linie 1, die sich ausgerechnet hier, hinter dem Haus, von einer Untergrundbahn in eine Hochbahn verwandelte und in einer weiten, eleganten Kurve unter lautem Quietschen die Schnellstraße und den Landwehrkanal überquerte.

Haken Nr. 4: Schlotterer. Nach einer Weile stellte sich aber heraus, daß dieser Haken eigentlich gar keiner war. Denn als wir spitz bekamen, daß er im Grunde seines Herzens gar nicht ausziehen wollte, sondern einfach neue Mitbewohner gesucht und gefunden hatte, ernannten wir ihn zu unserem religiösen Berater. In der Oranienfabrik lief damals bis zum Geht-nicht-mehr »Kick out the jams« von MC 5, den Detroiter Vorläufern der Sex Pistols. Auf dem MC 5-Cover war mir die Erwähnung eines »Religiösen Beraters« aufgefallen. – Schlotterer kam aus bildungsbürgerlichem Hause. Sein Vater war Ingenieur bei Bosch gewesen. Im Gegensatz zu seinem älteren Bruder, der es zu einem geschätzten Lektor in einem angesehenen Verlag gebracht hatte, widersetzte sich Schlotterer den Plänen der Eltern, indem er kurz vor dem Abitur die Schule verließ, um Langstreckenläufer zu werden. Er überwarf sich aber auch mit den Funktionären und Trainern des Leichtathletikverbandes, ging nach Berlin und wurde Mitglied des Sozialistischen Deutschen Studentenbundes. Obwohl er nicht Student war, wurde er SDS-Sekretär und zählte zu den Jüngern von Rudi Dutschke. Schließlich wurde er Kommunarde in dem »K2« genannten Experiment »zusammen leben, zusammen lieben, zusammen arbeiten«. Ich weiß nicht, was für Schlotterer der Auslöser war, die »K2« zu verlassen. Aber eins wurde mir über die Jahre klar: Schlotterer war ein überzeugter Dissident.

Als Raymond aus dem Urban-Krankenhaus entlassen wurde, nahm er sich ein paar »Macht kaputt ...«-Singles, um sie unter seiner Bekanntschaft und Verwandtschaft zu verteilen. Schließlich stand sein Name in voller Länge auf der Plattenhülle, er hatte Tamburin gespielt und bei »Wir streiken« den Refrain mitgegrölt. Sein Schwager legte die Scheibe auf, nahm dann das Werk von seinem Dual-Plattenspieler und zerbrach es in fünf Teile, »Macht kaputt, was euch kaputt macht«. Raymond brachte die Scherben der Scherben-Platte ins T-Ufer, und wir wußten endlich, wie wir unser Plakat gestalten sollten. Gert machte ein Foto des zerstörten Objekts für das Tour-Plakat. Darunter in großen Lettern »Ton Steine Scherben«, darunter »Agitrockband – Berlin«. Agitrock war ein Wortspiel aus Agitprop und Acidrock. Das Plakat war auch gleichzeitig die Text-Beilage der LP, die bereits in Pressung war und deren erste Auflage von 3000 Stück am T-Ufer erwartet wurde.

Nikel wollte sparen. Das Bedrucken der Etiketten hätte pro Platte 3 Pfennige gekostet. Das konnte man aber doch selber machen. Also bestellte er bei Stempel-Hempel drei Stempel. Einen mit dem Logo unsrer eigenen Plattenfirma (die Hand mit der Steinschleuder und dem Namenszug »David Volksmund Produktion«), und für die A- und die B-Seite je einen mit den Titeln, der Gema- und der Bestellnummer.

Damit bescherte er uns einige besinnliche Stunden Heimarbeit. Wir mußten die bereits eingetütete Platte aus der Schutzhülle nehmen, das rote Etikett auf jeder Seite mit Firmenstempel und Titelangabe versehen und die Platte wieder in ihre weiße Hülle stecken, außerdem die beiden Cover-Pappen, die bedruckte Vorderseite und die unbedruckte Rückseite, mit dem Tacker an sieben Stellen zusammenheften, und schließlich die Platte und das Textplakat in die Cover-Pappe stecken. Das gab so manchen an den Klammern aufgerissenen Finger. Zum Glück hatten wir viel Besuch. Wer mitaß, mittrank, mitkiffte, durfte auch mitstempeln, mittackern, mitbluten und miteintüten.

Anne Reiche hatte gerade ein Jahr Frauenknast in der Lehrterstraße hinter sich und wollte mal schaun, was für Typen das waren, die diese Krach-Platte mit der Anarcho-Parole gemacht hatten und den Knast-Song »Der Kampf geht weiter«. Sie kam aus einem Kreis, der sich vage »der Blues« nannte, zu dem auch Bommi Baumann, Georg von Rauch, Thomas Weissbäcker, Hannibal und Happy-Dieter zählten, und die sich eher Bakunin, The Doors oder »Viva Maria« reinzogen als Marx-Engels-Lenin. BMW zu fahren, wie die RAF es sich angewöhnt hatte, war für sie völlig ausgeschlossen. Zu ihnen hätten eher heißblütige Pferde gepaßt. Die RAF gestand dem »Blues« zwar einen gewissen Stellenwert zu, schätzte sie allerdings als unorganisierte Haschrebellentruppe ohne wirklichen Durchblick ein. Die RAF wiederum war für die Rebellen ein elitärer Haufen wildgewordener Leninisten.
Anne Reiche wollte die »Scherben« auf Vordermann bringen. Wir sollten das Rock 'n' Roll-Kampfbataillion werden und Musik machen, die die Menschen dazu brachte, »schreiend auf die Straße zu rennen«. Wir verstanden uns ganz gut mit Anne, wenn sie uns auch manchmal auf den Wecker ging. Sie wurde »die Chefin« getauft. Sie half mir, mit Käsespätzle, Zwiebelrostbraten, Maultaschen und anderen schwäbischen Spezialitäten das Küchenniveau am T-Ufer zu heben. Zum anderen hatten wir ähnliche Vorstellungen davon, wie es in Kreuzberg weitergehen könnte.
Die besetzte Fabrik am Mariannenplatz als selbstbestimmtes Jugendzentrum konnte nur ein Anfang sein. Sie bot zwar Raum für die freie Zeit außerhalb von Arbeitsplatz und elterlicher Wohnung, aber für ein verliebtes Pärchen war auch hier nicht mehr drin als knutschen. Es mußte doch eine Möglichkeit geben, fern

von Autoritäten eine neue Art des Zusammenlebens und Zusammenarbeitens auszuprobieren, ähnlich wie bei uns am T-Ufer. Direkt gegenüber dem Jugendzentrum am Mariannenplatz lag das riesige, von einem hohen Zaun umfriedete Gelände des Bethanien-Krankenhauses. Das große Hauptgebäude war von fünf Häusern in einer parkähnlichen Landschaft umgeben, deren eine Seite an DDR-Gebiet grenzte, zwei Meter vor der Mauer. Das Krankenhaus war vor ein paar Monaten geräumt worden und sollte abgerissen werden. Nach den Sanierungsplänen des Senats würde hier eine neue Stadt-Autobahn enden. Direkt an der Mauer. Was sollte das? Wer brauchte die? Die Mauer machte noch nicht den Eindruck, als ob sie bald fallen würde. Warum sollte ein Krankenhaus einem Autobahn-Zubringer weichen? Waren die Stadtplaner drogenabhängig?

Wir hatten eine bessere Idee. Hier sollte die Freie Republik Bethanien ausgerufen werden. Im Jugendzentrum stießen wir mit dem Plan auf offene Ohren, kamen dabei allerdings einigen Leuten in die Quere, die mit den Kreuzberger Lehrlingen und Jungarbeitern anderes vorhatten. Die sollten geschult werden, um am Arbeitsplatz und im Elternhaus zu agitieren.

Aber Lothar X. stand schon auf der Matte und schwärmte wieder aus, um alles vorzubereiten. Am besten zu verteidigen schien das ehemalige Schwesternhaus »Maria-Martha« zu sein. Lothar X. kontaktierte den Hausmeister des Bethanien, stellte fest, daß er ein alter Kommunist war, und erwärmte ihn, am Tag der Besetzung, am 8. Dezember 1971, unauffällig die Heizung im Maria-Martha-Haus anzustellen. Wer friert, kann nicht gut verteidigen.

Am 4. Dezember meldete die Abendschau des SFB, der polizeilich gesuchte Georg von Rauch sei, als er sich seiner Festnahme in der Eisenacher Straße mit Hilfe einer Pistole zu widersetzen versuchte, durch eine Polizeiwaffe tödlich verletzt worden. Diese Darstellung der Polizei klang so unglaublich, daß selbst »Abend« und »Tagesspiegel« sie nicht ohne Fragezeichen abdrucken wollten. Auch die »Frankfurter Rundschau« wunderte sich: »Ein Toter wirft die Knarre weg und besinnt sich dann erst auf seine Pflichten als Leiche.«

Anne und ich fuhren in den Nächten durch Kreuzberg und besprühten die Häuserwände mit »Georg lebt«. Das war unsere Variante der verbreiteten Meinung, »schon wieder einer der unsrigen von den Schweinen ermordet«. Wir wollten weg von dem Märtyrer-Trip. Wenn die Besetzung klappte, wollten wir vorschlagen, das Maria-Martha-Haus nach Georg von Rauch zu benennen.

Am 8. Dezember 1971 spielten die »Scherben« wieder in der alten Mensa der TU. Wieder forderte ich nach dem letzten Song die Anwesenden auf, nach Kreuzberg zu ziehen, um bei der Besetzung eines Hauses zu helfen. Diesmal gingen fast dreihundert Leute aus allen Schichten und Fraktionen mit.

Nachdem wir Musiker endlich Instrumente und Verstärker in unseren Postbus verladen hatten und schließlich auch am Mariannenplatz auftauchten, war der bereits von mehreren Hundertschaften Polizei umstellt. Die Polizei versuchte verzweifelt, über den Zaun zu klettern und die Besetzer-Barrikaden zu durchbrechen. Es gelang ihnen nicht. Das strategische Konzept der Besetzer ging auf, das Haus war selbst aus der Luft uneinnehmbar. Gegen Morgen zog die Polizei sich zurück und überließ den Politikern das Feld. Sie wollten sich nicht noch einmal von der Presse in die Pfanne hauen lassen wie nach ihrem Einsatz in der Eisenacher Straße.

Innerhalb kürzester Zeit wurde das Rauch-Haus zum Anziehungspunkt für Trebegänger, Heimkinder auf der Flucht, die auf der Suche waren nach einem neuen Dach über dem Kopf und einem warmen Plätzchen. Sie wurden zwar offiziell gesucht, im Stillen betete aber jeder der zum Vormund bestellten Beamten im Jugendamtsbüro und jeder Sozialarbeiter der überfüllten Heime, daß sich jemand bereit fände, das Sorgerecht für eines dieser als schwer erziehbar geltenden »Kinder« zu übernehmen. Egal, ob er Mitglied einer linken WG oder ein Freier mit sozialer Ader war. Trotzdem entblödete sich die Polizeiführung nicht, immer wieder eine Hundertschaft anrücken zu lassen, um Minderjährige aus den Klauen der Anarchisten zu befreien und sie wieder den überfüllten Heimen zuzuführen. Vor die Alternative gestellt, Tränengas einzusetzen oder zu verduften, zogen sie dann aber stets letzteres vor. Der Haupteingang des Maria-Martha-Hauses, über dem nun das Schild »Georg-von-Rauch-Haus« prangte, war Tag und Nacht bewacht.

Mit den Kreuzbergern und den Trebegängern waren auch ein paar Mittzwanziger aus gut betuchten Familien eingezogen, die meiner Meinung nach dort nichts zu suchen hatten: Sprachgewandt, machthungrig, dem Heil der Unterschichten verschrieben. Die einen beklagten nun unentwegt das Leid der unterdrückten Klasse, der sie, wie sie jetzt wußten, angehörten, die anderen schämten sich dafür gerne öffentlich ihrer Abstammung und waren bereit, die ihnen aufgezwungene Bildung weiterzugeben – auch dem, der sie gar nicht wollte.

Eines Abends stand ich wieder mal vor dem Portal und klingelte. Nach einer Weile wurde mir von einem fünfzehnjährigen Jungen geöffnet. Bei seinem Anblick fiel ich auf die Knie, entzündete sämtliche Kerzen und Räucherstäbchen, die ich mit mir führte, griff nach meiner Harfe und stimmte einen Lobgesang an. Der Torhüter wandte sich trotzdem von mir ab und rief in den leeren Gang: »Kann mal jemand Ringo rufen, ick kenn den nich', der hier rein will!« Wir warteten auf jemanden, der mich identifizieren konnte, während wir uns mit gelangweiltem Blick musterten. Ich fragte desinteressiert nach seinem Namen. – »'ndi« – »Wie?« – »Na, Andy!« brüllte er mich an. Dann kam jemand, etwas älter als Andy, der endlich erkannte, daß ich weder Spitzel noch Vorhut einer Hundertschaft war. Als ich ein paar Tage später nach Andy fragte, bekam ich nur Schulterzucken und Fragezeichen zur Antwort. Ich ließ mich nicht irritieren. Mein Gott verlangte Geduld von mir. Die hatte ich.

Anfang '72 probierten die »Scherben« ihre erste Auflösung. Wolfgang ließ uns bei seinen Schlagzeugwirbeln immer häufiger befürchten, nie wieder gleichzeitig mit ihm zur Erde zurückzukehren. Außerdem war er einer der wenigen Menschen, die offensichtlich nicht zum gemeinsamen Leben mit einer Band geschaffen waren. Das war aber inzwischen eine unbedingte Notwendigkeit geworden. Wenn Bassist, Gitarrist, Sänger, religiöser Berater und Manager zusammen in einer Wohnung wohnen, dann ist der, der da nicht mitmacht, draußen.

Wer sollte jetzt Schlagzeug spielen?
Ich kam zurück auf Sven Jordan, den Querelle, der alles spielen konnte. Wir machten eine Probe, Sven spielte und überzeugte. Er war auch bereit, ans T-Ufer zu ziehen, allerdings nur mit seiner Freundin Regina. Ich machte mein Zimmer für die beiden frei und zog in den kleinen Raum zwischen Küche und Hintertreppe, 2 × 4 Meter. Ich baute mir ein Hochbett über dem Durchgang und stellte mir unten meinen Schreibtisch rein. Höhlen habe ich schon immer geliebt.
Aus Niederroden war eine kleine Schar nach Berlin ausgewandert, darunter Lost Pellkar, der Erfinder der Pellkartoffel. Lost war, wie jeder hübsche, mittellose oder gelangweilte Niederröder Junge, in Frankfurt auf den Strich gegangen. Wir hatten uns bei seinem ersten Besuch, auf Trip und zu »Atomheart Mother«, auf merkwürdige Weise ineinander verliebt. Wir küßten und küßten uns Ewigkeiten und Ewigkeiten ... Er hatte seine Freundin aus Offenbach mitgebracht und die ihren Sohn. Moni und ich versuchten uns nicht allzuviel Leid zuzufügen.
Lost hab ich geliebt. Er war unschuldig und schön, und er brachte mir Nachrichten von der dunklen Seite des Mondes. Mir gefiel besonders die Geschichte von dem CDU-Bundestagsabgeordneten, der damit drohte, an die nächste Leitplanke zu fahren, wenn Lost nicht bereit wäre, sein Lover zu werden. Oder die, wie er einen Freund im elterlichen Reihenhaus besucht, und als dann dessen Vater zur Tür reinkommt, um seinen Bengel zu bewegen, die Musik leiser zu machen – er in Lost seinen Stammstricher erkennt. Lost war ein Freund. Ich wußte, wir würden nie anders miteinander schlafen als Kinder, die einander sehr zugetan sind.
Mit Andy, dem Jungen vom Rauch-Haus-Tor, war das

anders. Nie zuvor – außer vielleicht bei Harald – hatte ich je das Gefühl gehabt, einen Menschen zu treffen, der mir gesandt war. Nie zuvor ballte sich soviel Energie in mir, alles daran zu setzen, diesen Jungen kennenzulernen, zu sehen, ob ich mich nicht getäuscht hatte.

5

Telefon 251 69 61. So war es rechts unten auf dem Cover von »Warum geht es mir so dreckig« zu lesen, und seitdem die Platte frei im Handel erhältlich war, stand das Telefon am T-Ufer nicht mehr still. 24 Stunden am Tag. Bei den meisten Anrufen handelte es sich um Nachfragen wegen eines »Scherben«-Auftritts zu einem Schülerstreik, Studentenstreik, zur Verhinderung angekündigter Fahrpreiserhöhungen, für geplante Hausbesetzungen, Knasthilfe, Rote Hilfe, Schwarze Hilfe oder anläßlich einer ASTA-Wahl. Dazwischen waren auch Auftrittsangebote von Discotheken, Jugendhäusern, katholischen oder evangelischen Jugendgruppen, Falken, Jusos bis hin zur SDAJ. Das wollte sondiert und koordiniert sein. Das war Nikels Job und kein Problem, solange er die Anrufe entgegennahm. Sein Gehirn hatte gigantische Speicherkapazitäten für Namen, Adressen und vor allem Telefonnummern. Einmal eingegeben waren sie jederzeit abrufbar – bis zum heutigen Tag. Wenn allerdings einer von uns oder gar ein Gast am Telefon war, verschwanden oft wichtige Informationen mit der Tageszeitung, auf die sie gekritzelt waren, im Ofen oder irgendeinem Paperbackeinband, der kurz darauf zum Jointfilter verarbeitet wurde.

Im Februar begannen wir, uns auf eine größere Deutschland-Tour vorzubereiten. Diesmal wollten wir unsere Songs nicht in x-beliebiger Reihenfolge spielen, sondern von einem Opening-Song sollte ein Spannungsbogen zu einem klaren Finale führen. Im Zugabenteil sollte Platz für Durchsagen, Ansagen, Mitteilungen, Aufrufe, Resolutionen und Grußbotschaften der Veranstalter und örtlichen Politgruppen sein. Nach der letzten Zugabe war dann noch Zeit für Gespräche zwischen Band und Publikum oder für spontane Aktionen – Demos oder Hausbesetzungen.
Schlotterers Aufgabe war es, mit den verschiedenen örtlichen Fraktionen und Aktionisten Kontakt aufzunehmen, sie zu beraten und gegebenenfalls zu agitieren oder im Zaum zu halten. Er war autorisiert, jederzeit zum Publikum zu sprechen, wenn ihn eine Erleuchtung überkam oder wenn er glaubte, zu einem aktuellen Tagesereignis Stellung nehmen oder ein in sich gekehrtes, dösendes Publikum aus der Reserve locken zu müssen. Auch im »Zugaben- und Rednerteil« sollte er eingreifen, falls ein Redebeitrag endlos zu werden drohte oder jemand völligen Stuß redete.
Jeden Nachmittag zogen wir in den Probenraum über dem schwarzen Ballsaal am Kottbusser Damm. Wir hatten eine neue Anlage gekauft. Kai, Lanrue und ich standen jetzt jeder vor einem zwei Meter hohen Verstärkerturm – wie Clapton, Page und Hendrix. Der neue Sound inspirierte uns zu neuen Arrangements der alten Songs und zu neuen Kompositionen. Unser Repertoire bestand nicht mehr nur aus den Titeln der LP, es war einiges dazu gekommen.
»Wir müssen hier raus« war auch ein Auftrag für einen Film über das Kreuzberger Jugendzentrum. Der »Rauch-Haus-Song« war für das Rauch-Haus-Teach-in

im Februar geschrieben, fiel aber der Zensur zum Opfer, weil das Rauch-Haus-Plenum der Meinung war, der Text hätte nichts mit ihrer Wirklichkeit zu tun. »Die letzte Schlacht gewinnen wir« war mein Versuch, ein kämpferisches, schnelles Lied zu schreiben, das »Macht kaputt, was euch kaputt macht« ersetzen sollte. Dieses Werk war uns nämlich mittlerweile unheimlich geworden. Den Text zu »Menschenjäger« hatte ich unter dem Eindruck des Todes von Thomas Weissbäcker geschrieben, der drei Monate nach Georg von Rauch in Augsburg erschossen worden war. Der »BVG-Song« entstand durch eine Idee von Klaus Freudigmann. Er hatte eine alte Plattenpresse aufgegabelt und schlug vor, zu der gerade laufenden Kampagne gegen die BVG-Fahrpreiserhöhung statt eines Flugblatts eine singende, klingende Flexi-Disc an die Nutzer der öffentlichen Verkehrsmittel zu verteilen. Jetzt fehlte uns noch ein Titel für den Anfang. Da wir davon ausgingen, daß ein Großteil unseres Publikums den Tag mit irgendeiner Arbeit verbracht hatte, lag es nahe, ihnen einen schönen Feierabend zu wünschen. Deshalb hieß der Song »Feierabend«.

Am 9. März 1972, ich weiß es noch genau, weil es wieder ein Donnerstag war und wieder wie aus Kübeln regnete, erreichten wir Ahrensburg.
Neun Leute, verteilt auf den Postbus und eine nagelneue rote Volvo-Limousine, die Schlotterer dem Verleger Klaus Wagenbach abgeschwatzt hatte. Nikels Sport-Coupé war in der Schrottpresse verschwunden. Mit von der Partie war auch Angy, Schlotterers junge Geliebte, die er im Rauch-Haus kennengelernt hatte. Sie war dort gelandet, nachdem sie mit ihrer Schwester Cora von zu Hause abgehauen war. Angy war

hübsch, blond, fünfzehn Jahre alt und allgemein beliebt. Klaus Schultz hatte wieder eine kleine Tour in Hamburg und um Hamburg herum organisiert. Aber nicht nur das. Er hatte auch einen gewissen Richard Borowski kennengelernt, der Toningenieur in einem renommierten Hamburger Studio war. Dort, in den Alsterstudios, bestand seine Hauptbeschäftigung darin, Werbespots aufzunehmen oder zu synchronisieren. Sein Herz schlug aber für Rockmusik, und er war bereit, ein paar Feierabende dranzuhängen, wenn er die Gelegenheit hätte, mal eine gute Rockband aufzunehmen. An Geld war er dabei nicht interessiert. Wir trafen uns nach einem Konzert, beschnupperten uns, stellten fest, daß er Steinbock war wie Lanrue, Schlotterer und ich, und kamen ziemlich schnell überein: An einem Wochenende nach Ostern sollten zumindest die Playbacks auf Band gebracht werden. Der Termin für den restlichen Kleinkram würde sich dann schon finden.
Nachdem wir eine Woche in Hamburg und Holstein gespielt hatten, bretterte Sven zum Abschied Wagenbachs schönen, neuen Volvo gegen die Reihenhauswand der Familie Schultz.

Studio-Termin in Hamburg. Es gab nur ein kleines Problem: Wir hatten keinen Schlagzeuger. Wenige Tage zuvor hatten wir Sven Jordan gefeuert, zu dem immer weniger Zugang möglich gewesen war. Lanrue mußte für ein paar Konzerte auf dem Posten aushelfen. Er war aber unser Gitarrist. Klaus Schultz wußte Rat. »Ich hab da bei uns einen jungen, unglaublich begabten Schlagzeuger entdeckt. Den würde ich euch empfehlen.« Wir testeten ihn in irgendeinem finstren Probenkeller. Der Junge war gut. Er hatte Einfühlungsvermögen, war reaktionsschnell, wußte, wann er einen Break oder einen

Wirbel zu setzen hatte, konnte das Tempo halten. Er hatte einen harten Schlag und einen sechsten Sinn für dramatische Stellen. Olaf Lietzau. Er wurde gerade 16. Mit ihm sollte es möglich sein, zumindest einen Teil der geplanten Playbacks am kommenden Wochenende aufzunehmen.

Wir wollten in diesen drei Tagen mindestens acht Songs aufnehmen. »Feierabend«, »Wir müssen hier raus«, »Die letzte Schlacht gewinnen wir«, »Menschenjäger«, »Allein machen sie dich ein«, und »Paul Panzers Blues«, der Song, zu dem Nikel den Text geschrieben hatte und den er auch selber singen sollte, dazu »Schritt für Schritt ins Paradies«, das ursprünglich für die erste LP gedacht gewesen war und das – auf Anregung von Jens Johler und Barbara Sichtermann – eine Textänderung erfahren hatte und jetzt reif war, sowie »Keine Macht für Niemand«.

Eines Abends war nämlich Anne Reiche, ähnlich dem unbekannten Auftraggeber für Mozarts Requiem, in meiner Höhle hinter der Küche am T-Ufer erschienen. Flüsternd und konspirativ bestellte sie eine Hymne für den bewaffneten Kampf, die dringendst gebraucht werde. Sie sollte die Wirkung haben, die Hörer schreiend hinaus aus den Hütten auf die Straßen und Gassen zu treiben, um den Sturm auf die Paläste zu wagen. Ich solle mich hurtig ans Werk machen. Sprach's und verschwand über die Hintertreppe im Winternebel am Gleisdreieck. Allerdings hinterließ sie keinen Beutel Gold-Dukaten, wie einst Mozarts ominöser Auftraggeber. Dafür kam ich, anders als Mozart, in den Genuß, die Uraufführung unseres Werkes noch zu erleben.

Auf der Suche nach einem kämpferischen Refrain stieß ich in meinen Notizen auf einen Spruch, den ich mal in der Anarcho-Kiffer-Zeitung »Germania« entdeckt

hatte: »Keine Macht für Niemand«. Um diesen Kampfruf baute ich einen Text, den Lanrue vertonte. Die Auftraggeber nahmen das Werk allerdings nicht ab. Wie aus zuverlässigen Quellen verlautete, wurde es auf der höchsten Kommando-Ebene der Firma RAF als Blödsinn, irrelevant und für den antiimperialistischen Kampf unbrauchbar abgetan. Return to sender. »Keine Macht für Niemand« war aber unser Favorit. Es war am rockigsten und poppigsten von allen Songs geraten. Deshalb sollte es als letztes von den acht aufgenommen werden. Wir glaubten, dann eingespielt genug zu sein, um es richtig fetzig aufs Band zu kriegen.
»Der Traum ist aus« war eines Morgens da, als ich auf meinem Hochbett erwachte. Lost Pellkar, der Erfinder der Pellkartoffel, lag neben mir und schlief noch, während ich überlegte, wo ich dieses Lied schon mal gehört hatte. Ich kletterte runter, in die kalte, leere Küche, setzte Kaffeewasser auf, notierte mir den Text und versuchte, mir mit Hilfe meiner Gitarre die Melodie zu merken. »Der Traum ist aus« war eine Bonus-Nummer für den unwahrscheinlichen Fall, daß noch Studiozeit für einen neunten Titel übrig wäre. Außerdem hatten wir noch eine neue Version von »Komm schlaf bei mir« in Reserve. An diesem Lied hatten wir uns in Borsigwalde mit einer Heavy-Metall-Riff-Gitarren-Fassung vergangen und wollten das diesmal mit Bongos, Glöckchen und Spanischer Gitarre wiedergutmachen.
38 Stunden später, pünktlich zum Anpfiff des Länderspiels England–BR Deutschland, hatten wir den letzten Takt von »Keine Macht für Niemand« im Kasten. Das Band lief noch, Gitarren und Schlagzeug waren noch nicht ausgeklungen, als Lanrue, Kai und Olaf, »Fußball!! – Fußball!!« schreiend, aus dem Aufnahmeraum in die Kantine rannten, wo schon Schlotterer, Nikel

und Klaus Schultz gebannt vor dem Fernsehapparat saßen, um unserer Wunderelf um Netzer und Wimmer, Beckenbauer und Schwarzenbeck für ihren Titanenkampf in Wembley die Daumen zu drücken. Danach gab ich den Anpfiff zur Eröffnung der Bonus-Serie. Als erstes der »Traum ist aus«. Das hatten wir, in Ermangelung eines Schlagzeugers, noch nie ganz durchgespielt. Das Arrangement bestand eigentlich nur aus Absprachen. Olaf Lietzau, der keinen blassen Schimmer hatte, um was es sich dabei handelte, bekam von uns ein paar Instruktionen. Dann versuchten wir, das Ganze einmal durchzuspielen. Musikalisch hatte »Der Traum ist aus« die komplizierteste Struktur aller Songs und außerdem einen ausgedehnten Improvisationsteil. Um beim ersten Mal mitzuspielen, ohne aus der Bahn geworfen zu werden, mußte man schon alle seine PSI-Kräfte aktivieren. Das schaffte Olaf. Als wir nach der ersten Probe Richard durchsagten, daß wir jetzt mal gerne eine Aufnahme versuchen würden, bevor die Stimmung flöten ginge, schnarrte es aus seinem Talk-back-Mikro in unsere Kopfhörer: »Kommt mal rein. Abhören.« Der alte Fuchs hatte, wie auch bei den anderen Aufnahmen, jenen ersten Versuch gleich mitgeschnitten. Wir bestanden aber darauf, es gleich nochmal zu machen. Nach dem Abhören erkannten wir allerdings, daß der erste Take nicht zu überbieten war. Jedenfalls nicht von uns. Jetzt blieb uns nur noch, Glöckchen, Bongos und die Spanische auszupacken und einen neuen Versuch mit »Komm schlaf bei mir« zu wagen. Auch das wurde schnell abgehakt.
Für den nächsten Tag gab uns Richard Borowski acht Stunden. Als wir uns um zehn versammelt hatten, schlug er vor, seinen alten Bekannten Jochen Petersen anzurufen, ob der nicht Lust habe, bei »Keine Macht für

Niemand« ein kurzes Saxophonsolo zum Besten zu geben. Na klar, ruf an!
Wir hatten Schlotterer gezwungen, seine Querflöte mitzunehmen und versuchten ihn jetzt zu überreden, für »Der Traum ist aus« ein Solo hinzulegen. Schlotterer hatte ein Querflöten-Trauma. Wie bei vielen Kindern aus bildungsbürgerlichem Hause war auch an Schlotterer der Kelch, mindestens eines der klassischen Musikinstrumente – Viola, Violoncello, Pianoforte oder Querflöte – allerliebst und mit trefflicher Fingerfertigkeit bedienen zu können, nicht vorbeigegangen. Seine Mutter spielte Cembalo. Seit seinem neunten Lebensjahr hatte er sie jeden Tag eine Stunde mit der Querflöte durch die Werke der Familie Bach begleiten müssen. Zehn Jahre lang. Das hinterließ Spuren. Er sah sich außerstande, hemmungslos, frei und nach Herzenslust zu flöten. Auch an diesem Montagmorgen. »O.K., Schlotterer, du mußt ja nicht, war ja nur so 'ne Idee. Schade. Hätte halt gut da reingepaßt. – Was machen wir jetzt? – Laß uns doch mal ›Paul Panzers Blues‹ machen, Nikel!« Der Delinquent wurde vor ein Neumann-Mikrophon und einen Kasten Astra-Bier gestellt. Vor dem Bierkasten saß ich. Bongo, Richard Borowskis Famulus, kam, um ihm die Kopfhörer aufzusetzen, aus denen Nikel die Mitteilung erhielt, daß er nach dem Einsetzen der Musik, auf mein Zeichen hin, seinen Text – beginnend mit der ersten Zeile – in Richtung Mikrophon vorzutragen habe. Nikel war kein großer Trinker. Nach jedem falschen Einsatz, das heißt bei jeder neuen Zeile, leerte er eine Flasche Astra. Dazu animierte ich ihn. Der Gesang war im Kasten, nachdem der Bierkasten leer war. Schlotterer hatte die ganze Zeit über im Aufnahmeraum zugehört.
Inzwischen war Jochen Petersen angekommen, hörte

sich »Keine Macht für Niemand« zwei-, dreimal an, spielte sich ein und blies aus dem Stand sein Saxophon-Solo ins Mikro. Ein fragender Blick in den Regieraum, wir nickten. Fertig. »Tschüß, macht's gut! Feiner Song!« Weg war er. Als ich danach zum Zigarettenautomaten in der Kantine ging, hörte ich aus dem Klo Flötentöne. Querflötentöne. Wir nahmen noch für den ein oder anderen Song Maracas, Tambourin, Kuhglocke und diverse andere Percussion auf. Danach legten wir eine Pause ein, um zu überdenken, was noch zu tun war. Jetzt kamen die Flötentöne aus einer Ecke des Aufnahmeraums. Während Bongo auf ein Zeichen von Richard das Playback von »Der Traum ist aus« einlegte, war Kai damit beschäftigt, zwei Fünf-Blatt-Joints zu bauen. Der eine war für die illustre Runde im Regieraum bestimmt, mit dem anderen begab sich Lanrue in das dämmrige Licht des Aufnahmeraums, wo Schlotterer im Schutze eines Paravents selbstvergessen Flöte spielte. Eine halbe Stunde später saß Schlotterer im Regieraum und fragte, ob es möglich wäre, die Stelle mit dem Flöten-Solo noch mal zu hören. Er war erstaunt und verwundert und fragte uns grinsend, wer das denn gespielt hätte. Sein erstes selbstbestimmtes Flötensolo.

Am Dienstag nach Pfingsten, frühmorgens, rollten Kai, Lanrue und ich in unserem Postbus durch die Weite des vorsommerlichen Holstein der aufgehenden Sonne entgegen. Paul Simon sang »Mother and Child Reunion«. In unserem Gepäck hatten wir die vier Master-Tapes für unsere neue Platte, »Keine Macht für Niemand«. Je ein Master-Tape für eine Plattenseite. Es sollte nun eine Doppel-LP werden. Das war nicht geplant gewesen. Wir hatten bei Richard B. zuviel für eine

einfache Langspielplatte und zu wenig für eine Doppel-LP aufgenommen.
In Berlin hörten wir die Rohmischungen immer und immer wieder, hin- und hergerissen zwischen dem Gefühl, etwas Einzigartiges geschaffen zu haben, und der Angst, doch nur eine mittelmäßige Band mit unverschämten Texten zu sein.
Für eine Doppel-LP fehlten allerdings noch zwei oder drei Songs. »Komm schlaf bei mir« gefiel uns allen sehr gut, aber – Schnaps is Schnaps und Dienst is Dienst – so was gehörte nicht auf eine ordentliche Agitrock-Platte. »Komm schlaf bei mir« war damit erstmal aus dem Rennen. Dann gab es noch den »BVG-Song« – bereits aufgenommen in Klaus Freudigmanns schwarzem Studio – und den vom Plenum zensierten »Rauch-Haus-Song«, den aber alle sehr mochten. Wir dachten uns eine Kriegslist aus, nahmen das Playback in Klaus Freudigmanns Studio auf und luden die Rauchhäusler ein, dem Refrain ihres Liedes mit der Gewalt ihrer Stimmen Pfeffer zu geben – und alle, alle kamen. Selbst die Oberzensoren. Ringo/Bad Homburg war nach seinem Umzug ins Rauch-Haus vom Oberkiffer und -dealer zum Ober-Polit-Guru mutiert. Auch er sang eifrig mit. Am Ende der dritten Strophe sah er sich aber gezwungen, einzuschreiten. »Hier, die letzte Zeile ist meiner Meinung nach falsch.« »– ? –« »Du singst da ja: Wenn die das Rauch-Haus wirklich räumen, bin ich aber mit dabei und hau den ersten Bullen, die da auftauchen, was auf ihre Fingerlein! Das muß meiner Meinung nach heißen: und schlag den ersten Bullen, die da auftauchen, ihre Köppe ein«! Gesagt – beifälliges Gemurmel – gesungen.
Mit »BVG-Song« und »Rauch-Haus-Song« hatten wir jetzt elf Teile eines Puzzles vor uns, von dem wir sicher

waren, daß es aufgehen würde. Unsere Aufgabe war nur noch, die elf einzelnen Teile so zusammenzufügen, daß sie ein Bild ergaben. Wir rätselten, knobelten mit, schoben hin und her, davon ausgehend, daß »Feierabend« der erste und »Keine Macht für Niemand« der letzte Song auf der Platte sein würde. Bis eines Tages – ich weiß nicht, wer's gewesen ist – jemand entdeckte, daß das Puzzle nicht aus elf, sondern aus zwölf Teilen zu bestehen hatte, und vorschlug, dieses vergessene zwölfte Teil einfach ans Ende zu hängen. Nun spannte sich der Bogen von »Feierabend« zu »Komm schlaf bei mir«. Montagnacht war das Werk vollbracht. Jetzt saßen wir drei im Postbus und rollten durch die Weite des vorsommerlichen Holstein der aufgehenden Sonne entgegen.

Am T-Ufer, in der Wohnung unter uns, wohnte Vegas Hammer. Allein auf 200 Quadratmetern. Vegas Hammer war Couturier, Designer, Innenarchitekt, Visagist. Außerdem spielte er Percussion und Gitarre. Lanrue ging ab und zu runter, um bei ihm einen durchzuziehen und Musik zu machen. Von ihm erfuhren wir, daß Vegas die Absicht hätte, seine Wohnung aufzugeben. Sollten wir Interesse haben, seine Nachmieter zu werden, hätte er nichts dagegen, wenn schon jetzt ein oder zwei Zimmer von uns bezogen würden. Natürlich hatten wir Interesse. Seine Etage war größer – sie hatte ja keine Billings – und wesentlich höher. In jedes Zimmer hätte man ein zweites Stockwerk einziehen können.
Als erste zogen Nikel und Kai nach unten, deren Zimmer sofort von Benno und Harry belegt wurden, den ersten Rauch-Haus-Dissidenten. Der »Rote Stein« Jako übernahm Schlotterers Zimmer, nachdem Schlotterer sein Hab und Gut nach unten gebracht hatte. Auch

Jako war ein Rauch-Haus-Dissident. Als Lanrue nach unten wanderte, zog der nächste »Rote Stein« nach, Bernhard, ebenfalls ein Rauch-Haus-Dissident. Was war los im Rauch-Haus?

Dort hieß die wöchentliche Vollversammlung nun Plenum. Auf einer dieser Veranstaltungen hatten die Schriftgelehrten und Pharisäer kürzlich durchgesetzt, daß – a) jeder, der nicht regelmäßig zur Schule geht, fliegt – b) jeder, der nicht regelmäßig zur Arbeit geht, fliegt – c) jeder, der andere Drogen als Alkohol oder Haschisch zu sich nimmt, fliegt – d) jeder, der mehr als dreimal hintereinander ohne triftigen Grund nicht zum Plenum erscheint, fliegt – e) niemand, der keine geregelte Arbeit nachweisen kann, aufgenommen wird. Das alles zum Besten des jungen Kreuzberger Proletariats.

Als letzter der »Scherben«-Besatzung wechselte ich nach unten. Ich hatte mir das alte Badezimmer hinter der Küche ausgeguckt und plante dort eine zweite Etage einzuziehen. Das sollte meine neue Höhle werden.

Auch Antje Krüger wohnte jetzt bei uns, eine mit allen Wassern gewaschene, abgebrühte Kommunardin. Auf den meisten fotografisch festgehaltenen Zeitdokumenten über die berühmten 68er kann man sie immer irgendwo neben, hinter, unter, über oder vor Kunzelmann, Teufel, Langhans, Dutschke, Rabehl, Salvatore, Schlotterer, Enzensberger oder oder oder entdecken. Sie kam schon vorher ab und zu bei uns vorbei, um Kaffee zu trinken, ein Schwätzchen zu halten und Schlotterer zu ermahnen, doch bitte etwas mehr auf sein Äußeres zu achten: »Soll das nun ein Vollbart werden, oder hast Du keine Zeit mehr, Dich zu rasieren, Schlotti?«

Sie war der festen Meinung, daß jeder, egal ob Bus-

schaffner, Sekretärin oder Kommunarde, versuchen sollte, das Beste aus sich zu machen. Auch im Interesse seiner Mitmenschen.
Die linke Kleiderordnung – die Männer spielen den unrasierten Revoluzzer, der seit Wochen nicht mehr aus den Klamotten gekommen ist, die Frauen schmücken sich, um dem aus dem Pulverdampf einer Straßenschlacht Heimkehrenden zu gefallen und ihn mit einer Liebesnacht zu belohnen –, diese linke Kleiderordnung ignorierte Antje. Das war nichts Ungewöhnliches, viele Frauen nahmen sich das Recht, auszusehen, als wären sie grade von einer Barrikade herabgestiegen. Antje drehte aber den Spieß um. »Dein grünet Jackett is ja toll, aber isch würde dazu kein kariertes Hemd tragen!«
Antje Krüger war in mein ehemaliges Zimmer in der oberen Etage gezogen.
Ich hab bis heute keine Ahnung, wer der offizielle Mieter beider Wohnungen war, wer bei Bewag und Gasag als Strom-, Wasser- und Gasabnehmer eingetragen und auf wen das Telefon angemeldet war.
Irgend jemand – ich weiß nicht, wer's gewesen ist – hatte sich vor langer, langer Zeit ausgedacht, diese zwölf Personen für eine bestimmte Zeit an diesem bestimmten Ort zusammenzubringen. – Es gab kein Aufnahmeritual. Wer kam, der kam. Wer blieb, der blieb. Wer ging, der ging. Beide Wohnungen waren durch die Hintertreppe – von Küche zu Küche – miteinander verbunden und wurden zur Bühne für ein Stück mit offenem Ausgang. Jeder Akteur in diesem Spiel war sein eigener Autor und sein eigener Regisseur. Und Zuschauer. Wer die Vordertür verließ, trat entweder ab, um nicht wiederzukommen, oder er kam zurück, um die Handlung voranzutreiben. Es war keine Langeweile zu erwarten, wenn jeder der Spieler seine Rolle voll ausschöpfte.

Über die Hintertreppe ging's auch runter zum Hof, wo die Mülltonnen standen, in die Luckenwalder Straße. Das war unser Geheimeingang, von dem nur Eingeweihte wußten. Selbst die Polizei kannte ihn nicht und besuchte uns grundsätzlich nur über die Vordertür. Im Nachbarhaus – in der Luckenwalder Straße – war unser Tante-Emma-Laden. Frau Lincke hatte das einzige Lebensmittelgeschäft im Umkreis von zwei Kilometern. Das nächste war Hertie am Halleschen Ufer. Gegenüber dem Hintereingang lag ein Kühlhaus mit einer großen Verladerampe, links daneben ein vereinzeltes Mietshaus mit einem Zeitungsdepot im Souterrain. Rechts ging's zum U-Bahn-Eingang Gleisdreieck und zum Reichsbahn-Krankenhaus. Das ganze verwilderte Gelände des ehemaligen Verschiebebahnhofs Gleisdreieck zog sich bis zu den Yorckbrücken. Es war Hoheitsgebiet der Deutschen Demokratischen Republik, wie zum Beispiel auch der Bahnhof Zoo. Wer diese unsichtbare Demarkationslinie überschritt, war außerhalb des Zugriffs der West-Berliner Ordnungskräfte und befand sich unter dem Schutz der Sicherheitsorgane der DDR.

Wer als erster aus den Federn kam, kümmerte sich ums Frühstück. Meistens fand sich noch ein zweiter. Einer nahm die Mülltüten mit runter und ging zu Frau Lincke einkaufen. Zwischen zehn und zwölf Uhr fand sich nach und nach um den großen Tisch unter der Alu-Palme im Living-Room – so hatten wir Vegas Hammers Musiksalon getauft – eine Frühstücksgemeinde ein. Geweckt von dem verlockenden Duft frisch gefilterten Kaffees, ofenwarmer Brötchen, den Klängen dezenten Geschirrgeklappers und dem ersten Rauschen der Toilettenspülung.

Der erste, der aus den Federn kam, war natürlich Nikel, ein notorischer Frühaufsteher. Aber das Wort »Frühstück« kam in seinem Wörterbuch nicht vor. Sein Frühstück hieß telefonieren. Nikel setzte sich meistens erst zu uns, wenn wir fast alle am Frühstückstisch versammelt waren, um dann die neuesten Neuigkeiten zu berichten. »Nathan hat schon wieder hundert Stück nachbestellt – ja, nich – das is doch schon recht ordentlich, da bahnt sich so 'ne Art Hochburg an, da in Stuttgart, ja. Und das mit, eh, Hermann Kropp – ja, nich, eh – Osnabrück, also geht jetzt klar. Das sieht jetzt auch finanziell sehr interessant aus. – Also – ja, nich –« Dabei belegte er dem Instinkt folgend ein Brötchen mit irgendeinem Lebensmittel, das sich in seiner Reichweite befand. »Ja, und, ach, eh – wißt ihr, mit wem ich heute morgen telefoniert habe? – Ja, nich – Die 10 000 Katschis sind angekommen. – Nich, ja – Aus Hongkong.«
Der gute Frühstücks-Einkäufer mußte sich von seiner Intuition leiten lassen. Er mußte die Vorlieben seiner Mitbewohner kennen – Harzer Käse, Seelachsschnitzel, Buttermilch, Rübensirup, Corned beef, saure Gurken, Leberwurst – aber die Grobe! – und dergleichen mehr, aber auch vorausahnen, daß er dem Saure-Gurken-König heute mal mit einem Berliner Sacher-Torten-Schnittchen eine Freude bereiten könnte. Es war auch ungewiß, wer noch und wer nicht am Morgenmahl teilnehmen würde. Wieviel Gäste waren über Nacht geblieben, hatten sich die Bettdecke mit jemandem geteilt oder sich entschieden, die Wirkung des letzten Joints bei uns ausklingen zu lassen oder nur die letzte U-Bahn verpaßt? Und wer würde aus der oberen Etage den Weg über die Hintertreppe nehmen, um an unserem opulent gedeckten Frühstückstisch Platz zu nehmen? Wer nach zwölf kam, brauchte sich jedenfalls

keine Hoffnung mehr machen, noch knusprige Brötchen und frischgebrühten Kaffee vorzufinden. Es galt als unfein, darüber Enttäuschung zu zeigen oder sich gar zu beschweren. Man ging dann runter zu Frau Lincke und holte sich, worauf man Appetit hatte.

Am frühen Nachmittag ging jeder seiner Beschäftigung nach. Nikel telefonierte oder dudelte auf seinem Saxophon oder telefonierte, Kai verkroch sich oder spielte im Living-Room Bass oder Banjo, Schlotterer war unterwegs, Lanrue saß in seinem Zimmer, hörte Musik oder komponierte, Vegas schmiß mit Futurismus um sich, begann den Living-Room in Pink und Babyblau zu streichen und wollte ausziehen.

Ich saß in meiner Höhle hinter der Küche, beschäftigte mich mit Astrologie und Magie, immer bereit, mich mit etwa ankommenden Gästen und Besuchern an den Küchentisch zu setzen, ein Käffchen zu trinken und ein Schwätzchen zu halten. Fast jeden Tag klopften Leute an, die uns auf Tour gesehen oder unsere Platte gekauft hatten und überprüfen wollten, ob es uns wirklich gab.

So um sieben waren alle wieder zusammen, um den Abend zu planen. War beim Frühstück die Frage »Wer kocht denn heute« gestellt und beantwortet worden, setzten wir – und wir waren bisweilen sehr viele – uns an den Tisch im Living-Room, um Risotto, Spaghetti oder Bratkartoffeln zu verspeisen.

Sich sammeln. In einem Raum. Um einen Tisch. Gemeinsam essen – und keiner nimmt dem anderen die Butter vom Brot. Frieden. Danach bedurfte es keiner weiteren Planung. Der Abend gestaltete sich von selbst.

Wenn aber niemand gekocht hatte, kam eine gewisse Ratlosigkeit auf. Entweder fuhr dann Nikel zum Nippon-Imbiß in der Potsdamer Straße und holte Frühlingsrollen, die jeder irgendwo für sich allein in sich reinmümmelte. Dann sah man sich meist erst am nächsten Morgen wieder. Oder wir fuhren alle gemeinsam mit dem Bandbus zum Lehniner Platz, verputzten im Athener Grill jeder eine Ladung Spaghetti Bolognese und vertanzten und verkifften anschließend die Nacht im »Park« oder einem ähnlichen Vergnügungsetablissement, wo man zu fortgeschrittener Stunde in jene Zeitfalle tappt, die dann in der Erinnerung ein abgrundtief schwarzes Loch hinterläßt...

... So geschah es auch sechzehn Jahre später, in der Nacht des 9. November '89. Zu der Zeit nahm ich mit Udo Arndt und Reinhold Heil im Audio-Studio am Ostpreußendamm gerade meine dritte Solo-LP auf. In jener Nacht schlief ich schlecht. Um sechs Uhr morgens weckte mich etwas. Wo war ich? Aja! Ich war im »Schweizer Hof«, Zimmer 639. Vorm Zubettgehen mußte ich noch das Fenster geöffnet haben. Von dort wehte jetzt ein vertrauter Geruch ins Zimmer, der, das wurde mir langsam klar, nicht in die Westberliner Budapester Straße paßte. Plötzlich war ich hellwach. Ich machte den Fernseher an. Es war soweit. Der Morgen des 10. November 1989. Die Mauer war gefallen. Rasch zog ich mich an. Ich wollte dabeisein. An der Hotel-Rezeption kam ich nicht unbehelligt vorbei.
»Herr Reiser! Eine Gesprächsnotiz für Sie, Sie hatten gestern abend das Telefon nicht mehr abgenommen!«
Ich nahm die Notiz an mich.
»Lieber Rio, ich hoffe, Du hast gut geschlafen. Als ich heute abend die Nachrichten im Fernsehen verfolgt habe, kam mir eine Idee. Wie wär's, wenn Du jetzt eine neue Version von ›König von Deutschland‹ machen würdest? Überleg doch mal.«

Wieder so ein Einfall von meinem Manager. Ich zerknüllte den Zettel, warf ihn in den Abfallkorb neben der Drehtür und rannte hinaus in den Novembermorgen. Draußen wartete eine neue, unbekannte Variante des Irrsinns auf mich.

6

John Banse heißt heute Kuba-Johnny, wenn ich einem Artikel der »Berliner Zeitung« über die besetzte Freilichtbühne im ehemaligen Pionierpark Wuhlheide Glauben schenken kann. Daß er so jetzt genannt wird, hat er mir nicht gesagt, als ich ihn das letzte Mal sah. Er hatte einen selbstgeschneiderten grünen Satin-Anzug an, erzählte mir, daß er vor kurzem die schwedische Lebensrettungsmedaille erhalten hätte und lud mich ein, den Winter auf der Schäreninsel seiner Schwiegermutter, der Hofärztin des schwedischen Königshauses, zu verbringen. Das Schneidern hatte er in einem norwegischen Knast gelernt, wie auch das Basteln von Schiffsmodellen, von denen er eins dem norwegischen König geschickt hatte und prompt begnadigt worden war. John Banses Spitzname war Asterix. Er ist etwas klein geraten und hat einen Hüftschaden, wurde als Kind immer wieder in irgendwelche Heime oder Verwahranstalten gesteckt, aus denen er aber stets ausbrach. John Banse alias Asterix alias Kuba-Johnny war der »Scherben-Fan« der ersten Stunde. Er hatte uns bei unserem ersten Auftritt in Braunschweig gesehen, wo er gerade in einem Heim gelandet war. Den Kriegsnamen Asterix hatte er sich bei vielen Demos und Straßenschlachten erworben, wo er in vorderster Linie gegen eine Überzahl staatlich besoldeter Ordnungskräfte

gekämpft und gesiegt hatte. Er konnte Karate, wußte mit dem Nunchaku umzugehen und war einer der ersten Rauch-Haus-Bewohner. Diese Schlafstatt mußte er allerdings schnell wieder räumen, weil er der Rauch-Haus-Ordnung von a) bis e) in keinem Punkt entsprach. Er ließ sich weder dazu bewegen, eine Schule zu besuchen noch eine Lehre anzunehmen, oder irgendeiner geregelten Arbeit nachzugehen. Und was seinen Drogenkonsum betraf, so wollte und konnte er sich nicht nur auf Alkohol oder Haschisch beschränken. Im Sommer 1972 war er ein gern gesehener Gast am T-Ufer.
Eines Tages kam er mit einem Stapel Dias vorbei, die er mit einer geklauten Kamera gemacht hatte. Schnappschüsse von Menschen auf der Straße, vom Bahnhof Zoo, Kudamm-Gegend Gedächtniskirche, zum Teil unscharf und verwackelt. Auf einigen dieser Fotos entdeckte ich ganz scharf und klar und nicht verwackelt Andy, den Torhüter des Rauch-Hauses, den ich seitdem nie wiedergesehen hatte. Da war er wieder. Bei seinem Anblick fiel ich ein weiteres Mal auf die Knie und entzündete sämtliche Kerzen und Räucherstäbchen. Mein Gott schien mich erhört zu haben. Das konnte kein Zufall sein.
Am Abend vorher hatte Fritz Prinz, der Andy verblüffend ähnlich sah und den ich aus Tübingen kannte, angerufen. Er wollte mich besuchen, hatte aber keinen gültigen Personalausweis, um über die Grenze zu kommen. Ich könnte ihm ja den Ausweis von Andy schicken, dachte ich mir. Auf diese Weise würde ich ihn kennenlernen. Ich bat Asterix, nach Andy Ausschau zu halten, und ihn, wenn möglich, zum T-Ufer mitzubringen.
Irgendwann stand Andy mit einem Trupp anderer Stricher im Livingroom des T-Ufers und fragte mich, was

ich von ihm wollte. Einen Teil erzählte ich ihm gleich, nämlich, daß ich seinen Personalausweis mir mal für eine Woche ausleihen wollte; und – oh Wunder! – er hatte einen, denn er war jetzt ganz legal in einer Schöneberger Wohngemeinschaft gemeldet. Den Job am Bahnhof Zoo machte er nur noch gelegentlich, um sein Taschengeld aufzubessern, denn seine Ausgaben für Klamotten waren beträchtlich. Fritz Prinz kam und blieb, und auch Andy tauchte nun immer häufiger am T-Ufer auf. Eines Tages blieb auch er und mit ihm sein Kumpel Klaus.

Im September war unser neues Werk soweit, daß es ausgeliefert werden konnte. Wieder in Papphülle. Wieder hatte mein Bruder Gert die Covergestaltung gemacht: Weiße Wellpappe, darauf in schwarzer Sprayschrift »Keine Macht für Niemand«.
Allerdings hatte diesmal der Verpackungsingenieur Herbert P. Möbius, mein Vater, den technischen Teil dieser Hülle entworfen. Mit Wellpappe hatte er schließlich Erfahrung. Er, der geniale deutsche Erfinder, hatte allerdings nie die zwölf getroffen. Alle Ideen waren ihm weggeschnappt oder billig abgekauft worden. Ihn selbst hat das nie besonders gestört, aber unsere Mutter. Sie konnte sich manches Mal grün und blau ärgern, wenn er Vorschläge und Ideen an alle möglichen Firmen verschickte, eine freundliche Absage mit einem kleinen Geschenk erhielt, und dieselbe Firma Vaters Idee ein halbes Jahr später rausbrachte. Von den Lizenzen, die ihm als Verpackungsingenieur für seine Entwicklungen zustanden, erhielt er nur einen geringen Teil, den Rest kassierte die Firma oder sein Vorgesetzter. Wenn ich heute irgendeine Scheißverpackung wieder mal nicht aufkriege oder fluchend die Verpak-

kung aus der Verpackung aus der Verpackung holen muß, denke ich an Herbert P. Möbius und sage zu der Katze oder dem Hund, die grade in Hörweite sind: Das hätte *mein Vater* nie gebaut! Seine großartigste Idee war eine Papp-Vase, zusammenfaltbar und wasserdicht, die leider von Fleurop verschmäht wurde. – Für unsere Doppel-LP konstruierte er eine aus einem Stück Wellpappe gestanzte, an den Knickstellen vorgefalzte Hülle, die wir nur noch wie einen Faltkarton zusammenzustecken brauchten. Dann die beiden Platten hinein – die Etiketten mit den Titeln waren diesmal bereits vom Preßwerk bedruckt –, dazu ein Begleitheft mit den Texten, einigen Bemerkungen und den Credits und als Krönung ein Katschi, eine Steinschleuder aus Plastik, aus Hongkong importiert – davon hatten wir ein paar tausend Stück bestellt und auf dem Dachboden gelagert. Dann nur noch die Deckellasche in den Stanzschlitz auf der Rückseite gesteckt, fertig. Kein Stempeln, kein Kleben, kein Tackern, keine blutigen Finger. Nur ein paar kaputte Fensterscheiben.
POLIZEI FAND 6 000 KATAPULTE
Kü. Berlin, 30. Nov. 6 000 Katapulte fand ein Aufgebot der Schutzpolizei und Beamte der für politische Delikte zuständigen Abteilung I gestern nachmittag bei der Durchsuchung zweier Gemeinschaftswohnungen am Tempelhofer Ufer 32 (Kreuzberg). Außerdem wurde Diebesgut und Einbruchswerkzeug sichergestellt. Nachbarn hatten die Polizei alarmiert, weil die zwölf Bewohner mit Schrauben und Nägeln die Katapulte in den Wohnungen erprobt hatten.
Was war geschehen? Am Donnerstag den 29. November '72 hatten Andy, Klaus und Fritz Prinz es lustiger gefunden, mit den Katschis Schießübungen aus der oberen Etage auf das gegenüberliegende Haus in der

Luckenwalder Straße zu machen. Einer wollte den anderen übertreffen, dabei gingen die Fensterscheiben von Frau Linckes Wohnzimmer zu Bruch. Eine Minute später saßen die drei Unschuldsengel am Frühstückstisch, als wäre nix gewesen. Eine halbe Stunde später stürmte die Besatzung eines Mannschaftswagens mit Popo, Kripo, Sipo, Rauschgift-, Diebstahl- und Einbruchsdezernat das Haus und nahmen aus allen Wohnungen alle mit, die ihrer Meinung nach verdächtig aussahen. Dazu wurde als Diebesgut beschlagnahmt, was nicht ins BILD-Bild einer Kommune gehörte – die einzig gute Stereoanlage – und alles, womit man einen Einbruch verüben könnte – Schlotterers Werkzeugkasten. Dann ging's ins Revier in der Großbeerenstraße. Das war aber für Massenverhaftungen nicht gerüstet, also ab in die Friesenstraße. Vor Einbruch der Dunkelheit waren alle frei, außer Angy, Andy und Klaus. Diese drei waren durchgebrannte Heimkinder und wurden ins Aufnahmeheim in der Lehrter Straße gebracht. Angy kam ziemlich schnell wieder raus. Ihr Vater, Arzt in Wilmersdorf, erklärte sich bereit, das Sorgerecht meinem Bruder Gert zu übergeben. Bei Klaus und Andy war das etwas schwieriger. Nikel übernahm schließlich das Sorgerecht für Klaus und ich das für Andy. Mit zweiundzwanzig Jahren war ich jetzt Andys Papa. Andy war fünfzehn, intelligent und hübsch. Er konnte weder lesen noch schreiben. Wie Fritz Prinz es damals geschafft hat, durch die Maschen der Bullen zu schlüpfen, weiß ich nicht mehr. Er wohnte illegal weiter bei uns – und brauchte nicht zur Schule zu gehen, weil ja keiner wußte, wo er war. Für Andy und Klaus mußten also Nikel und ich Sorge tragen, z. B. daß sie regelmäßig ihre Sonderschule besuchten. Die beiden hatten aber auf Schulegehn genauso wenig Bock, wie

Nikel und ich Lust hatten, sie jeden morgen dazu zu animieren. Also gingen sie nicht.

Unseren jungen, begabten Schlagzeuger Olaf Lietzau hatten wir einen Monat nach den Plattenaufnahmen für »Keine Macht für Niemand« wieder verloren. Seine Eltern verboten jede weitere Mitwirkung bei den Anarcho-Rockern Ton Steine Scherben. Wieder wußte Klaus Schultz Rat. Er vermittelte uns Hans-Jürgen Hynding, genannt Käpt'n. Wahrscheinlich, weil er wie ein Seefahrer aussah. Er hatte, wie viele Schleswig-Holsteiner, einen dänischen Paß, somit floß Wikinger-Blut in seinen Adern. Deswegen ist er heute Röntgenarzt. Damals studierte er Physik, wie viele Holsteiner mit dänischem Paß, und konnte seine Zeit gestalten wie er wollte, wie viele Studenten mit Wikingerblut. Unser erstes Konzert mit ihm fiel allerdings aus. Die Stadthagener Veranstalter hatten ganz vergessen, daß wir kamen. Nach seinem zweiten Auftritt in Hannover wollte er sich unbedingt eine Säge aus dem höchsten Fach eines Regals in unsrer Gastgeber-WG holen und schnitt sich dabei die Hand ab. Wir banden sie ihm wieder an, denn es sollte mit den »Roten Steinen« weiter in die Schweiz gehen.
Von dieser Tour – vgl. R.R.: Unter Sternen, Bd. IV, S. 273–311 – zurückgekehrt, gründete ich eine Republik und taufte sie »Tutti Frutti«. An meiner Hinter-der-Küche-zwei-Etagen-Kammertür hing jetzt ein großes Schild: »Autonome Republik Tutti Frutti«. Dieses Territorium teilte ich mir mit Andy, der allerdings nicht begierig auf eine Übersetzung der Worte »autonom« und »Republik« war. Unter Tutti Frutti konnte er sich was vorstellen. Und das verwirklichte er auch. High-Life! Full House! Tutti Frutti! Er war Herz-Bube oder Joker

oder Kreuz-Dame oder alle drei zusammen. Hot Pants mußten her, mitten im Winter! Für Andy! Und für Klaus! Und Fritz braucht auch welche! Und knallgrüne Hochplateau-Plastikstiefel! Bis zum Knie! Für Andy! Und für Klaus! Und Fritz braucht auch welche! So stiefelten die drei durch Berlin, auch bei Glatteis. Mal mit Nilpferdpeitsche bewaffnet, mal mit Nunchackus, mal mit Gaspistole.

Wenn sie am T-Ufer mal wieder alles durcheinander gebracht hatten und die Seelen der Wohngemeinde kochten, dann war oft Antje Krüger die einzige, die es schaffte, etwas Klarheit in den Dampf zu bringen. »Nu laßt doch mal, d't is doch für die auch noch alles ganz ungewohnt. Der eine sacht Hü, der andre Hott. Ihr blickt doch selber nich ganz genau durch, wat ihr nu wollt. Sacht den' entweder klar, was nu is, und wenn d't nich geht, müßter se halt rausschmeißen. Da müßter euch vielleicht selber mal einjen.«

In diesem Durcheinander tauchte nun auch noch Hanns Baukhage auf, einer der ehemaligen Bewohner der oberen Etage. Er war auf einem Trip hängen geblieben und in den Bönnhöfer-Heilstätten – »Bonnies Ranch« sagten die Eingeweihten, Wittenau der Berliner – gelandet. Jetzt war er wieder fit. Vor seiner LSD-Entgleisung war er Elektriker gewesen und hatte Betriebsarbeit bei Siemens, AEG und ITT gemacht. PL/PI, Proletarische Linke/Partei-Initiative, die Berliner Variante der Frankfurter Spontis.

Er brachte unsere Technik auf Vordermann und seinen Freund Karl-Heinz ins Spiel. Der war Elektroniker, Betriebsarbeiter (PL/PI) und Kiffer (bei ITT). Der versprach, uns zwei 200-Watt-Endstufen zu bauen, pro Watt eine Mark, 400 DM. Die hatten wir auch dringend nötig, denn wir hatten zwar die Gitarrenverstärker aufgerüstet, dabei aber den Gesang vergessen. Der war eigentlich nur noch die erste Viertelstunde eines Scherben-Konzerts zu hören. Nach Ablauf dieser Frist hatte jeder – Schrittchen für Schrittchen – seinen »Amp« weiter aufgerissen. In den manchmal sehr langen Pausen zwischen den Songs – falls diese nicht mit einer Rede oder Resolution ausgefüllt waren –, kam es immer wieder zu Abrüstungsverhandlungen, die aber genauso unergiebig verliefen wie die ersten Verhandlungen zwischen Moskau, Peking und Washington. Der Gesang war das kleine Vietnam. Nun kam der Waffenschmied Karl-Heinz und bot dem Sänger in mir billige Rüstungshilfe an: Zwei Endstufen, 400 Watt, nicht größer oder schwerer als eine kleine Reiseschreibmaschine, damals unglaublich. Tatsächlich – erzählte er – wäre die Entwicklung dieser Dinger, Endstufen genannt, ein Auftrag von Pentagon und CIA an ITT gewesen. Wir grinsten, weil wir das ganze für PL/PI-Kiffer-Elektroniker-Latein hielten. Als aber später George Bush, frischgebackener Mr. President und ehemaliger CIA-Direktor, die Vatikanische Botschaft in Panama-City mittels ununterbrochener Dröhnbeschallung mit Pop-Musik dazu brachte, seinen ehemaligen Drogenlieferanten Noriega auszuliefern, da wurde mir klar, daß Karl-Heinz nicht gesponnen hatte; und es wurde mir auch klar, daß ich mit meinem Agit-883-Manifest »Musik ist eine Waffe« damals nichts weiter als eine Binsenweisheit von mir gegeben hatte.

Für den Fernsehfilm »Schulkampf« von Dieter Bitterli, Drehbuch Peter Schneider, hatten wir die Musik gemacht. Bitterli inszenierte jetzt am Theater am Turm, dem TAT, in Frankfurt, ein Stück von Peter Hacks, »Moritz Tassow«, in dem ein Heuwagen voll Songs vorkam. Die sollten wir vertonen. Lanrue und ich fuhren hin, um den Schauspielern die Songs zu schneidern. In westdeutschen Schauspielschulen wurde offensichtlich nicht viel Wert auf Gesang gelegt, oder wie mein Freund Lars Lobenstein zu sagen pflegte, »auf der Schauspielschule lernt man eigentlich nur Verbeugen und Vorsprechen, dazwischen ist sehr viel heiße Luft«. Lars war einer der Darsteller, und wir verpaßten ihm das sommerlich-ländliche Liebeslied »Schön' Dorinthgen«. Das TAT-Ensemble hatte die Mitbestimmung gefordert und für die neue Spielzeit durchgesetzt. Es waren sogar ideologische Berater eingestellt, die die Schauspieler im Klassenkampf auf den Stand der Dinge bringen sollten. Das machte zwar ihren Gesang nicht schlechter, aber auch nicht besser. Sie verließen sich fast alle auf die alte Gründgens-Tradition, das Lied notfalls einfach rhythmisch zu sprechen. Wirklich gut waren aber nur Hans Diehl, der den Tassow spielte und sich als Hauptdarsteller nicht lumpen lassen wollte, Liebghardt Schwarz, die, skrupellos aber gekonnt, mit der Gründgens-Methode ins Feld zog, und der unvergleichliche Dr. Dr. Volker Spengler, ein Opernfetischist obersten Ranges. Ihm hatten wir den kompliziertesten Song geschneidert, den er mit Grandezza dem Publikum in unglaublich schrägen Tönen um die Ohren knallen wollte. Regisseur Bitterli und Schauspieldirektor Wiens wollten aber diese Arie lieber dem Vergessen weihen, als sie aus diesem lästerlichen Schandmaul quellen zu hören.

Käpt'n war noch vor Weihnachten ausgestiegen. Trotz aller Liebe zur Musik wollte er sein Studium weiter machen, wir hatten aber schon wieder jede Menge Auftrittsangebote. Das konnte er nicht unter einen Hut bringen. Wieder einmal waren wir ohne Schlagzeuger.

Am liebsten wäre mir jetzt der Drummer jener Band gewesen, die Andy Brauer vor Lokomotive Kreuzberg – aus der später Spliff, Nina-Hagen-Band und letztlich Froon hervorgingen – gegründet hatte. Doch der wollte nicht. Wir waren ihm schon zu kommerziell. So rauh waren die Sitten damals. Schließlich fanden wir durch Anzeigen in den einschlägigen Blättern Helmut Stöger, einen ruhigen, netten Schwaben, der irgendeinem geordneten Beruf nachging und eine ruhige, nette schwäbische Freundin hatte. Er spielte erdig, schnörkellos und zuverlässig. Kein Klingeling, selten Highlights, aber gut. Er war bereit, alles mitzumachen. Und da kam einiges auf ihn zu.
Hanns Baukhage, unser Sound-Mixer, bekam ein kleines, aber zuverlässiges Mischpult, das wir Tangerine Dream abgekauft hatten, wie auch jenes wunderbare Shure-Mikrophon, das gleiche Modell, mit dem alle großen amerikanischen Gesangsstars in den 40er- und 50er-Jahren gearbeitet hatten. Shure stellte es erst wieder her, als »New York, New York« mit Liza Minelli und Robert DeNiro ein Renner geworden war und danach jeder Sänger dieses Ding haben wollte. Wegen seiner Stromlinienform.
Ich kenne überhaupt nur zwei schöne Mikrophone. Das amerikanische Shure und das deutsche Neumann. Das eine hat die Ausstrahlung von, sagen wir Lauren Bacall, das andere von Marlene Dietrich.
Das Mikrophon ist für einen Menschen des zwanzigsten Jahrhunderts, der mit Singen sein Brot, seinen Kuchen oder seinen Kaviar verdient, sehr wichtig. Es ist seine Krücke. Ohne Mikro ist er ein Krüppel. Es ist seine Prothese, aber keine, die er mit seinen Hosen oder seinen Ärmeln verstecken kann. Es befindet sich ständig vor seinem nackten Gesicht, silbern und ob-

szön. Es ist der geile Schwanz des Publikums, der befriedigt werden will. Wenn das Ding doof aussieht, dann turnt das ab. Außerdem kann es, wenn es will, selbst Pavarotti oder Jessie Norman so klingen lassen, als würden sie im Mülleimer einer Lungenklinik singen. Der größte Blödsinn auf diesem Gebiet ist vor ein paar Jahren Mode geworden. Seit es Mikroports gibt, diese kabellosen Mikrophone mit eingebautem Sender, singt man in fast jeder Fernsehshow mit diesen dicken, häßlichen Dingern vorm Mund, aus deren Ende als Antenne ein kleines Schwänzchen hängt. Diesen Dildo halten sich Sänger und Sängerinnen ausgerechnet vor die Körperöffnung, mit der sie am meisten Geld verdienen. Dabei brauchen sie das Gerät überhaupt nicht. Denn ihre Stimme ist doch schon lange vorher auf irgendeinem Tonträger festgehalten worden, der jetzt in der Regie bloß abgedudelt wird.

Kaum hatten sich das alte und das neue Jahr die Klinke in die Hand gedrückt, zogen wir wieder los auf Tournee. Diesmal mit Tonmann Hanns Baukhage, der sich auch um die Lichteffekte kümmerte und der – wenn er die Zeit für gekommen hielt – quer durchs Publikum tanzte. In Bremen löste er damit einen mittelschweren Skandal aus. Pastor Schieches, ein evangelischer Dissidenten-Pfarrer, hatte uns eingeladen, im Gemeindehaus seines Viertels aufzutreten. Das war allein schon Skandal genug. Als Hanns sich aber beim immer wiederkehrenden Schlußrefrain »Wir sind geboren, um frei zu sein, frei, frei, frei« die Kleider vom Leib riß, nackt durch die heiligen Hallen tanzte und das Publikum es ihm nachtat, war der Skandal richtig perfekt. Die protestantische Bremer Vorstadtherde bekam bald darauf einen neuen Hirten.

In Frankfurt hatte der Kampf ums Westend begonnen. Dort sollten die großbürgerlichen alten Häuser in der Nähe der Uni neuen Wolkenkratzern weichen. Es ging dabei hart zur Sache, die Schlacht am Kettenhofweg ging in die Geschichte der Frankfurter Linken ein. Wir spielten zur Erbauung der Kämpfer in der Uni-Mensa. Zwischendrin hielt irgend jemand eine Rede, wurde von Danny Cohn-Bendit unterbrochen, und es kam zur Schlägerei, was bei den Genossen, die sich dichtgedrängt in diesem Beton-Horror-Bau eingefunden hatten, Panik auslöste. Niemand wußte mehr genau, worum's ging, wer Feind, wer Freund war. Inmitten der Massen befanden sich auch Lars Lobenstein und Liebghardt Schwartz, die beiden Schauspieler aus dem Theater am Turm. Sie hatten die »Scherben« noch nie gesehen, betrachteten das Geschehen als exotisches Spektakel und überlegten, wie sie diesen denkwürdigen Abend der Schauspielkunst dienlich machen konnten. Lars schilderte später seine Erlebnisse mit sehr viel ironischer Distanz, als erzähle er die Handlung eines Films. Das tat er nicht selten vor den Darstellern dieses »Films« und erzielte damit den Effekt, uns bewußt zu machen, wie abenteuerlich unser Leben, das wir selbst schon manchmal für langweilig und nah an der Grenze zum Spießertum hielten, tatsächlich war.

Eines Tages war Fritz Prinz verschwunden. Mit allem Geld, das er im Hause finden konnte. Fünfzig Mark. Eine Woche später rief er heulend an und entschuldigte sich. Er ließ sich erstmal eine Weile nicht mehr sehen. Irgendwann bekam auch Andy einen Weinkrampf. Keiner versteht ihn, alle sind nur doof zu ihm, Berlin is Scheiße, er will raus. Hanns Baukhage hörte das und erzählte von einem Bauernhof in der Nähe von

Münster, auf dem gerade eine Gruppe Sozialarbeiter ein Projekt mit Heimkindern aufzog. Einer von denen sei ein guter Freund von ihm. »Au ja! Bauernhof! Mit richtige Kühe? Und ham die ooch Ferde? – Eh, Kläuschen, hörma! D't is 'n Ding! – Sach ma Hännschen, wann könn wa da hin, Klaus und isch?« Vierundzwanzig Stunden später saßen Klaus und Andy im Zug nach Münster. »Tschöö, Rio, wa! Küßchen.« Ich war fix und fertig. Er haute einfach ab. Keine Stunde später erschien Lost Pellka, der Erfinder der Pellkartoffel. Er kam aus Niederroden und hatte sich von seiner Moni getrennt. Er blieb über Nacht bei mir, und ich erzählte ihm meinen Blues mit Andy. »Ach, Kikki, der Typ, hier! Der is in spätstns viezwansch Stunden widde hier, hier! Was wett'n mer?« Und vierundzwanzig Stunden später war Andy wieder da. Weinend. Da waren sie blöd. Um Fünfe aufstehn, ey. Kein warmes Wasser. Gleich an die Arbeit. Die spinnen da. Und außerdem hatte er Sehnsucht nach mir. Sprach's, zog sich um und verduftete in's »Sound«. Nach zwei Stunden war er allerdings schon wieder da, und für eine Woche war alles wieder in Ordnung. Klaus war auf dem Hof geblieben.
Kurz darauf rief Baden-Württemberg nach uns. Wir sollten in und um Stuttgart spielen. Unsere Wohnung war in einer Neubausiedlung. In Schmiden!
Doch bei der Band machte sich unausgesprochen das Gefühl breit, daß wir nichts mehr zu sagen hätten. Wir kamen uns vor wie eine Musikbox. Die lebende Legende der »Scherben«, einer Band, die im kleinsten Ort noch die Revolution anzettelte. Das machte uns kaputt. Wir sahen, wie unser Publikum sich in Zuschauer verwandelte, die zugucken wollten, wie wir ihre miefige Kleinstadt auf Trab bringen. Das hatten wir jedoch nicht zu bieten.

In Schwäbisch Gmünd war Ende. Mitten im Konzert, mitten im Song »Schritt für Schritt ins Paradies«, brachen wir ab. Als ob wir's verabredet hätten. Ich sagte: »Leute, tut uns leid, aber ich glaube, es is besser, wenn wir jetzt aufhör'n. Wir machen da was, an das wir im Augenblick nicht glauben. Vielleicht könnt ihr das versteh'n, vielleicht auch nicht. Wer will, kann sein Eintrittsgeld zurück haben.« Die Leute waren genauso irritiert wie wir. Keiner ließ sich sein Geld zurückgeben, und der Abend klang friedlich aus.
Auf dem Rückweg schauten Andy und ich bei meinen Eltern in Nürnberg vorbei. Kaffeetrinken. Andy war gehemmt und verunsichert. Eine solche Welt war ihm unbekannt. Mit meiner Mutter in der Küche allein, fragte sie mich fast flüsternd: »Sach mal, was is'n das für 'ne Type? Wo hast'n den aufgegabelt?« – »Ach, am Bahnhof Zoo, Mutti. Da hat der drei Jahre Stricher gelernt. Er könnte heute 'ne Menge Geld verdienen, wenn er da weiterarbeiten würde, weißt du. Er ist nämlich eine Kapazität auf seinem Gebiet. Eigentlich wollten wir ja heiraten, aber er will es erst nochmal mit 'ner Frau versuchen, bevor wir uns ewig binden. Außerdem is Heirat ja im Augenblick noch nicht möglich. Im Gegenteil. Zur Zeit heißt das ja noch Unzucht mit Minderjährigen.« Das sagte ich allerdings nicht.
In Berlin begann Andy zu spinnen. Er dachte sich täglich neue Sachen aus, um mich auf die Palme zu bringen. Jeden Morgen warf er mit Dartpfeilen auf die große Flügeltür im Livingroom. Jeden Morgen sagte ich ihm, daß er damit aufhören soll, weil's die Tür kaputt macht und ins Auge gehn kann, wenn jemand reinkommt, der nix von schwirrenden Pfeilen weiß und nur sein Frühstück zu sich nehmen will. Und abends, wenn wir beide müde und bekifft auf dem Weg ins Bett

waren, fing er an, mich heiß zu machen, um mir, kaum im Bett, die kalte Schulter zu zeigen. Ich verstand nur Bahnhof. Eines Morgens ging das Dartspiel wieder los. Da stand ich wortlos auf und haute ihm links und rechts eine runter. Er rieb sich die Backe, sah mich ganz ernst an und sagte: »Danke«. Doch das bekam ich in den falschen Hals. »Pack deine Sachen und verschwinde! Mir reicht's!« Er ging, packte seine Sachen und verschwand. In der Tür drehte er sich um, sah mich an und sagte: »Ick hab d't vorhin ernst gemeint, mit ›Danke‹. Hättste ma schon früher machn solln. Tschüß, wa.«
Am Tag darauf beschlossen Nikel, Kai, Lanrue, Schlotterer und ich die Auflösung der Agit-Rock-Band Ton Steine Scherben.

7

Wir hatten uns aufgelöst, aber nicht in alle vier Winde zerstreut. Die Besetzung der Bühne mit den zwei Ebenen, T-Ufer genannt, bestand weiterhin beinahe komplett. Ich selbst war auf der Suche nach einem neuen Betätigungsfeld und einer neuen Liebe. »Eine neue Liebe ist wie ein neues Leben« ...
Erster Mai '73. Kreuzberg, Mariannenplatz. Das dritte Mai-Fest. Es wurde vom Rauch-Haus, verschiedenen Basisgruppen, Stadtteilgruppen und auch vom T-Ufer, Fraktion Maoisten/Hedonisten, gestaltet. Der erste deutsche Zirkus, der die Einweihung seines ersten festen Hauses in der Charlottenstraße auf den Tag genau hundert Jahre vor meiner Geburt gefeiert hatte – später wurde daraus der erste Friedrichstadt-Palast –, der Zirkus Renz also war sofort bereit, sein Zelt auf dem

Mariannenplatz aufzuschlagen. Schon '72 hatte er damit den Umsatz des Jahres gemacht.
In dieser Woche veranstaltete er nachmittags seinen Kinderzirkus und gab abends die Manege frei für linke Kulturveranstaltungen aller Art. Das T-Ufer hatte sich bei den »Falken« ein Zwanzig-Mann-Zelt besorgt und aufgebaut, dort konnte man sich die Karten legen und aus der Hand lesen lassen oder Fortune-Cookies kaufen, chinesische Glückskekse, in denen ein Zettel mit einem Schicksalsspruch eingebacken war. Wir hatten uns Sprüche wie »Mach weiter so ...« – »Nutze heute Deine Chancen« – »Es wartet jemand auf Dich« und dergleichen ausgedacht. Revisionisten, Anarchisten, Syndikalisten, Renegaten und Kommunisten setzten beim Verlassen des Zeltes ein amüsiertes Lächeln auf und stürzten sich in den Berliner Frühling, um »weiter so« zu machen, »ihre Chancen zu nutzen« oder den Menschen zu suchen, der »auf sie wartete«.
Die »Scherben« wollten die Festtagsfreude nicht verderben und taten so, als hätte es nie eine Auflösung gegeben. Nach der Kundgebung spielten wir wieder auf einem Lkw. Der fuhr aber diesmal nicht bei der Demo mit, sondern diente uns auf dem Mariannenplatz als Bühne, friedlich und ohne laufenden Motor. Wir hatten dieses Jahr keine Lust, auf einem ruckelnden zuckelnden Lkw durch die Stadt getragen zu werden, ständig in der Gefahr, mitsamt Instrumenten in die Massen oder in die eigenen Verstärker zu fallen. Auch von den Abgasen des Diesel-Aggregats, das unsere Stromversorgung sicherte, hatten wir die Nase voll. Zum krönenden Abschluß dieses Tags der Arbeit gab's eine Spielshow im Zirkuszelt. Krabb und Gert hatten sich ein abendfüllendes Stadtguerilla-

Spiel ausgedacht, bei dem fast die Hälfte des Publikums mitmachte. Die Zirkusband – weiße Hosen, weißes Hemd, bunte Weste, Sombrero – hieß »Los Tejoferros« und bestand zu hundert Prozent aus Musikern der ehemaligen Agit-Rock-Band Ton Steine Scherben. Wir spielten »Guantanamera«, »La Bamba« und andere latein-amerikanische Hits, und sogar gestandene Gegner jeder Art agitationsfreier Kunst schwangen das Tanzbein. So wurden auf zwei Hektar städtischen Parkgeländes und in den umliegenden Straßen für diesen einen Tag, an dem die Saturualien der Linken gefeiert wurden, alle Regeln des linken Knigge außer Kraft gesetzt. Die Linke war also ganz offensichtlich dabei, ihren Zenit zu überschreiten.

Ein Kreuzberger Schamane hatte mir für Mai einen »blonden Jungen, große Liebe« geweissagt. Ich wollte dem Schicksal gegenüber nicht untätig bleiben und machte täglich die Runde durch alle einschlägigen Lokalitäten. Rauch-Haus, Jugendzentrum, Vereinshaus. Beim Frühlingsfest im Jugendhaus Naunynstraße gab es Grillwürstchen und sogar Alkohol. Nur für alle über achtzehn, selbstverständlich. Beim Anstehen nach einer Bratwurst hörte ich hinter mir jemanden etwas sagen. Ich überlegte einen Moment, dann waren linke und rechte Gehirnhälfte sich einig: östlich von mir gab ein Wesen der Gattung Mensch, vermutlich männlich, Klänge von sich – dem Frequenzspektrum nach vermutlich adoleszent –, die anscheinend speziell mein Trommelfell in Vibrationen versetzen sollten. Ich drehte mich um. Hinter mir stand ein etwa siebzehnjähriger Jüngling. Sein Oberkörper war nur von einem dunkelblauen Pullover bedeckt. V-Ausschnitt. Von den schmalen Hüften abwärts umschmeichelte feingerippter Kord in dunklem Blau seine Gestalt. Das schwarze Haar war schwarz. Jeder betuchte Araber hätte eine Ölquelle geopfert, diesen Jungen zu seinem Hausstand zu zählen.

Jako erzählte mir tags darauf, die jungen Türken hätten eine Delegation zum Leiter des Jugendhauses Naunynstraße entsandt mit dem Auftrag, diesen vor die Alternative zu stellen, entweder dem blauen Jüngling und mir sofort Hausverbot zu erteilen oder Knutschereien zwischen Jungs endlich allgemein, offiziell und unverzüglich freizugeben. Der Jugendleiter entschied, und die Party bekam eine neue Dimension.

Der Kreuzberger Schamane hatte mit seiner Weissagung beinahe recht. Farbenblindheit war verzeihlich. Ob blond, ob schwarz, ich brauchte was für's Harz. Mit dem schwarzhaarigen jungen Mann gab's aber ein paar Schwierigkeiten. Er war zusammen. Mit einer Frau. Der glutäugigen Bulgarin Todora Todorowna Ossikowskaja. Er unternahm zwar einige Versuche, die Nacht in meinem Bett am T-Ufer zu verbringen, doch trank er sich davor leider soviel Mut an, daß er nicht mehr in der Lage war, mir irgendwohin zu folgen, geschweige denn die Leiter zu meinem Hochbett hoch ...

Der Spekulantentraum der Kressman-Zschachs vom neuen Kreuzberg verlief ebenso im Sande wie die geplante Autobahnabfahrt Mariannenplatz und der damit verbundene Abriß des Bethanien-Krankenhauses. Neben dem Rauch-Haus waren jetzt schon zwei weitere Häuser auf dem Gelände zweckentfremdet. Als Kinderhort. Einer davon hieß Kreuzberg-Nord. Hier arbeitete Antje Krüger. Die meisten der zu Betreuenden stammten aus den großen und kinderreichen Familienclans des Naunyn-Oranien-Adalbert-Waldemar-Muskauer-Mariannen-Reviers. Alter: Zwischen drei und fünfzehn Jahre. Hier arbeitete auch Micky Tonke. Für mich war er Robert Mitchum, für die Teens unter den »Betreuten« Rod Stewart. Das machte ihm das Leben nicht leichter.

Antje Krüger sagte zu mir: »Komm doch mal bei uns vorbei. Nachmittags, wenn die Kleinen weg sind, is't immer ganz lustich bei uns, dann sind nur noch die Großen da.« Eines Maientages machte ich mich auf den Weg zum Bethaniengelände. In diesem Frühling gewöhnte ich mir an, möglichst barfuß zu laufen. Es ist ein Geheimnis um die Barfüßlerei. Füße können sehen, auch wenn sie keine Hühneraugen haben. An den wenigen Tagen, an denen ich mir Glasscherben, Steine oder Nägel eintrat, wußte ich stets, warum dies so war. An diesen Tagen war ich aus dem Gleichgewicht.

Meine baren Füße trugen mich also nach Kreuzberg-Nord. Es hatte grade Spaghetti gegeben, die Kleinsten wurden von ihren Müttern nach Hause geholt. Ich aß einen Teller mit Resten, und Antje zeigte mir die Räumlichkeiten. Das Haus war ziemlich rott. Doch der Senat war nicht bereit, noch einen Pfennig ins verhaßte Bethanien zu stecken. Die schmalen Gehälter für die Kindergärtner, Sozialarbeiter und ihre Hilfskräfte – von 400 bis 1 200 DM brutto – hätten sie auch lieber gespart. Es würde schon keiner verhungern oder erfrieren. Ich ließ mich von Antje Krüger anheuern, um nachmittags die »Großen« zu betreuen.

Gustav Heinemann und Frau kamen mal wieder in den Westteil der alten Reichshauptstadt. Bundespräsident und First Lady. Die wollte unbedingt die Kindergruppen auf dem Bethaniengelände besuchen. Als sie ankam, bewarfen die »Großen« von Kreuzberg-Nord – Johnny, Mecki, Schneewittchen, Marina, Olaf, Henry, Ina, Karmann, Ralle und Ali – sie von einem sicheren Versteck im zweiten Stock aus mit Eiern. Grete Heinemann weinte. Sie verstand nicht, warum ihr so was angetan wurde. Antje und Micky erklärten ihr, daß die Fenster kaputt, die Wasserleitung rott und die elektrischen Leitungen lebensgefährlich waren. Außerdem bestünde die Gefahr – vorausgesetzt, auch dieser noch junge Sommer würde über kurz oder lang in einem Winter enden –, daß sich das ein oder andere Kleinkind das ein oder andere Körperteil abfrieren würde. Als die gute Frau Heinemann dann in ihre Staatskarosse stieg, weinte sie immer noch ein wenig. Aber eine Woche später waren die Handwerker da.

Ich ging weiter ab mittags nach Kreuzberg-Nord, bis zu dem Tag, an dem Antje forderte, auf die »Großen« in der Gruppe zu verzichten. Sie würde sich lieber nur noch um die Kleinen kümmern, alles andere wäre einfach zu anstrengend. Die anderen fanden das richtig. Was sollte ich dazu sagen? Sie hatte ja recht. Als die »Großen« von diesen finsteren Machenschaften erfuhren, versuchten sie's zuerst im Guten. Sie kamen vorbei und erklärten, warum sie sich damit nicht abfinden wollten. Als das nix fruchtete, schmissen sie am Abend sämtliche Fensterscheiben ein. Am nächsten Abend war die monatliche Versammlung aller Kindergruppen des Bethaniengeländes. Der Beschluß, die Großen aus den Kinderhäusern rauszuhalten, wurde begrüßt. Meine Karriere als Hilfssozialarbeiter war damit beendet.

Als dann auch noch eine Mutter verzweifelt die Versammlung fragte, was sie tun könne, um ihren vierzehnjährigen Sohn von dem schwulen Nachbarn fernzuhalten, und allen Ernstes rechtliche Schritte bis kurz vor Hubschraubereinsatz erwogen wurden, ließ ich mich von Anne Reiche, die inzwischen auch in Kreuzberg-Nord arbeitete, nach Hause fahren. Da brach ich dann zusammen. Noch nie in meinem Leben hatte ich so lange geheult. Ich konnte einfach nicht aufhören, obwohl ich's wollte. Ein Steinbock heult nicht.
Ich schlief irgendwann ein und träumte und träumte. Was hatte mich geweckt? Es war das Klick-Klick des Anrufbeantworters, der gerade seine Mitteilung, daß niemand zu Hause wäre, abspulte. Wer rief denn um diese Unzeit an? Ich warf einen Blick auf meinen Junghans-Funkwecker. 6 Uhr 33! »Hallo, Rio, ich bin's. Es ist ein bißchen früh, ich weiß, aber ich bin jetzt auf dem Flughafen und fliege gleich nach Salvador de Bahia. Ich wollte dich nur dran erinnern, daß du heute spätestens diesen Text absegnen mußt. Du weißt schon, was dieser komische Typ aus dem Ruhrpott singen will. Anstatt ›Wenn ich König von Deutschland wär‹, ›Wenn ich Trainer von Schalke wär‹. Denkst Du bitte dran?« Träumte ich? Ich zog mir die Decke über den Kopf und schlief weiter.

Anfang des Jahres '73 hatten die arbeitenden Massen des Wagenbach-Verlages ihren Chef – jenen Klaus Wagenbach, der uns so problemlos seine Volvo-Limousine zur Verfügung gestellt hatte – entlassen. Nun gab es neben dem Wagenbach- noch einen Rotbuch-Verlag.
Der Rotbuch-Verlag hatte ein Aufklärungsstück für

Kinder, »Darüber spricht man nicht« von der Theatergruppe »Rote Grütze«, als Kinder-Platte veröffentlicht. Ein voller Erfolg. Auf der Suche nach einem Nachfolge-Hit war das Verlags-Kollektiv auf Hoffmanns Comic Teater und dessen Erfolgskinderstück »Herr Freßsack« gestoßen. Das sollte von Dietmar zu einem Hörspiel für Kinder umgearbeitet werden, die Musik dafür sollten Ton Steine Scherben schreiben und spielen. Die gab's zwar nicht mehr, aber irgendein Vertreter der Gruppe unterschrieb dennoch den Vertrag. Viertausend Mark Vorschuß konnten wir uns nicht durch die Lappen gehen lassen. Irgendein »Scherbe« würde schon zur rechten Zeit am rechten Ort sein. Lanrue und ich auf jeden Fall.
Als wir mit den Aufnahmen in der Wohnung am T-Ufer anfingen, war aber außer uns kein »Scherbe« an Bord. Alle anderen befanden sich in Marokko, Ibiza und London. Die Etage war leergefegt. Außerhalb des Hauses war's unerträglich heiß und unerträglich laut. Klaus Freudigmann, der wieder unser Tonmann war, fragte an, ob Straßenlärm, die Signalhörner der Lastkähne und das U-Bahn-Quietschen ins Konzept des Hörspiels paßten. Wir holten alle verfügbaren Wolldecken, um die Fenster abzuhängen. Unsere Kater Eddie und Abraxas, beide antiautoritär erzogen, hatten die Angewohnheit, Kritik und Widerspruch zu äußern, indem sie auf die Wolldecken pißten, mit denen wir des Nachts unsere Blößen bedeckten. Die aber hingen nun doppelt und dreifach an den vielen Fenstern und dienten als Lärmschutz. Dort wurden sie von fünf Uhr früh bis abends halb Zehn von der freundlichen Berliner Augustsonne belächelt und entwickelten in den beiden verdunkelten Räumen einen unvergeßlichen Duft, der unsere Arbeit beflügelte, ja beschleunigte.

Anne Reiche, die weiter unseren Plan, die freie Republik Bethanien zu gründen, verfolgte und weiter bei Kreuzberg-Nord blieb, mußte eines Tages feststellen, daß ihr Konterfei neben sechs anderen Terroristen-Fotos auf den Titelseiten aller einschlägigen Tageszeitungen zu finden war. Einige Monate vorher war Brockmann, eine Randfigur der militanten Fraktion, geschnappt worden. Ende August war er so weichgeklopft, daß er bereit war, Informationen gegen eine neue Identität zu tauschen. Von allen guten Geistern verlassen, begann er Namen zu stammeln, die eigentlich kein Schwein hören wollte. Denn weder die für politische Delikte zuständige Abteilung I der Polizei noch der Verfassungsschutz hatten ein Interesse, die gesamte militante Linke hochgehen zu lassen. Sie träumten – damals wie heute – von der Kommando-Zentrale. Name, Adresse, Telefonnummer. Im fünften Jahr des kalten Bürgerkriegs zählten für ehrgeizige Staatsschutzbeamte nur Namen mit hohem Bekanntheitsgrad; nur eine spektakuläre Verhaftung versprach die nächste Stufe auf der Karriereleiter. Und die Spitzenmänner in den Medienzentralen fühlten sich als wohlmeinende Promotion-Manager der bewaffneten Frauen. Gudrun Ensslin und Ulrike Meinhof waren Aufreißer für ihre Schlagzeilen, denn deren Fall lag klar: Sie waren einem Belmondo namens Baader verfallen. Aus abgöttischer Liebe zu ihm und ihrer grenzenlosen Bereitschaft, selbst seinen perversesten Befehlen zu gehorchen, um ihm, nur ihm gehören zu dürfen, waren sie bereit, Familie und Karriere zu opfern und sich lieber den Herstellungsmethoden von Sprengstoff zu widmen als dem eigenen Ehemann, den eigenen Kindern.

Anne Reiche dagegen war eine No-Name-Lady. Da

nicht bekannt war, welchem linken Stadtguerillero sie hörig und verfallen war, gab sie nix für 'ne gute Story her. Eine Bonnie ohne Clyde? Wer wollte davon was wissen? Mit ihr war keine Karriere und kein Staat zu machen. Ihre Akte war nur ein Klotz mehr am Bein der Verfassungsschützer.

Anne zog sich zwar etwas zurück, sie erschien aber trotzdem immer wieder am T-Ufer, um mal da, mal dort mitzusingen, mitzuspielen oder den Kochlöffel zu schwingen, während sie bundesweit gesucht wurde. Sie verhielt sich so vorsichtig-unvorsichtig wie ich beim Barfußlaufen. Nur mit dem Unterschied, daß ein Fehltritt ihren Bewegungsspielraum wesentlich mehr einengen konnte als mich ein eingetretener Nagel.

Eines nachts wollten Lanrue, Anne und ich mit dem Bandbus ins »La Palma« in der Schöneberger Hauptstraße. Wir hatten Hunger und waren bekifft. Anne saß hinterm Steuer. Sie fuhr so waghalsig, als hätte sie drei Millionen aus einem Bankeinbruch im Kofferraum. Davon fühlte sich die Besatzung eines Streifenwagens irritiert. Kurz vor dem Ziel wurden wir rechts ran gewunken. Während einer der beiden Beamten unser Gefährt auf Fahrtüchtigkeit untersuchte – gegen die Reifen treten, an die Kotflügel klopfen, die Heckklappe öffnen –, unterhielt sich der ältere der beiden mit Anne-Rose Reiche. Ob sie was getrunken habe? – Igitt bewahre! – Wo denn ihr Führerschein sei! – Das wär ihr jetzt sehr peinlich, aber sie käme jetzt grad von einem Besuch bei ihrer Mutter in Esslingen, wär total übermüdet und die Pappe hätte sie zu Hause liegen lassen, jetzt wär sie grad auf der Suche nach einem Parkplatz gewesen, sie wohne ja hier, um die Ecke, und er wisse ja, wie schwer's sei, so was zu finden und blah und blah ... Nach zehn Minuten trennten wir uns in gutem Einver-

nehmen. Die beiden Streifenbullen hatten allerdings zuvor noch der steckbrieflich gesuchten, gefährlichen Terroristin dringend nahegelegt, bei der nächsten Möglichkeit einzuparken und zu Hause erstmal eine große Mütze Schlaf zu nehmen.
Lanrue und ich versprachen, darauf aufzupassen. Anne Reiche im Glück. Ihr Fehler war es am Ende nicht, bei *uns* zu jeder Tages- und Nachtzeit, wann immer sie wollte, anwesend zu sein, sondern jemandem einen Besuch gemacht zu haben, der rund um die Uhr überwacht wurde. Dort kam die Festnahme, und sie fuhr ein. Wieder Lehrter Straße. Frauenknast. Viele Jahre.

Seit unserer Massenverhaftung im November '72, als auch die Katschis beschlagnahmt worden waren, hatte die Berliner Bereitschaftspolizei es sich zu einer schönen Gewohnheit werden lassen, einmal im Monat bei uns vorbeizuschauen, um ihre neuesten Ausrüstungen vorzuführen. Also trafen 1 × monatlich um 6 Uhr morgens 20 bis 50 bleivermummte, schnellfeuerbewaffnete junge Männer am Tempelhofer Ufer ein, um unsere Wohnungen gründlich zu inspizieren.
Ich kann mich nur an einen einzigen Morgen erinnern, an dem einer der begleitenden Kripo-Beamten freudestrahlend auch einen Grund des unzeitigen Besuchs erwähnte: Auf der Verladerampe des Kühlhauses gegenüber unserer Hintertür luden nachts Lkws aus allen europäischen Ländern ihre Güter ab. In der Stunde zwischen dem Entladen der Lkws und dem Erscheinen der Lagerarbeiter gab es genug Zeit für uns, etwas aus dem Angebot für unseren nächtlichen Hunger oder für's nächste Frühstück zu besorgen. Wir konnten uns darauf verlassen, daß zumindest Harzer Käse und Kartoffelpuffer zur Verfügung standen.

In einer kühlen Novembernacht hatte der hungrige Harry dort einen größeren Posten tiefgefrorener Enten entdeckt. Zehn Stück davon schleppte er sofort in den dritten Stock des T-Ufers, um sie von dort an alle Mitbewohner und Nachbarn zu verteilen. Dann holte er sich den Schlüssel unseres Hanomag-Kleinlasters, der eigentlich zum Transport der Instrumente diente. Dahinein packte er mit Carlo alles, was auf der Verladerampe noch an Enten verfügbar war. Die verteilte er dann an alle befreundeten Kreuzberger Kommunen und Wohngemeinschaften. Weil aber die Kochkünste in diesen Kreisen damals noch nicht bis zur Ente vorgedrungen waren, es allenfalls nebulöse Vorstellungen von Peking-Ente gab – manche glaubten, das sei eine nicht ganz korrekte Meldung der Peking-Rundschau –, blieb Harry schließlich auf dreißig eiskalten, toten Enten sitzen. Auch der kurze Satz über Peking-Ente in Wagenbachs WG-Kochbuch von 1975 hätte da nicht weiterhelfen können. Harry fuhr also erstmal in die Wrangelstraße, um in der elterlichen Wohnung zu überlegen, was er tun sollte. Seine Eltern hatten eine Vier-Zimmer-Wohnung. Genau gegenüber vom Polizeirevier. Und wie es das Schicksal wollte, hatte dieses Revier gerade ein neues Nachtglas geliefert bekommen. Das probierten sie jetzt aus. Dabei beobachteten sie Harry und Carlos und wurden neugierig, was das für merkwürdige Dinge waren, die diese beiden Zwielichter da ausluden. Ein Polizist wurde ausgeknobelt und mußte runtergehen, die Ladung begutachten. Dreißig tiefgefrorene Enten hatten seiner Meinung nach nichts in der Wrangelstraße zu suchen, und die Fahrzeugpapiere waren auf Lanrue ausgestellt ... Deshalb kamen sie mal wieder ans T-Ufer, pünktlich um sechs waren sie da, auf der Suche nach weiteren Enten. Die hatte Schlotterer inzwischen auf dem Dachboden versteckt.

Mir tat immer derjenige leid, der vorgeschickt wurde, mein Hochbett zu kontrollieren. Ich muß an dieser Stelle ein wenig Verständnis für Bereitschaftspolizisten einfordern. Diese jungen Menschen, die oft aus asozialen, von Scheinautoritäten geführten Kleinfamilien stammen, haben – hoffnungslos überfordert und vor die Wahl gestellt, mit dem Staat zu brechen oder sich für ihn zum Sklaven zu machen –, haben also häufig nicht mehr den Mut, die Hand zu beißen, die sie schlägt. In jedem Menschen, den sie als schwach einschätzen, sehen sie ein Opfer, das sie für genauso verächtlich halten wie sich selbst.
Wären wir gewesen, was sie fürchteten, dann wäre jeder, der die Hochbettleiter zu besteigen gewagt hätte, vermutlich tot gewesen. Eine schmale Holzleiter erklimmen, dabei eine schwere Bleiweste tragen, die Maschinenpistole in der Hand – mit dem Lauf nach oben oder nach unten, aber kopfvoran –, chancenlos jeder Bösartigkeit eines natürlich längst erwachten Terroristen ausgeliefert, der die Mündung seiner Kalaschnikow schon längst auf den Augenblick warten ließ, wenn der Kopf des jungen Bereitschaftsbullen auftauchte ...
»Guten Morgen.«
»Morgen.«
»Die Papiere mal bitte.«
Jedem, der das Bett mit mir teilte, hatte ich – bevor das Licht ausging – seinen Paß oder Personalausweis abgenommen. Wenn dann der wehrlose Kopf eines Sicherheitsorgans sichtbar wurde, erbat ich mir die Erlaubnis, meine linke Hand am Bettrand nach unten zu bewegen, wo die Papiere waren. Langsam langsam ging meine Hand nach links unten, langsam langsam hob ich die Dokumente auf, überreichte sie langsam

langsam dem Jungbullen. Das nahm ihnen meist die Nervosität.
Als sie nach dem dritten oder vierten Besuch immer noch nicht ernster genommen wurden als der Gerichtsvollzieher und sie genauso freundlich Kaffee angeboten bekamen, wie jeder andere Gast auch, wurden die Besuche allmählich zu einem Ritual, das ihnen peinlicher war als uns. »Gucke ma, was ham' wa denn da?« – »Komm, laß sein!« Ein junger Ehrgeizling hatte die Reste eines Jointfilters in einem Aschenbecher entdeckt und bekam für seine Petzerei den sanften Rüffel eines bereits erfahreneren Kollegen. Unsern Kaffee tranken fast alle. Wer ablehnte, schien auch bei seinen Kollegen nicht besonders beliebt zu sein.

8

Anfang 1974 drehte sich der Wind. Auf der einen Seite sammelten sich Pharisäer und Schriftgelehrte hinter immer neuen Buchstabenkürzeln und -kombinationen. Eine junge Garde Metaphysiker, die sich in dem Glauben wiegten, Histomat und Diamat – historischer Materialismus und dialektischer Materialismus – seien Lehren, die, einmal erkannt, dazu berechtigten, jedes Mittel anzuwenden, wenn es nur der marxistisch-leninistischen Weltanschauung in den Kram paßte. Diese Ansammlung machtgeiler, geschichtsloser Blödmänner schaffte es – und schafft es bis heute –, Ablaßzettel zu verkaufen, obwohl sie alle doch bloß in der Wolle gefärbte Protestanten sind, die Recht haben und auf Deibel komm raus bekehren wollten.
Hinter der Wahrheit gibt es nichts. Aber wer weiß, wann er ans Ende der Wahrheit gekommen ist? Es ge-

hört sehr viel Dummheit zu der Behauptung »vor mir war nichts und hinter mir kommt eine Weile gar nichts«.
Woher kam die Unverschämtheit der Spitzen der Revolution? Was unterscheidet diese Type – heute – von allen den Hohlköpfen der anderen Parteien? Nichts. Überall, wo's Nahrung gibt, sammeln sich die kleinen Füchse. Sie haben ihre Aufgaben – aber sie dürfen nie das Land regieren.
Mit jedem Tag, mit jeder Stunde und Minute wurde uns klarer, bei welchem falschen Spiel wir mitspielen sollten. Ohne das Recht, die Karten zu mischen. Ohne das Recht, zu sagen, wo falsch gespielt wird. Ami couchon, Bruder Schwein: das sollten *wir* sein. Die Bestechungssätze waren beschämend niedrig. Wir sollten stille halten und über alles schweigen.
Den politischen Aufbruch, der eigentlich eher eine 67er- als eine 68er-Bewegung war, habe ich immer als eine Art Erweckungsbewegung empfunden. Die Leute waren erwacht. Und wenn wir auf die Straße gingen und brüllten: »Laßt den Kuchen, laßt die Sahne, holt euch lieber 'ne rote Fahne« oder »Bürger, runter vom Balkon, unterstützt den Vietkong«, dann fühlten wir uns einig und wollten, daß auch die Bürger aufwachten. Denn darum ging's: die Augen aufmachen und sehen, was ist.
Ich selbst hatte ja mit 10 Jahren oder so eine religiöse Erweckung. Ich begann, die Bibel zu lesen und den harten Widerspruch zwischen Bergpredigt und Wirklichkeit zu sehen. Alles, was danach politisch passierte, bestätigte das. Ich war außerdem, und ich schäme mich nicht, das zu sagen, darin ganz wesentlich von Karl May beeinflußt. Old Shatterhand hat zwar auch geschossen, aber nur im Notfall und dann auch nur ins

Knie seiner Gegner. Gewalt konnte höchstens Gegengewalt sein.
Bei den heißen Diskussionen um RAF und Gewalt, die dann in den Audimaxen geführt wurden, war für mich zunächst mal klar, daß Steineschmeißen o.k. war. Gegen Sachbeschädigung war nichts einzuwenden. Als dann die Frage nach Menschenleben auftauchte, wurde ich allerdings vorsichtig, denn das ließ sich nicht übers Knie brechen. Ich fand die Argumente sehr dünn, die lauteten: »Wenn da irgendwo eine Putzfrau getroffen wird, dann ist sie selber Schuld, wenn sie im Gericht arbeitet. Soll sie sich eben nicht in die Bereiche der Herrschenden begeben«.
Andererseits stand nun mal in ganz riesigen Lettern das Wort Revolution, Umsturz über allem, und der Satz »Die Macht der Revolution kommt aus den Gewehrläufen« war mir nur zu gut bekannt. Ich konnte mir nämlich nicht vorstellen, daß, wenn plötzlich die Massen erwachen, sie zu den Schaltzentralen der Macht ziehen und sagen: Gebt die Macht her!, und daß die Herrschenden dann sagen: Ist in Ordnung, hier habt ihr sie. Wie sollte also Revolution ohne Waffen gehen?
Ich hätte mich damals nicht mehr als Christ bezeichnet. Alle waren längst keine Christen mehr, das Christentum war erledigt. Eher hätte ich gesagt: Ich bin Maoist und meine Mao-Bibel vorgezeigt. Die Religion machte Versprechungen von einem Paradies im Jenseits, um dessen willen Menschen begeistert in den Tod gehen. Aber welchen Versprechen folgte jemand, der zur RAF ging? Wofür setzte der sein Leben aufs Spiel, wenn es nach dem Tod nichts gibt? Ulrike Meinhof oder Rosa Luxemburg waren schließlich nicht in den Himmel aufgestiegen. Sollte etwa Märtyrertum die Begründung für Gewalt sein? Aber ich lasse mir doch nicht von den

Bullen 'ne Kugel durch den Kopf jagen, damit ich irgendwann in unbestimmter Zeit mal als Transparent durch die Straßen getragen werde!
In der RAF-Fraktion herrschte eine dermaßen grundtiefe Uneinigkeit mit der Welt, so wie sie war, daß es eigentlich nur noch eine Wahl gab: Entweder ich töte mich selber und will mit allem überhaupt nichts mehr zu tun haben, oder ich spiele einfach eine Art Roulette, habe vielleicht Glück und erlebe eine bessere Welt. Doch es ist ja nicht allein die Frage, wie weit man unter der Welt leidet, sondern auch, wie weit man andere Menschen mit reinzieht. Man trägt schließlich nicht nur 'ne Knarre, sondern auch Verantwortung. Darf man jemanden, der das gar nicht will, in seinen Todes- oder Verzweiflungsrausch mitnehmen? Meine Räusche lebe ich dann schon lieber als Musiker aus.

Als Schlotterer aus Marokko und Nikel aus Ibiza zurück waren, beschlossen wir die Wiedervereinigung der »Scherben«, allerdings ohne Kai Sichtermann, der sich nach London verdrückt hatte. Wir suchten also noch einen Bassisten und einen Schlagzeuger. Der Bassist war schnell gefunden. Werner Götz aus Bamberg, der in Wirklichkeit Gino hieß und beim »Freßsack« mitgespielt hatte. Im offiziellen Zentralorgan der Berliner Musiker-Initiative sah Nikel dann eine Anzeige: »Schlagzeuger zwischen Zen und Mao sucht Band«. Den Mann wollten wir sehen. Es war Funky. Er kam von den »Embryos« aus München, war aber Würzburger und hieß mit Nachnamen Götzner. Damit hatten wir also zwei neue Bandmitglieder, die Franken Götz und Götzner.
Wir planten eine neue Platte, für die sich Texte und Kompositionen bereits angesammelt hatten. »Land in

Sicht«, »Komm an Bord«, »Samstagnachmittag«, »Halt Dich an Deiner Liebe fest«, »Ich geh weg«, »Durch die Wüste«. Nikel hatte eine Fortsetzung von »Paul Panzers Blues« geschrieben, »Guten Morgen«. An diesen Stücken feilten und arrangierten wir nachmittags. Abends zogen wir dann los ins »Gottlieb's«, eine nach dem berühmten Flipper benannten Kneipe in der Schöneberger Steinmetzstraße. Das war das neue Stammlokal von Antje Krüger und Micky Tonke. Todora Todorowna Ossikowskaja verkehrte hier auch, mit ihrem Geliebten, dem jungen Mann, mit dem ich den Skandal im Jugendhaus Naunynstraße verursacht hatte. Auch Mecky, Johnny, Olaf und Graf Luckow, die verstoßenen »Großen« aus Kreuzberg-Nord, ließen sich da oft sehen. Auch am T-Ufer waren sie gerngesehene Gäste. Und auf einmal wohnten sie bei uns. Sie hatten den Verdacht, die Rauch-Haus-Kasse geklaut zu haben, Inhalt 1 200 Mark, nicht widerlegen können und waren vom Plenum aufgefordert worden, unverzüglich die besetzten Mauern zu verlassen. Daß sie danach Aufnahme bei uns fanden, brachte uns dort noch einige Minuspunkte mehr ein. Von da an galt für uns, bis zum heutigen Tag, ein unausgesprochenes Hausverbot. Noch zwölf Jahre später, als der Südwestfunk ein Feature über mich nebst dem Video »König von Deutschland« machte, durfte ich weder auf dem Mariannenplatz drehen noch das Bethaniengelände betreten. Zu diesem Zeitpunkt wußte allerdings keiner der Rauch-Haus-Bewohner mehr, wer Georg von Rauch, und was einmal der Grund für die Besetzung und die damit verbundenen Absichten gewesen waren. Das Bethanien ist jetzt ein »Künstlerhaus«, wo ich neulich die Ausstellung »Heim, mir reicht's« des berühmten Malers und Erziehers Blalla W. Hallmann gesehen habe. An dieser

Stelle will ich nochmal auf meine Memoiren »In Winnetous Garagen«, I–III, hinweisen, die fünfzig Jahre nach meinem Tod – zur Frankfurter Buchmesse 2044 – erscheinen werden, und auf das darin enthaltene Kapitel ›Wer sie waren und was aus ihnen geworden ist‹. Dort werden die Schicksale aller hier vorgestellten Freunde und Feinde zu Ende erzählt.

Die neuen Mitbewohner brachten das T-Ufer ziemlich durcheinander. Das führte schließlich zur Vereinigung der oberen mit der unteren Etage und der Feststellung, alle Mitbewohner seien auch Mitscherben und demzufolge mit auf die nächste Tournee und mit ins Studio zu nehmen.

Im Wedding war ein Haus besetzt worden, »Putte«, und jetzt, März '74, von der Räumung bedroht. Die Besetzer planten ein »Putte-Teach-in«, wo auch die Frontmusik-Kampf-Kapelle Ton Steine Scherben spielen sollte. »Danach bekamen sie – Ironie des Schicksals – keinen Auftritt mehr zum Ersten Mai«. So war es später im Deutschrocklexikon unter dem Stichwort »Ton Steine Scherben« zu lesen.

Was hatten wir angestellt? Wir – Bernhard, Jako, Britta, Vegas, Schlotterer, Lanrue, Johnny, Graf Luckow, Mecky, Olaf, Gino, Funky und ich – hatten das trostlose Audimax der TU mit Bäumen und Blumen bemalt, links und rechts der »Bühne« Vegas' Kunstpalmen aufgestellt, uns bunt angezogen und am Schluß des Auftritts die revolutionären Massen mit Glitter beworfen. Als ich am nächsten Tag auf der »Putte muß bleiben«-Demo erschien, dazu die grüne Satinjacke trug, die meine Mutter mir zu Weihnachten geschenkt hatte, wurde ich von vorschriftsmäßig in Parkas gehüllten, bärtigen Demonstranten bespuckt und verhöhnt. Nie-

mand wollte gestatten, daß ich mich einreihte. Klaus Freudigmann, der grade angefangen hatte, sich mit der Philosophie des albanischen Revolutionärs Enver Hodscha zu beschäftigen, würdigte mich keines Blickes.
Aber da war noch Lothar X. Er hatte ein Megaphon in der Hand und gab seinem Block grade Anweisungen. Ich ging ungehindert ein paar Schritte neben ihm her, bis er Zeit fand, mir Beachtung zu schenken. »Was habt ihr denn da gestern für einen Scheiß gemacht?« wollte er wissen. Ich erklärte ihm, daß nun Schluß sein müsse mit der linken Kleiderordnung, daß endlich Schluß sein müsse mit dem Vorrecht der linken Männer, in Sack, Asche, Parka und Bart herumzulaufen, daß der linke Mann endlich zumindest soviel Wert auf sein Äußeres legen sollte, wie der von ihm umworbene Arbeiter, wenn nicht gar wie die von ihm umworbene Frau. Es sei an der Zeit, mit dem Marschieren aufzuhören und tanzen zu lernen. Das alles und noch viel mehr erklärte ich, während ich mit Lothar X. über die Putlitzbrücke spazierte und nebenbei meine Ansicht »Putte muß bleiben« kundtat. Lothar X., der vom ersten Tag unsrer Begegnung bis zu diesem Moment seine abgeschabte, braune Lederjacke nie abgelegt hatte, sah mich sinnend an und sagte dann: »Das hört sich einleuchtend an. Eine Art linke Kulturrevolution, würde ich sagen. Setzt Euch hin und schreibt ein Manifest. Ich kümmere mich darum, daß es veröffentlicht wird.« Wir schrieben kein Manifest, sondern wir gingen auf Tournee und machten eine neue Platte.
Diese Tour hatte es in sich. Nach dem ersten Auftritt, wieder beim Braunschweiger Straßentheater-Festival, wurden wir ausbezahlt und uns erklärt, die Festival-Leitung wünsche keine weiteren Konzerte der Scherben. Und am nächsten Morgen trat Willy Brandt zurück.

In den Konzerten schafften wir es jetzt tatsächlich immer wieder, unser Publikum zum Tanzen zu bringen. Arm in Arm hüpften die Leute durch die Säle.

In Düsseldorf entdeckte Nikel in einem Plattenladen eine »Warum geht es mir so dreckig«-LP, auf deren Cover rechts unten nicht »Telefon 251 69 61« stand, sondern »Tel. 251 69 61«. Nachforschungen ergaben, daß die jungen Inhaber einer neuen Plattengeschäfts-Kette schon an die 20 000 Stück dieser Raubpressung verscherbelt hatten. Das ausgerechnet uns!
In Krefeld wurde uns der gesamte Bestand an Scherbenplatten aus dem Lkw geklaut, den wir zum Beliefern der Plattengeschäfte und zum Verkauf nach dem Konzert mit uns führten. Ein Schaden von 10 000 Mark.
Von einem holländischen Liedermacher wurden wir eingeladen, ihn auf seinem Bauernhof in Dinxperlo, gleich hinter der Grenze, zu besuchen. Das taten wir auch prompt. Danach wurde immer wieder die Idee, aus Berlin abzuhauen und auf einen Bauernhof zu ziehen, diskutiert.
Nach einem kleinen Abstecher nach Amsterdam zogen wir auf dem letzten Parkplatz vor der bundesdeutschen Grenze den letzten Krümel Haschisch ein. In der Gewißheit, jetzt nichts mehr zu verzollen zu haben, kamen wir an der Grenze an. Bernhard am Steuer. »Wat willste, Piepl? Soll ick ma rauskomm' und dir eins in die Fresse haun, oder wat?« fragte Bernhard den jungen deutschen Zöllner, der irgendwas Unverständliches gebrabbelt hatte. 16 Stunden später wurden wir aus unseren Zellen entlassen und durften den Bandbus wieder besteigen. Den hatten die Zöllner in der Nacht gründlich auseinandergenommen, und nach vierzig Kilometern gab er seinen Geist auf. Der dunkelblaue

Ford-Transit, dessen letzte Rate bei weitem noch nicht bezahlt war, war tot. Scheintot. Davon hat er sich nie wieder richtig erholt.
Zurück in Berlin. Uns kam die Erkenntnis, daß wir pleite waren. Schlotterer und Nikel zogen jeden Tag aus, um Nahrung für die Darsteller des Gesamtkunstwerks heranzuschaffen.
Hier bekamen wir kaum noch Auftritte. Einmal lud uns die Vertretung der Wirtschaftsstudenten zu einem Benefizkonzert für El Salvador ein. Nachdem wir Verstärker und Instrumente aufgebaut hatten, entdeckten wir, daß einige Wirtschaftler mittlerweile riesige Berge belegter Brötchen bereitet hatten, auf die wir uns ausgehungert stürzten. Wir gingen davon aus, daß die Band, die zum Solidaritätspreis von null Mark auftreten sollte, zumindest freie Kost haben würde. Aber weit gefehlt. Ein halbes Brötchen kostete 0,50 DM. Solidaritätspreis. Wir hätten, um satt zu werden, 30 Mark hinblättern müssen. An diesem Abend hatten wir noch nicht mal die.
Wir beschlossen, auszuwandern. Wir wollten raus aus Berlin. Wir wollten einen Bauernhof. Egal wo. Geld spielte keine Rolle. Wir hatten keins. Wir waren uns aber sicher, daß sich welches finden würde, wenn's an der Zeit war. Kai Sichtermanns Stiefbruder Söhnker Blaue war Architekt in Schleswig-Holstein. Infolge einer neuen EG-Regelung hatte hier das große Bauernhof-Sterben angefangen. Söhnker wußte einen Hof, alt, rott und riesig, irgendwo zwischen Nord- und Ostsee, Flensburg und Sylt. Der Jungbauer, Peter Johannsen, hatte sich verspekuliert, den Rat eines Feindes befolgt und auf Schweine gesetzt, ein Sturm hatte ihm die Hälfte des Strohdachs vom Haus gefegt, und die Sturmkasse hatte sich geweigert, den Schaden zu be-

zahlen. Er war am Ende, pleite und bankrott wie wir. Für 50 000 lumpige Mark mußte er nun seinen Hof anbieten, wenn er eine Versteigerung, die ihm noch weniger gebracht hätte, verhindern wollte. Wenn wir es schafften, bis zum ersten Mai 1975 fünfzigtausend Mark aufzutreiben, sollte der Hof uns gehören.
Wie wir es schafften, diese Summe aufzutreiben, damit wir am 1. Juni '75 den Bauernhof beziehen konnten, und was sich dort abspielte, warum ich für eine Weile wieder zurück nach Berlin und wieder zurück aufs Land und wieder zurück nach Berlin und wieder zurück aufs Land ging, auf jenen Bauernhof, in dessen äußerstem Westteil wir jetzt sitzen und diese Zeilen schreiben, das habe ich alles schon in den beiden Bänden »Von Kreuzberg nach Berlin« ausführlich geschildert.

Zehn lange Jahre hielten die Scherben sich noch. Aber 1985 war Ende. Unsere Schulden waren auf fünfhunderttausend Mark angewachsen, und wir sahen keine Chance, sie jemals zu bezahlen. Für Lindenberg, Maffay oder Müller-Westernhagen war es kein Problem, 40 Mark oder mehr für eine Eintrittskarte zu verlangen. Bei Scherbens aber galt es als unmoralisch, mehr als fünfzehn Mark an der Abendkasse hinzulegen. Ein Teil der Konzertbesucher erwies uns und unserem Ruf auch immer wieder Respekt, indem er den Veranstaltungsort »stürmte« und, ohne einen Pfennig zu bezahlen, in Massen an den Kassen vorbei vor die Bühne drängte. Auch der Erlös aus dem Plattenverkauf reichte schon nicht mehr aus, eine Scherbentour zu subventionieren. Wir waren sogar soweit gegangen, uns bei Plattenfirmen anzubieten, doch deren Angebote konnten wir nur ablehnen.
Eines Abends, an einem Donnerstag, ich weiß es noch

genau, weil es wieder den ganzen Tag geregnet hatte, befiel mich kurz vor dem Einschlafen der Gedanke, auf den Strich zu gehen. Ich – Rio Reiser – war bereit, mich einer Plattenfirma hinzugeben. Natürlich nur gegen ein angemessenes Entgelt. Ich beschloß, am nächsten Morgen einen mir bekannten Berliner Popmusik-Magnaten anzurufen. Herrn Dr. mäus Dr. zast Dr. demark George Georgowitsch. Nachname: Glück. Und dann fiel ich in einen langen, tiefen Schlaf.

Als ich am nächsten Morgen erwachte, brauchte ich eine Weile, um mich zu erinnern, wo ich eigentlich war. Mein Blick schweifte über das Geisterhäuschen auf dem hoffnungslos aus dem Leim gegangenen Klavier und über die Buddhafigur, die zwischen den dreckigen Socken und Hawaihemden auf dem Preßspanregal neben der Verandatür thronte. Was stand da an der Wand? Ah – richtig – »Wem es in der Küche zu heiß wird, der verlasse sie.«
Das hatte ich mit einem dicken Filzstift an die Wand geschrieben, als ich hier angekommen war. Sieben lange Jahre war das nun her, und noch immer zog mich nichts zurück. Ich war hierher gekommen, um alles zu vergessen. Sieben lange Jahre hatte ich mir die Nächte mit Nutten und Strichern um die Ohren gehaun. Mein Konsum an Drogen und Alkohol hätte jeden normalen Sterblichen längst unter die Erde gebracht.
Es gibt Dinge, die einen nicht mehr loslassen. Narben, die kein Arzt der Welt unsichtbar machen kann, wie eine Tätowierung, die immer ihre Spuren hinterläßt. Es war mir gelungen, meine Dämonen zu bannen. Am Tag schrieb ich wie besessen an meinen Memoiren. Nachts verscheuchte ich sie mit dem Lärm aus den

Musikboxen der verkommenen Bars von Iguazu und Porto Stössner, ertränkte sie in dem billigen Fusel, den mir verschwitzte Bar-Tender aus Chivas-Flaschen einschenkten. Aber irgendwann forderte der Schlaf sein Recht, und mit ihm kamen die Träume, und die Träume, die ich verkauft hatte, forderten ihr Recht und flehten, schrien und flüsterten immer wieder und wieder: »Mach uns wahr! Mach uns wahr!«
Afrique, mein baumlanger Schwarzer, machte sich mit einem Kichern bemerkbar. Er hatte die ganze Zeit an meinem Bett gestanden und sich über meinen Anblick amüsiert. Ich schaute an mir herunter und stellte fest, daß ich immer noch den weißen Leinen-Anzug anhatte, der allerdings nicht mehr so makellos aussah wie gestern abend, als ich den Bungalow verließ, um meine Runde zu machen. Afrique hielt in der Rechten das Silbertablett mit dem Glas, in dem zwei Alka-Selzer grade dabei waren, ihren Geist aufzugeben. Mit der Linken hielt er offensichtlich irgendwas hinter seinem Rücken versteckt. An seinem spitzbübischen Blick konnte ich erkennen, daß er wohl in dem Glauben war, etwas zu haben, das mich aufmuntern würde.
»Afrique, stell das Tablett hin, mach die Vorhänge wieder zu und verschwinde.«
»Haha, Bwana, ich weiß was, was du nicht weißt!«
»Soso.«
»Du bist wieder in der Hitlerparade, Bwana!«
»Hitparade, Afrique, zum hundertsten Mal!«
»Auf Platz eins, Bwana, zum hundertsten Mal!«
Er überreichte mir das Telegramm, das er hinter seinem Rücken versteckt gehalten hatte. »Du bist wieder koenig von deutschland – stop – wetten daß und verstehen sie spass aquiriert – stop – alles liebe – stop – Glueck – stop« Ich knüllte das Telegramm zusammen

und warf es in den von Kleenextüchern überquellenden Papierkorb.
»Afrique, mach den Ventilator an.«
Ich verschränkte die Hände hinter dem Kopf und schloß die Augen. An meinen Geburtstag kann ich mich noch ganz genau erinnern.
Es war ein kalter, klarer Wintertag
War ein kalter, klarer Wintertag
Ein kalter, klarer Wintertag
Kalter, klarer Wintertag
Klarer Wintertag
Wintertag
Winter
Tag

Discographie

Ton Steine Scherben

– *Macht kaputt, was euch kaputt macht/Wir streiken* (Single)
Aufgenommen im Tonstudio am Kottbusser Damm, Berlin. 1970.
Ton: Klaus Freudigmann.

– *Warum geht es mir so dreckig* (LP) (David Volksmund Prod. 008)
Aufgenommen im Tonstudio Admiralstr. Berlin und (Live) alte Mensa TU. 1971.
Ton: Klaus Freudigmann.
Rio Reiser (Gesang, Gitarre, Keyboards), R.P.S. Lanrue (Gitarre, Schlagzeug), Kai Sichtermann (Baß), Wolf Sequenza (Schlagzeug).

– *Keine Macht für Niemand* (Doppel LP) (Juni 1972 – David Volksmund Prod. 007)
Aufgenommen im Alsterstudio Hamburg und Tonstudio Admiralstr. Berlin. 1972.
Ton: Richard Borowski und Klaus Freudigmann
Rio Reiser (Gesang, Gitarre, Keyboards), R.P.S. Lanrue (Gitarre), Nickel Pallat (Gesang), Jörg Schlotterer (Flöte), Jochen Petersen (Saxophon), Kai Sichtermann (Baß, Banjo), Olaf Lietzau (Schlagzeug).

– *Wenn die Nacht am tiefsten ...* (Doppel LP) (Nov. 1975 – David Volksmund Prod.)
Aufgenommen im Alsterstudio Hamburg. 1974.
Ton: Richard Borowski
Rio Reiser (Gesang, Gitarre), R.P.S. Lanrue (Gitarre), Werner Götz (Baß), Klaus Götzner (Schlagzeug), Vegas von Trantor (Percussion).

– *Tonsteinescherben IV* (Doppel LP) (Jan. 1981 – David Volksmund Prod. 001)
Aufgenommen im David Volksmund Studio Fresenhagen/NF. 1980.
Produzent: Hannes Eyber
Ton: Ton Steine Scherben
Rio Reiser (Gesang, Gitarre, Keyboards, Akkordeon), R.P.S. Lanrue (Gitarre, Keyboards), Klaus Götzner (Schlagzeug), Kai Sichtermann (Baß, Trompete, Banjo), Klaus v. Felsen (Saxophon), Jörg Schlotterer (Flöte, Posaune).

– *Rock in Deutschland, Vol. 3* (Strand 6.24606) Teldec
Zusammenstellung aus den vier Original-Alben.

– *»Scherben«* (LP) (Jan.–Feb. 1983 – DVP 999)
Aufgenommen im David Volksmund Studio Fresenhagen/NF 1983
Produzent: Hannes Eyber
Abgemischt im Tonstudio Hiltpoltstein
Toningenieur: Jon Caffery

– *Ton Steine Scherben in Berlin*
Live LP 1984 (David Volksmund 013)

– *live II*
Eine David Volksmund Produktion von 1996

Theater- und Kindertheaterplatten:

– *Herr Freßsack und die Bremer Stadtmusikanten* (LP) (Mit *Hoffmanns Comic Teater*)
Aufgenommen Tempelhofer Ufer Berlin. 1973.
Ton: Klaus Freudigmann

– *Teufel hast du Wind* (LP)
(Hörspiel von Dietmar Roberg)
Aufgenommen im David Volksmund Studio Fresenhagen/NF und Medienzentrum Berlin. 1976.
Ton: R.P.S. Lanrue, Rio Reiser und Gert Möbius

– *Entartet* (LP)
(Mit *Brühwarm*)
Aufgenommen im David Volksmund Studio Fesenhagen/NF. 1978.
Ton: R.P.S. Lanrue und Rio Reiser

– *Paranoia* (LP)
(Mit *Rote Rübe*)
Aufgenommen im David Volksmund Studio Fresenhagen/NF und Alsterstudio Hamburg. 1976.
Ton: R.P.S. Lanrue, Rio Reiser und Richard Borowski

– *Mannstoll* (LP)
(Mit *Brühwarm*)
Aufgenommen im David Volksmund Studio Fresenhagen/NF. 1977.
Ton: R.P.S. Lanrue und Rio Reiser

FILMMUSIK:

Fünf Finger sind eine Faust (Boehme) 1970
Eine Prämie für Irene (Sanders) 1971
Schulkampf (Bitterli) 1972
Oma-Killer (Kramer) 1976
Der achte Tag (Möbius) 1978
Willy und die Kameraden (Kopetzky) 1978
Die Nacht mit Chandler (Noever) 1978
Total vereist (Noever) 1980

Geschichten aus 12 und einem Jahr (Stelzer) 1985
Der Doppelgänger (Metzger) 1985
Die Chinesen kommen (Stelzer) 1986
Himmelsheim (Stelzer) 1988
Der Schönste (Schlicht) 1989
Der Pott (ARD-Tatort/Herrig) 1989
Im Herzen Eiszeit (Tatort) 1994
Gefährliche Küsse (Polizeiruf 110) 1996

THEATERMUSIK:

Moritz Tassow (Hacks) 1972 TAT/Frankfurt
Martha die letzte Wandertaube (Roberg) 1974 TAT/ Frankfurt
Feuerzirkus (HCT) 1975 Theater am Ostwall/Dortmund
Struwwelpeter Revue (HCT) 1975 Theater am Ostwall/ Dortmund
Paranoia (Rote Rübe) 1976 Rote Rübe
Männercharm (Brühwarm) 1977 Brühwarm
Liebe, Tod und Hysterie (Rote Rübe) 1977 Rote Rübe
Nymphomannia (Brühwarm) 1978 Brühwarm
Transplantis (Transplantis) 1978 Transplantis
Meschugge (Rote Rübe) 1979 Rote Rübe
Märzstürme (HCT) 1981 Hoffmanns Comic Teater
Stadtoper Unna 1989
Don Carlos Schillertheater Berlin 1993
Knock Out Deutschland, Boxer Musical, Städtische Bühnen Chemnitz 1994
Die Braut der Brüder, Türkisches Zentrum Essen (Aufführung Ruhrfestspiele Recklinghausen 1995)

Rio solo (alle Sony):

»Rio I.« (1986) COL CD26882 2
»Blinder Passagier« (1987) COL 460179 2
»Rio« (1990) COL 466692 2
»Durch die Wand« (1991) COL 469042 2–4
»Über Alles« (1993) COL 472247 2–4
»König von Deutschland – Das Beste« (1994) COL 476590 2
»Himmel & Hölle« (1995) COL 478625 2

Filmrollen:

- *Johnny West* (Koller) 1977
- *Nacht mit Chandler* (Noever) 1978
- *Total vereist* (Noever) 1980
- *Geschichten aus 12 und 1 Jahr* (Stelzer) 1985
- *Der Doppelgänger* (Metzger) 1985
- *Der Schönste* (Schlicht) 1989
- *Im Herzen Eiszeit,* Tatort (Noever) 1994
- *Die Gang* (Studio Produktion) 1996